天津外国语大学"求索"文库

天津市哲学社会科学规划项目（项目编码：TJZX16006）

意义的幻象与疗方

——维特根斯坦意义理论与哲学践行

季文娜◎著

天津出版传媒集团

天津人民出版社

图书在版编目(CIP)数据

意义的幻象与疗方 ：维特根斯坦意义理论与哲学践
行 / 季文娜著． -- 天津 ：天津人民出版社，2024．7
(天津外国语大学"求索"文库)． -- ISBN 978-7-201
-20597-7

Ⅰ．B561.59

中国国家版本馆CIP数据核字第2024CE7046号

意义的幻象与疗方：维特根斯坦意义理论与哲学践行
YIYI DE HUANXIANG YU LIAOFANG ：WEITE GENSITAN YIYI
LILUN YU ZHEXUE JIANXING

出　　版	天津人民出版社
出 版 人	刘锦泉
地　　址	天津市和平区西康路35号康岳大厦
邮政编码	300051
邮购电话	(022)23332469
电子信箱	reader@tjrmcbs.com
责任编辑	孙　瑛
封面设计	刘　帅　汤　磊
印　　刷	天津新华印务有限公司
经　　销	新华书店
开　　本	710毫米×1000毫米 1/16
印　　张	18.5
插　　页	1
字　　数	260千字
版次印次	2024年7月第1版　　2024年7月第1次印刷
定　　价	98.00元

天津外国语大学"求索"文库

天津外国语大学"求索"文库编委会

主　任：李迎迎

副主任：余　江

编　委：朱鹏霄　陈鹤阳

写在前面

  意义理论是维特根斯坦展开他全部哲学的起点和支撑点。本书以对维特根斯坦意义理论的研究为出发点,最终从研究中所获得的维特根斯坦语言哲学的独特哲学方法转向其对现代社会问题的哲学实践。

  维特根斯坦的前期哲学为人们展现了语言和世界之间的关系,代表着在古希腊哲学时期的本体论、西方近代哲学的认识论之后发生的哲学研究对象的重大转变。罗素在维特根斯坦的前期哲学代表作《逻辑哲学论》的导言中说:"维特根斯坦的《逻辑哲学论》,不管它是否证明就其考察的问题提供了最后的真理,由于它的广度、视界和深度,确实应该认为是哲学界的一个重要事件。"这个重要事件中的主要场景是人类的语言,而演员则是各种语言形式的意义。

  维特根斯坦的后期哲学同样为人们展现了语言与世界之间的关系,代表着西方哲学史中在本体论、认识论之后维特根斯坦和罗素开创的语言哲学转向的内部发生的重大转变。维特根斯坦在其后期哲学代表作《哲学研究》的序言中写道,"自从我十六年前重新开始从事哲学以来,我不得不认识到我写在那第一本书里的思想包含有严重的错误",明确了他将要扭转前期哲学的立场,后期哲学将是与前期哲学有所不同的一种分析哲学形态的转换。

  然而本书想要阐明的不是维特根斯坦前后期哲学的重大转换,而是以分析哲学内部形态转换为基础的连续。我们发现这种连续性是以如下的方式出现的。

  我们注意到,按照关于维特根斯坦意义理论的传统理解,《逻辑哲学论》和《哲学研究》分别以不同的方式展现了他对语言意义的看法,他前后期关于语言意义的学说之间存在着从逻辑图像论向语言游戏说的转折。在主要包括新维特根斯坦学派在内的一些学者看来,其前后期意义理论之间并不存在转折:在"框架命题"的严格限制之下,前期学说中包括形而上学命题在内的所有命题都应被当作"无意义"而被"果决"地抛弃;由于形而上学命题只有在"语言休假时"才会出现,而这与"语言总是在场"形成对立,从而在其后期学说中也不应保留形而上学命题的位置。这样,在新维特根斯坦学派及其同情者那里便形成一种崭新的对维特根斯坦意义哲学的"连续性"解读:前后期意义理论是连续的,不存在转折,不存在"两个维特根斯坦"。

从"幻象"到"疗方",本书书名的两个关键词其实表达了一个研究的过程。这个过程是先研究维特根斯坦的意义理论的哲学构造,展现这个意义理论中命题、名称、逻辑和意义之间的关系及其特点,揭穿意义的"幻象",给出消解意义幻象的基础和可能性,对这样的能够消除意义的幻象的意义理论进行一种新颖的现象学存在主义解释。但到此为止,研究是没有结束的,需要将这样的研究进发到应用领域,存在主义特征的意义理论透露了一种治疗哲学的方法和实践性哲学的潜能,这便过渡到后一个关键词"疗方"。

在这个研究过程中,本书有几个较为独特的地方。

第一个是其所支持的维特根斯坦前后期哲学的连续性是独特的。

维特根斯坦的意义哲学本身的面貌和特点并非与新维特根斯坦学派所言的"连续主义"完全一致,而若回归传统去坚持传统的"转折主义"者对维特根斯坦前后期意义理论的解读,也并不准确。因此要理解它的真正特性,或许需要开辟"第三条道路"。这条前后期哲学"连续之路"融合了对维特根斯坦人生的解读。

维特根斯坦的前后期意义理论是连续的。这种连续一致首先有赖于维特根斯坦"持续一贯"的生活态度,坦然接受"当下"生活世界向他"抛来"的种种经验。维特根斯坦一生中持续一贯地"逃离"危险的逻辑"高点",不断寻求向意义"低处"的回归,并总是同时对"逻辑"和"罪"进行共时的思考。其次,那些抱有自然主义思想和整体主义观点的伟大思想家或科学家们的影响,为他的意义理论筹备了将语言活动中的自然主义要素和语言逻辑中非自然主义要素巧妙地结合在一起的基础。此外,意义理论的连续性还体现为"意义的形而上学"借"人的参与"而始终存在。命题的意义"显示自身"或是"被给予"的,获得命题的意义最终不是依靠形式逻辑这个表面上看来可以确保完美确定性的东西,而是必须有赖于属于人类活动一部分的"对经验的审美"。

第二个独特的地方是本书从维特根斯坦的意义理论连续性中引发出其潜藏着的现象学存在主义特点。

维特根斯坦在他的意义理论中展现了语言意义的幻象、具有不确定性的无意义,然后又依靠包括时间性、逻辑空间和生活形式在内的非形式逻辑的自然主义要素将幻象消除。可以说,维特根斯坦为"意义的形而上学"营造了带有存在主义特点的表现形式。在探讨意义问题时,他对有限性与无限性、偶然性与必然性、语境论与构造论的对比关系,对否定命题和肯定命题的关系,对违反规则和遵守规则,以及对经验和价值之间关系的讨论分散在不同码段中,但汇总起来却可以发现这些讨论展现出类似现象学存在主义者萨特描述现象与世界之间形而上学关系时所用的诸多成对关系概念的内涵特征。主要表现为这些成对关系概念所组织的"相对立而生的二元统一体",二元之间具有现象学存在主义中"第亚斯波拉"式的结构。

第三个独特之处则在于本书所呈现的"治疗哲学"的下降形态和其可能引发的哲学实践。

从维特根斯坦意义理论中所具有的"二元统一体"结构特征来看,他的意义理论是连续的,不断出现的意义幻象被成对概念所具有的作为整体的二元统一体结构所消除。形而上学命题的意义存在于无数多个"无意义"命题的总体中。哲学家靠理性寻找命题意义以及探索传统形而上学问题之答案的努力是徒劳的。因为在维特根斯坦看来,它们的答案是

"照顾自身"的,"无意义"的全部就是"意义"的栖所。故而可以说,维特根斯坦的意义理论是治疗性的,它治疗的是人们对传统哲学形而上学问题徒劳的探求方式。最终目标不是使人们对哲学形而上学的追求被彻底消解掉,而是使它以前所未有的形态存在,这便是"治疗哲学"的下降形态。它是一种"被语言意义的非形式逻辑规则摆布着的现象界哲学",提醒人们走向对人类生活之意义的"综观"式思考。由此包括"综观"在内的多种哲学实践方法将走入现代人们社会生活的哲学实践中去。

目　录

绪　论

　　意义问题是传统哲学问题和现当代分析哲学研究的重心。英国哲学家赖尔曾经说："可以把全神贯注于意义理论描述为20世纪盎格鲁-撒克逊和奥地利哲学家的职业病。"[①]而对意义问题最早的哲学追问则早在古希腊时期就已经开始了，古希腊哲学家和修辞学家高尔吉亚在公元前5世纪中期就曾经借对"非存在"的论证而得出"存在不可知，即便认识到存在也无法言说"的论断。虽然他的学说背负着怀疑主义的特征，但他却意识到语言的意义是无法轻易被捕捉的。奥古斯丁在他的《忏悔录》中提到了自然语言的意义在于其所对应的对象。近代经验论哲学家洛克在他的《人类理解论》中为了阐明人类认知的正确途径，也不得不绕道语言，并发现人类使用的语词标示着观念，而观念标示着外物对象，从而使语词的意义间接指向对象，但洛克因无法说清楚观念之于对象的合理指称关系而最终使其语言意义停留在观念论的层面上。受到经验主义和科学主义影响的现代哲学对意义问题的追问展开了崭新的一页，尤其是受弗雷格和罗素的逻辑学和数学哲学思想影响的维特根斯坦，为西方哲学开启了哲学的语言转向，使对意义问题的探索持续呈现出不断深入、百花齐放却始终没有哪种意义理论能够较为合理地为"什么是意义？""人们可以从哪里找到意义或如何获得意义？"之类的问题提供能被普遍接受的答案。

　　在西方哲学史上，意义的问题历来如此重要，我们却在语言哲学的迷宫中找不到意义理论的归宿。此时，有必要回首那位引领我们将西方哲

---

　　① Gilbert Ryle. "Theory of Meaning"[A]. *Philosophy and Ordinary Language, Charles E. Gaton ed.*, Champaign: University of Illinois Press, 1963:128.

学从认识论扳轨到语言哲学的奇才——维特根斯坦——所阐明的关于意义的看法上来。追根溯源的话,或许我们会发现不应该构建某种意义理论,说"意义理论"的话,就已经不得法了。[1]但我们又不得不用"意义理论"这样的字眼儿来讨论维特根斯坦的"关于意义的说法"。

维特根斯坦,20世纪西方哲学史上影响力最大的哲学家之一,一位哲学践行的奇才,他的意义理论值得深入探究是基于以下几个因素。

第一,从表面上看,维特根斯坦在他一生中无时不进行着对意义的追问,《逻辑哲学论》探讨的是名称和命题的意义及其与世界的关系。在他作为《哲学研究》写作基础材料的《蓝皮书和褐皮书》中,第一句话就是:"什么是一个词的意义? 我们想用下述方式来处理这个问题;我们首先提问:什么是对一个词的意义的解释? 对一个词的解释看起来是怎样的?"[①]可见,无论是维特根斯坦前期哲学的图像论还是后期哲学的语言游戏说,都是在不断追求意义理论中语言与世界之间标示关系这一问题的答案。通常来讲,现当代学者都将维特根斯坦前期的《逻辑哲学论》视作图像论意义观,而将他后期的《哲学研究》视作用法论意义观,但如果深入维特根斯坦哲学工作的表象之下,我们会发现他的哲学并非仅仅是犯了"意义理论职业病"本身,而是超越"意义理论职业病"的,他是"职业病的医生",并非仅仅意欲发布人们所谓的图像论意义观和用法论意义观。可以说,"意义问题"和由其而衍生的"关于人生的意义"的问题占据了维特根斯坦一生大多的精力和哲学篇幅。

第二,语言转向的发生是由于人们发现要使思想哲学在哲学心理学等现代哲学思路中保持清晰的根本地位,就必须秉承"分析思想的唯一途径是通过语言分析"这一分析哲学的根本信条。而这个信条就导致了将思想哲学与语言哲学等同起来,"或用一种更加庄严的说法来讲,把思想哲学与意义哲学等同起来了",研究意义哲学就是研究思想哲学,意义理

---

① 维特根斯坦.《蓝皮书和褐皮书》[M].涂纪亮译.北京:北京大学出版社,2012年.第3页.

论是整个哲学的基础。① 而维特根斯坦的意义理论又可以说是整个语言转向中最重要的。 由维特根斯坦哲学掀起的哲学语言转向引发了现当代西方哲学对语言意义问题的重新思考,尤其是它在某种意义上助推了纷繁复杂的语言哲学序列在英美分析哲学领域的出现,如罗素的逻辑原子主义意义理论、卡尔纳普的逻辑句法意义理论、乔姆斯基的转换生成语法学的意义理论、奥斯丁的言语行为意义理论、塞尔的以意向性为基础的意义理论、奎因的自然主义语言哲学、戴维森的真值条件实在论意义论与达米特的反实在论的意义论等。从宏观角度仔细分析这些意义理论便会发现,它们都可以归并为两大类,用美国现代语言哲学家大卫·刘易斯(David Lewis)的话来讲,“第一类是将语言和语法描述为抽象的语义体系进而使得符号与世界的面相相关联;第二类是对心理和社会学事实的描述从而使某个抽象的语义体系能够被某个人或某个族群使用”②。也就是说要么把意义问题单纯地理解为一种关于语词和符号系统的技术性理论,要么把意义问题理解为更为基础性的面向人类生活本身的语言表征“艺术”。在此,我们更愿意称对语言意义的追求活动为一种艺术,是因为“艺术”这个字眼包含着更多科学主义的“机器”——无论是逻辑的还是某些数学运算法则——无法实现的东西,弱化了语言作为人的一种动作中所能涵盖的理想主义共相,强化了语言本身显现出来的不可言说的东西,意义就是那种“艺术化”地呈现给我们的东西。或许,刘易斯对语义学的两种分类恰好分别契合了维特根斯坦前后期哲学的不同特征;又或许,维特根斯坦本人根本就没想把他对意义的追求工作划分得如此黑白分明。维特根斯坦说自己在《逻辑哲学论》中想要表明的真正的意义在于世界之外的艺术和伦理,从而转向《哲学研究》中那种关于生活碎片式的语言使用的探讨,他实际并没有预算一种彻底的意义哲学的断裂。因为无论是在前期还是后期哲学(我们暂且在本书中称之为前期和后期哲学,虽然也

---

① 迈克尔·达米特.《分析哲学的起源》[M].王路译.上海:上海译文出版社,2005年.第135页.

② David Lewis. "General Semantics" [J]. *Synthese*,1970, 22: 18–67.

许二者所存在的联系不足以让我们泾渭分明地将它们称为前期和后期哲学)中,他的目光都是远远地望向那无尽的不可言说端,而非我们能够说出的只言片语。

第三,维特根斯坦的意义理论是重要的,有必要进行新一轮的探索,更是因为维特根斯坦意义理论的深层含义曾经引起了新维特根斯坦学派的一番激烈讨论。这个新维特根斯坦学派的讨论肇始于《逻辑哲学论》中码段6.54的内容:"我的命题应当是以如下的方式来起阐明作用:任何理解我的人,当他用这些命题为梯级而超越了它们时,就会终于认识到它们是无意义的。(可以说,在登上高处之后他必须把梯子扔掉。)"[2]与全书所言说的内容之间所形成的"扔梯子"悖论。这个悖论虽析出于《逻辑哲学论》的码段6.54,其影响力却贯穿维特根斯坦的前后期意义哲学的特性中。"扔梯子"悖论的主要内容是:在《逻辑哲学论》码段6.54中,维特根斯坦称要抛弃形而上学的混乱或者说无意义的命题而走进伦理学的清晰中;但既然全是无意义的命题,又为何写在这本书中?况且此书的前言中,维特根斯坦认为在《逻辑哲学论》里所传达的思想的真理性是无可辩驳的和确定的,这与结尾的"命题全都没有意义应该抛弃"的说法形成了矛盾。要想解决这个"扔梯子"悖论,最后还是应回到回答"句子本质上是什么?"和"句子是如何真正意谓它的所指的?"这两个问题上来。[1]而这个问题所涉及的内容实际就是经验世界与我们对经验世界的标示(the wording of the world)之间的关系。要解决这个悖论,事关维特根斯坦对"意义"的观点。新维特根斯坦学派代表人物戴蒙德(Cora Diamond)和科南特(James Conant)早在十五年前就对"扔梯子"悖论进行了尝试性解决,进而提出了他们看上去十分极端的新维特根斯坦学派观点,即《逻辑哲学论》中没有"有意义"的命题,全部命题都是"绝对的无意义"而应该被抛弃,而《哲学研究》和《逻辑哲学论》一样都仅只是为了达到驱除我们一直

---

① Kevin M. Cahill. *The Fate of Wonder—Wittgenstein's Critique of Metaphysics and Modernity* [M]. New York: Columbia University Press, 2011: 93.

受到的哲学形而上学的诱惑而实施的"哲学治疗",进而可以认为维特根斯坦的前期哲学与后期哲学之间没有所谓的意义理论性质上的"断裂",有的只是其意义理论目的上的延续。新维特根斯坦学派对维特根斯坦意义理论的阐释同时具有怎样的合理性与缺陷?为找到答案,我们有必要回到维特根斯坦的意义哲学上来。

哲学关于维特根斯坦意义理论的研究在当今西方哲学的舞台上依然是个重要的话题,多视角的探讨争论层出不穷。

国内对维特根斯坦意义理论的研究不多,也并未形成十分系统和受到普遍认同的批判体系。学者们的普遍做法是单独将维特根斯坦的前期意义理论的某个方面或单独将其后期意义理论的某个方面拿出来探讨。例如,朱耀平的《逻辑主义意义理论的"在场形而上学"根基》一文研究了《逻辑哲学论》中意义理论的以"在场形而上学"为基础的"唯我论"特征[①];刘程的《意义的意义》对《逻辑哲学论》当中的"无意义"进行了区分,意图发现"无意义"在维特根斯坦意义哲学中的特殊地位[②];夏立新的《论维特根斯坦意义理论核心概念的内涵》着重研究后期维特根斯坦哲学中的"语言游戏""家族相似"和"遵守规则"等重要概念,并指出这些概念是组成维特根斯坦意义理论的独立又相互依存的重要元素[③];何朝安的《名词化、本质与反本质——后期维特根斯坦的所谓意义使用论的另一种解读》中仅探讨了维特根斯坦后期哲学中"作为用法的意义",并认为作为名词的"意义"应该被消解,"意义"是具有反本质主义特点的动词[④]。

以上学者的特点是将维特根斯坦的意义理论与西方意义理论谱系[3]中的各种理论进行比对进而将维特根斯坦前期的"图像论"意义理论看作命名主义指称论,同时将维特根斯坦后期的"语言游戏说"意义理论看作

① 朱耀平.逻辑主义意义理论的"在场形而上学"根基[J].《科学技术哲学研究》,2011(05):36—41.

② 刘程.意义的意义[J].《宁夏社会科学》,2002(05):107—111.

③ 夏立新.论维特根斯坦意义理论核心概念的内涵[J].《求索》,2009(01):109—110+119.

④ 何朝安.名词化、本质与反本质——后期维特根斯坦的所谓意义使用论的另一种解读[J].《集美大学学报》(哲学社会科学版),2007(04):14—19.

日常语言用法论,并认为其前后期的意义理论是极其不同的,二者之间更多体现着一种意义理论的断裂,这样的研究没有做到将两个时期的意义理论连贯起来研究。

当然,也有学者将维特根斯坦的前后期意义理论放在一起讨论,然而他们更多地是强调两个时期的差异。例如,《形而上的"价值"与形而下的"用法"》一文将维特根斯坦放在与其他哲学家对比的视野中看待维特根斯坦意义理论前后期的转折,认为它是一种从逻辑原子主义指称论向形而下的用法决定论的转变;①郑树梅的《现代西方伦理语言语用立场的确立——析维特根斯坦和斯蒂文森的意义理论》一文虽也是纵论维特根斯坦的前后期意义理论,但仍然只是认为他的前期意义观是语义语形学的,后期是语用学的,且维特根斯坦的意义理论在这篇文章中只是作为伦理学语言研究背景出现的,并非对维特根斯坦意义观发起的主题研究。②

少数研究者还是注意到了维特根斯坦前后期哲学的连续性的,如,王国华的《从逻辑图像论到语言游戏说——维特根斯坦语言哲学思想探讨》一文注意到维特根斯坦前后期哲学没有实质上的差别,只有技术性的不同。③刘云卿则肯定了维特根斯坦前后期哲学在关于"伦理"和"宗教行动"上的连续性,认为不但前期哲学的划界问题表现了他对伦理及宗教问题的姿态,其后期哲学中回归生活世界的倾向更是启示着神性回复的宗教性特点。④可以说,这些注意到维特根斯坦前后期哲学连续性的学者们的思路是值得借鉴的,但他们仅仅是从宏观的"维特根斯坦哲学的技术性"或"维特根斯坦哲学的宗教伦理倾向"的视角看待维特根斯坦的"连续性"。虽然说那些宏观的视角是维特根斯坦哲学"交响乐"所产生的宏大

---

① 刘艳茹. 形而上的"价值"与形而下的"用法"——索绪尔与后期维特根斯坦意义理论比较研究[J].《自然辩证法研究》,2012(02):1—5.

② 郑树梅. 现代西方伦理语言语用立场的确立——析维特根斯坦和斯蒂文森的意义理论[J].《求索》,2006(04):144—146.

③ 王国华. 从逻辑图像论到语言游戏说——维特根斯坦语言哲学思想探讨[J].《北方论丛》,2008(02):57—60.

④ 刘云卿. 论维特根斯坦哲学的"转折"[J].《江淮论坛》,2002(02):71—77.

影响力所在,但若没有"音符"的微观组织力便也无从奏响"交响乐"。"意义问题"便是那蜷居在维特根斯坦哲学的每个角落里的"微粒",它是维特根斯坦整个哲学中基本论题之一,又是那些基本论题中最重要的问题之一,然而国内学者没能专门地关注维特根斯坦对"意义问题"的态度与看法,更没能关注维特根斯坦前后期意义理论的延续性,这个方面的专著或学位论文尚属罕见,本书在这个研究领域进行了一次颇有意义的重要尝试。

20世纪中期西方哲学迎来了哲学的语言转向,学者们开始讨论"意义"这一复杂命题。国外对维特根斯坦意义理论的研究颇为丰富,形成了类系庞杂的序列。值得注意的是,早期学者们较为认同的一些观点经后来学者的批判而变得根基不稳,但后者的论述中又些许包含着一些不确定性、试探性或未经证实的建设性。可以说维特根斯坦的意义理论研究范式依然处于波动中。

具体地说,有些学者认为维特根斯坦前后期哲学中的意义理论具有完全不同的性质,他们单独研究维特根斯坦的前期或后期意义哲学。例如,艾德纳·戴茨(Edna Daitz)认为维特根斯坦的《逻辑哲学论》表达了一种逻辑建构的理论。符号由元素构成,语言图像描绘着其意谓的事物,进而其意谓的事物也是由元素构成。图像不是杂乱无章的色块,而是与被描绘的事物有着相同的秩序。[1]亚瑟·赛德尔(Asher Seidel)提出了《逻辑哲学论》中的意义图像论在维特根斯坦前期思想中遇到的两重困境,其一是如果不能清楚地理解维特根斯坦的"对象"概念,则意义的图像论便为无根之草;其二是当维特根斯坦在其后期哲学中都有些怀疑他前期哲学中质地坚硬、一一映射的语言哲学方式时,又如何才能将意义的图像论正当地嵌入《逻辑哲学论》中呢?但赛德尔依然承认"意义的图像论"作为一种意义理论的可行性。[2]持有类似观点的学者还有许多不胜枚举,且他们

---

[1] Edna Daitz. "The Picture Theory of Meaning"[J]. *Mind*, 1953, 62(246): 184−201.

[2] Asher Seidel. "The Picture Theory of Meaning"[J]. *Linguistics and Philosophy*, 1977,1(1): 99−110.

的观点并未达成普遍共识。的确,维特根斯坦前期的《逻辑哲学论》已经给我们留下了一大堆难解的谜题,《哲学研究》又在奥古斯丁留给我们的"实指定义"的场景中拉开了第二幕关于语词意义的"科幻剧"。针对维特根斯坦后期哲学中的意义理论的评价数量众多、内容繁杂,但仍可以找到的相似之处是,维特根斯坦的后期意义观大多被看作"意义的用法观",但学者们所用的评价术语的内涵有所不同,遂未敢对"用法观"做统一的定论。哈曼(Gilbert H. Harman)在他的"意义的三个层面"中探讨了意义理论的三种进路:第一类是卡尔纳普(Rudolf Carnap)、艾耶尔(Alfred J. Ayer)、刘易斯、弗斯(John R. Firth)、亨普尔(Carl G. Hempel)、塞拉斯(Roy W. Sellars)、奎因(W. V. Quine)等人,他们认为意义与推论或证据有关;第二类是莫瑞斯(Morris Halle)、格赖斯(Herbert Paul Grice)、卡茨(Jerrold J. Katz)等,在他们看来,意义是表达式所传达的观念、思想、感觉或情感;第三类是维特根斯坦、奥斯丁(J. L. Austin)、托马斯·奥黑尔(Thomas J. O'Hare)、塞尔(John Searl)等人,他们认为意义是表达式所执行的言语行为。①但哈曼在提到第三类进路时,在维特根斯坦的名字后面打了一个问号,他其实并不确定维特根斯坦意义哲学是否确定无疑地属于第三类意义理论进路。确实,维特根斯坦后期意义理论并非那么明确地被圈定在"日常语言学派"地盘内,它确实生长在人类语言的领地内,同时又在人类社会生活的范围内肆意蔓延,故而被一些学者称作"社会语言游戏用法论"。例如,赫宁(Henning Jensen)认为,在维特根斯坦看来,表达式的意义是取决于产生意义的语言游戏中,语言的使用因此是社会活动或受到社会规则制约的活动的一部分,语言的使用是"生活形式"的一部分;同时语言因为其具有的社会性而只能在交往中存在。② 对维特根斯坦的后期哲学进行单独研究的学者还有马尔康姆·博德(Malcolm Budd),他认为

---

① Gilbert H., Harman. "Three Levels of Meaning"[J]. *The Journal of Philosophy*, 1968, 65(19): 590-602.

② Henning Jensen. "Reid and Wittgenstein on Philosophy and Language"[J]. *Philosophical Studies*, 1979, 36(4): 59-376.

《哲学研究》中的意义理论是具有语言行为主义特色的,语词的意义和规则的遵守都是建立在"非共谋的共识"的基础上的。^① 此类对维特根斯坦后期哲学的意义理论进行的单独研究有许多,不能一一列出,只可言他们交叠的特点——让意义活在"用法"中,尽管"用法"的模型不尽相同。

与如上学者不同的是,另外一些学者将维特根斯坦前后期哲学放在一起进行对比研究,其研究结论或显示出其前后期意义理论特性的对立,或显示出维特根斯坦前后期意义理论的相通之处,其中近二十年新维特根斯坦学派以"连续性"视角对维特根斯坦的意义理论的追问所引起的争论显得颇为耀眼。由于本书侧重从维特根斯坦前后两个时期哲学的关系出发来考察维特根斯坦整体哲学中体现的意义理论,因此不妨重点考察上述将维特根斯坦前后期哲学放在一起对比研究的学者们的研究成果,进而在此基础上形成本书的批判性观点。为厘清上述进行维特根斯坦前后期哲学意义观对比研究的学者们的观点,我们尝试把他们分为"断裂地"和"连续地"看待维特根斯坦前后期哲学关系的两类学派,暂且将他们分别称为"转折主义者"和"连续主义者"。

英国分析和语言哲学家厄姆森(J. O. Urmson)就发文描述了两次世界大战之间分析哲学的发展状况。他认为维特根斯坦确立了两种完全对立的哲学分析理念,一种是其《逻辑哲学论》所代表的类似于罗素的"逻辑原子主义"的"形而上学还原主义语言分析",另一种是《哲学研究》所代表的类似于奥斯丁或者赖尔式的"日常语言"分析方法。^②

之后的"转折主义者"如恰尔德(William Child)根据《逻辑哲学论》中码段4.022和4.024的内容认为,《逻辑哲学论》中维特根斯坦认为"命题的意义取决于该命题为真时的实际情况,日常语言的命题可以被分析为基本命题的真值函项",是一种真值函项意义理论;认为维特根斯坦在

---

① Malcolm Budd. "Wittgenstein on Meaning, Interpretation and Rules"[J]. *Synthese*, 1984, 58(3): 303-323.

② Dennis O'Brien. "The Unity of Wittgenstein's Thought"[J]. *International Philosophical Quarterly*, 1966, 6(1): 45-70.

1929—1930 年间则采取了实证主义意义观，这一点可以从维特根斯坦在 1929 年所说的"为了解决一个命题的意义，我应当不得不知道一个特定的程序，来决定什么时候可以被算作命题被证实了"①得来；恰尔德接下来认为，《哲学研究》中维特根斯坦抛弃了以前的意义观而采取了根据命题的用法来解释命题意义的理论，属于意义的用法论。②但必须注意的是，恰尔德并非将维特根斯坦的意义理论划割为三个彻底不同的阶段。他坦言，维特根斯坦前期哲学中的意义与语境及用法相关联；《哲学研究》虽然抛弃了之前提出的实证主义立场，但却并未放弃命题的意义与我们借以说出它是否为真的方法之间存在一种重要的联系。恰尔德称这种联系是一种"去理论化"的意义理论，所得是一种靠"综观"得来的意义，进而绝不能将维特根斯坦的意义理论推入任何具有"还原主义"色彩的意义观类别，因为"一个命题乃是根据其自身并不预设意义概念的东西来获得某种意义的"。③

哈克（Peter Hacker）作为对维特根斯坦前后期意义理论进行传统分析哲学解读的代表学者之一，将维特根斯坦在《逻辑哲学论》中的意义理论阐述为一种"严格的实在论意义理论"，或者可以称为"实在论的、真值条件语义学理论"，而其在《哲学研究》中的意义理论则是"由建构主义引发的常识主义意义理论"，或者可以称作"反实在论的、断言条件语义学"。4前者与后者引发形成了分析哲学内部喋喋不休的关于意义实在论与反实在论的争论，而"真值条件语义学"与"断言条件语义学"可以说构成了判断意义标准的两种截然不同的范式。

戈菲特（Christoffer Gefwert）则从研究维特根斯坦哲学特性的角度批判了维特根斯坦的意义理论。他认为维特根斯坦在 1937 年以后的哲学

---

① Ludwig Wittgenstein. *Wittgenstein and the Vienna Circle: Conversations*[M]. Barnes & Noble, 1979: 47.

② 恰尔德.《意义与使用》[M].维特根斯坦.陈常燊译.北京：华夏出版社,2012 年.第 114—126 页.

③ 同上。

著述中施行了完全不同于逻辑实证主义者或者其他追求将意义进行科学性还原的哲学派别的思路，认为在《哲学研究》和其他1937年以后的哲学论述中表现了一种与其在《逻辑哲学论》中所表现的截然不同的"意义理论"；抑或说，1937年以前维特根斯坦的意义理论中体现的哲学问题都将流于一种系统的、理论化的、一种朝向超验思想的活动中去，而1937年以后维特根斯坦的意义理论中体现的哲学问题则指向一种类似于弗洛伊德式的心理治疗活动，其目的在于解决萦绕在我们日常生活中的各样概念问题。①戈菲特所代表的"转折主义者"将维特根斯坦的意义理论诠释为截然不同的哲学活动方法，从维特根斯坦前期哲学中的超验的意义系统理论转变为其后期哲学的为探寻日常语言中概念意义而进行的治疗性哲学活动。

以上学者对维特根斯坦意义理论的"转折式"解读虽然各自运用不同的诠释视角，但其认为"维特根斯坦前期和后期甚或中期的哲学中展现着不同的语词意义评价系统"的共识，却呈现出一幅对维特根斯坦意义观的传统解读模式的图景。

那些将维特根斯坦的前后期意义理论进行"连续性"研究的学者较为重视发现和阐明维特根斯坦前后期哲学之意义理论的相通之处，与那些"转折主义者"所持的将维特根斯坦前后期意义观进行彻底的、性质上的割裂的做法形成鲜明对比。

20世纪五六十年代，学者厄姆森开始质疑将维特根斯坦前后期思想分别看作与罗素的"逻辑原子主义"类似的形而上学的"还原论"分析和类似于奥斯丁或赖尔的"日常语言"描述分析这样两种彻底分歧的哲学的评价法。② 之后，英国哲学家图尔门（Stephen Toulmen）更加坚定地质疑对维特根斯坦前后期哲学进行断裂的评价，他认为根本就不存在什么前后

---

① Christoffer Gefwert. *Wittgenstein on Thought, Language and Philosophy—From Theory to Therapy*[M]. Ashgate, Aldershot/Burlington, 2000:5.

② J. O. Urmson. *Philosophical Analysis: Its Development between the Two World Wars*[M].Oxford:Clarendon press,1956: 105.

期"两个维特根斯坦",维特根斯坦并非可以被分为一个运用技术的和一个"思想家"的维特根斯坦。[①] 这些学者虽不是纯粹论述维特根斯坦的意义理论,但他们已经将人们看待维特根斯坦全部哲学的视角从传统的轨道扳向了更为新颖和广阔的领域中去,让人们注意到维特根斯坦前后期哲学之间的相似性和连续性,二者之间不是"手心"转为"手背"的差别,而是"完整的一只手"。这条"连续主义通道"为后续的评价者进行维特根斯坦哲学的诸多论题批评开辟了崭新的当代维特根斯坦研究路径,使人们对维特根斯坦论题的研究不再拘泥于那种传统的将前期和后期哲学差异化对待的模式。维特根斯坦的意义理论便是被运用这种新的"连续主义"研究模式进行重论的重点论题之一。

现代英国道德哲学家、曾执教于剑桥大学和加州大学伯克利分校的伯纳德·威廉姆斯(Bernard Williams)教授在关注将道德哲学的研究转向历史、文化、政治和心理学的同时,也饶有人文主义情怀地研究分析哲学,但他并非强调语言的技术分析,而是反对语言的科学主义或科学还原主义。他可以称得上是分析哲学家中的"综合论者",他相信复杂性中就饱含着意义,是最美的、无需被还原的东西。他以这样的整体主义情怀将维特根斯坦的前后期意义理论评价为"在超验理念指导下极其相近的意义理论,且前后期意义理论所包含的共同问题都是驱使我们去以能够被理解的形式来阐明那个理论,但如果是可以被理解的,却又必须是一种错误的方式去阐明"[②]。他的研究明确地指出了维特根斯坦前后期哲学中意义理论的延续性和互通性在于其以矛盾的方式表现出来的超验理念。牛津大学教授、著名的当代维特根斯坦和康德研究者、数学和逻辑哲学研究家艾德里安·摩尔(Adrian W. Moore)曾追随上述伯纳德教授的对维特根斯坦意义理论的态度,撰文阐述无论是《逻辑哲学论》还是《哲学研究》中均以不同形式透露着那隐藏着的、有质感且与其他事物交叠着的"超验理

---

① Stephen Toulmin. "Ludwig Wittgenstein"[J]. *Encounter*, 1969, 32(1): 58-71.

② Bernard Williams. Moral Luck[M]. Cambridge:Cambridge University Press, 1981:175 .

念",认为维特根斯坦前后期的意义理论都是仅只给出了一些"暗示"和"建议",以指引我们逃离寻找语词意义的诱惑,前后期哲学的治疗思路一致。①

　　二十年来十分引人注目的对维特根斯坦的意义理论的连续性研究来自"新维特根斯坦学派"。科南特、戴蒙德、麦克道维尔(John McDowell)、卡维尔(Stanley Cavell)、奥斯特罗夫(Matthew B. Ostrow)、戈德法布(Warren Goldfarb)、普特南(Hilary Putnam)、马尔霍尔(Stephen Mulhall)、克拉里(Alice Crary)等人构成的新维特根斯坦学派②(在后文中称作"新派"),对维特根斯坦前后期的意义理论的关系做出了与传统评价完全不同的阐释,虽然他们各自的论证思路和理论细节多有差异,但他们的共同点在于大都认为《逻辑哲学论》中体现的早期思想和《哲学研究》中体现的后期思想实际上是紧密相连的,这与我们通常认为的"维特根斯坦前后期思想之间存在彻底的转变和构成了分析哲学内部的范式转换"的观点大有不同,前后期意义理论之间的差别没有那么大,更多的体现着二者在哲学目的上的相似性。必须指出的是,新派哲学家的观点存在于与正统学派观点论辩交锋的话语环境中。例如,在意义构成问题上,传统派哈克和贝克(Gordon Baker)坚持的是语义构成性原则,达米特(Michael Dummett)则坚持一种意义的约定论(conventionalist);而新派学者科南特坚持的则是语境原则,接下来格洛克(H.J.Glock)则在批评科南特思路的基础上坚持了一种修正的语境原则,一种弱语境原则。③在意义的本体论问题上,例如哈克,正统学派学者们认为《逻辑哲学论》中存在命题语言表达出来的"意义"和两种形式的"无意义",分别是"单纯的无意义"和"实质性无意义"。对此,科南特和戴尔蒙德则认为,《逻辑哲学论》中不存在任何有意义的命

---

① A. W. Moore. "Transcendental Idealism in Wittgenstein, and Theories of Meaning" [J]. *The Philosophical Quarterly*, 1985, 35(139): 134–155.

② Alice Crary and Rupert Read. ed. *The New Wittgenstein*[M]. London and New York: Routledge, 2000: vii .

③ H. J. Glock. "All Kinds Nonsense"[A].*Wittgenstein at Work: Method in the Philosophical Investigations*. E.F. a. E. Ammereller eds. London:Routledge, 2004: 227–229.

题,存在的只是一种"绝对的无意义",并且维特根斯坦后期思想中也延续了同样的对待"无意义"的旨趣。同样地,新派学者马尔霍尔提出无意义的果决论(austere conception of nonsense),认为维特根斯坦前后期哲学中只存在一种"无意义",即彻底的纯粹的"无意义",进而将传统哲学活动的意义消解掉了。①因此,本书将要涉及的新派学者对维特根斯坦的解读依然在不断发展变化中,并未形成"止步"的评价范式,但新维特根斯坦学派将维特根斯坦前后期哲学中的意义理论并列起来研究的方法和认为前后期哲学是连续的观点值得关注。

另外,与新维特根斯坦学派同一个时期的杰罗德·卡茨研究了维特根斯坦后期哲学中的"意义的形而上学"。卡茨重点强调了自然主义路线和非自然主义路线之间的区别,他借用克里普克的话表达了这种区别:非自然主义的语义路线是一种"乔姆斯基式的"感觉,认为通过形式的、经验的和直观的技术的某种适当联合,自然语言的深层规则必定是可以被发现的;而自然主义的语义路线则是一种"后期维特根斯坦式的"感觉,认为哲学家们宣称通过逻辑技术所发现的深层结构、逻辑形式、本体论承诺等实际上都是空中楼阁。在自然主义者看来,经验科学没法解决所有的哲学问题,心理科学、脑科学中经验的发现不足以应对所有的哲学问题,而只有维特根斯坦后期的研究进路才提供了那些问题的说明。因此,卡茨说他"将自己的注意力集中在当代自然主义设计师——维特根斯坦和奎因——身上,……识别出自然主义立场的根本问题"②。卡茨专注于研究自然主义的立场,在比较研究了维特根斯坦前后期意义理论之后,认为维特根斯坦前后期的意义理论都是包含着自然主义谬误的自然主义语义学,进而借将含有谬误的自然主义语义学改造成"非弗雷格式"的非自然

---

① Stephen Mulhall. *Wittgenstein's Private Language: Grammar, Nonsense and Imagination in "Philosophical Investigation", §§ 243–315.* [M/OL]. Oxford: Clarendon Press, 2006 [2014-05-20]. < http://www. oxfordscholarship. com / view / 10.1093 / acprof: oso / 9780199208548.001.0001 / acprof-9780199208548–chapter-1.>

② 卡茨.《意义的形而上学》[M].苏德超,张离海译.上海:上海译文出版社,2010年.第6页.

主义语义学——原型理论(proto-theory)。这一理论中最重要的原则是认为句法简单的要素并非语义简单的要素。"我们可以假设句法上简单的'女人'一词是复杂的,它包括了'人'的意思,'成年人'的意思,和'女性'的意思。基于这种意义结构拆解思路,用来解释'是女性的女人'这样的无用之语(redundancy)所用的方式和用来解释'是女人的女人'这样直觉上就是无用之语的表达式所用的方式并无差别了。"①卡茨说:"我们再次面对形而上学的问题,但是,不再把康德的先天唯心主义作为解决这些问题的方式,不再把语言的转向作为消解这些问题的途径,也没有自然化的认识论作为重塑这些问题的途径……"②他将自己对语言意义的理解方式归类为一种非自然主义路径,说自己是在编写以辩护和探索为目的的未来非自然主义的一个导论。但卡茨这种独特的非自然主义路线是在路线一"自然主义"和路线二"非自然主义"之间开辟第三条路线。这种批评方法为维特根斯坦意义理论延续性研究打开了新思路。如果说卡茨的原型论是一种他自称为非自然主义的第三条路线,那么本书尝试展开对维特根斯坦意义理论解释的自然主义的第三条路线。当然,这种自然主义的语言研究路线是"奎因语言自然主义"意义上的自然主义路线,而非那种认为"语言意义的探索完全依赖于自然科学研究方法"的自然主义。

　　关于维特根斯坦的意义理论,需要解决如下几个问题:(1)"意义是什么?""如何获得意义?"这样的最基础性的问题在西方语言哲学家那里得到的答案是莫衷一是的。这些问题在维特根斯坦那里得到了怎样的答案?(2)维特根斯坦意义理论的性质是怎样的? 是否像通常人们所认为的那样,其前期哲学是一种以语言的逻辑图像为基础的语义学意义理论,而其后期哲学是一种以语言在语言游戏中的使用为背景的语用学意义理论? 当维特根斯坦在《逻辑哲学论》的结尾处说自己的命题全然都是无意义的胡说时,我们是否有理由认为,所谓的"逻辑图像论"并非一种意义理

① Jerrold J. Katz.*The Metaphysics of Meaning* [M]. Cambridge: MIT Press, 1990: 64–65.
② 卡茨.《意义的形而上学》[M].苏德超,张离海译.上海:上海译文出版社,2010年.第414页.

论,而仅仅是对于意义的一种哲学看法呢?当维特根斯坦在《哲学研究》码段83中说"'我们一边玩,一边制定规则',甚至还有这种情况,我们一边玩一边改变规则"(PI 83)时,[5]我们是否有理由认为所谓的"语言游戏论"的语用学意义理论仅仅是借追寻意义的过程而带领我们走出意义形而上学的迷宫呢?(3)如果维特根斯坦的意义理论确实如他自己所言都应被当作无意义的命题而被抛弃,那么即便我们勉强发现了维特根斯坦的意义理论和其意义理论的性质,是否也都成了那最后"应该被扔掉的梯子",进而使得我们在探索维特根斯坦意义理论的道路上所取得的一些收获也成为无力绽放的花朵呢?为了避免这种情况的发生,我们必须回应同样与"无意义"发生碰撞的新维特根斯坦学派对这个"扔梯子"悖论所做的解释。旷日持久的新维特根斯坦学派们各执一词的争论是否能有效地解决维特根斯坦意义理论中的"扔梯子"问题呢?是否可以找到除了新维特根斯坦学派观点和与其对立的以哈克和贝克为代表的正统解释派观点之外的第三条路线来为维特根斯坦的意义哲学提供焕然一新的解释呢?第三条路线指导下的维特根斯坦前后期意义哲学之间的转折性大还是连续性大呢?(4)众所周知,维特根斯坦是不赞同构建任何理论的,这一点尤其体现在他《哲学研究》的哲学思路中,那么给维特根斯坦无论是前期还是后期对于"语言与世界的关系"的探索添加一个"意义理论"的标签是否合适?如果他的语言哲学研究不是一种理论的话,[6]那么他的"关于意义的哲学"(若维特根斯坦不允许称他关于意义的思想为理论的话,那么我们至少应该将它称作一种哲学行动)的"意义"又是什么?维特根斯坦的"意义理论"是否以不是哲学理论的方式为我们展现了某种哲学理论的"意义"?(5)探索维特根斯坦意义理论的最终意义在于将他的治疗哲学的特性用于治疗人类生活中的"疾病",使得哲学从不可触及的象牙塔走入现实生活中,使维特根斯坦意义理论中蕴含的"显现自身"的"形而上学"与实践充分结合,发挥哲学应该具有的实践应用性。那么,维特根斯坦的意义理论是否仅只停留在哲学讨论的层面呢?它是不是关切人类生活的某种具有能动性的手段,是否可以和以如何的方式关涉人类生活呢?用维特根斯坦所强调的说法来讲就是哲学的本质是"做哲学",即哲学是实践性的。

　　对于上述问题的研究,本书采取的策略是同时选取维特根斯坦前期和后期的意义哲学文献为研究的主要对象,同时将有可能遇到的有关意义问题的维特根斯坦的中期现象学文献以及其他与之相关的维特根斯坦手稿为辅助研究对象。这里研究对象的选择并非包罗维特根斯坦所有哲学文献,而仅只研究那些能够帮助揭开维特根斯坦意义理论之谜题的相关手稿,同时研究现当代西方语言哲学家们对维特根斯坦意义问题探讨的二手文献。

　　我们主要采用以下的一些研究方略。第一,采取概念分析的方法分析维特根斯坦在《逻辑哲学论》或《哲学研究》中涉及的用来阐明语言意义的概念或术语,解释其中所包含着的与我们从通常意义上对维特根斯坦关于意义理论的理解有所不同的方面;第二,文献疏解的方法被用于分析和澄清维特根斯坦前后期哲学文本中那些必须进行文本的整体认知才能获得的弦外之音,尤其是可以被用于其哲学文本中某些表面上是关于"语言意义"的命题,而本质上却是维特根斯坦用来表现他对世界看法的那些语句;另外,比较研究法被用于对比维特根斯坦前后期意义理论的特性,对比传统维特根斯坦学派和新维特根斯坦学派对维特根斯坦的"意义"和"无意义"的解释,有助于从差异中找到把握维特根斯坦"意义哲学"的性质;最后,存在主义现象学的解读方法被用于诠释维特根斯坦意义哲学的本质和目的。已有学者发现分析哲学传统和现象学传统的融合走向[1],本书尝试用存在主义的方式阐释维特根斯坦意义哲学中所蕴含的大陆哲学特征。

　　本书试图从以下几个方面展现对维特根斯坦语言哲学进行研究时所遇到的难题和尝试解决这些难题时所展开的新研究思路或新进展。第

---

　　① 高新民,张钰. 从分流到合流:意义—意向性研究的一种走向[J].《世界哲学》,2013(5):80—91.

意义的幻象与疗方——维特根斯坦意义理论与哲学践行

一，从目前所掌握的维特根斯坦意义理论的研究文献来看，单纯研究维特根斯坦前期哲学或者后期哲学当中的意义问题是20世纪中期的旧思路，这种思路与后分析哲学时代多样化的批判思路相比略显单调，而超越传统的旧的维特根斯坦意义哲学的批判路线，将维特根斯坦前后期意义哲学联系起来，尝试形成新的"连续主义"批判构架，是研究的难点之一。第二，《逻辑哲学论》和《哲学研究》中维特根斯坦并未明确宣称任何理论，不构建理论也是维特根斯坦做哲学的重要特色，那么如何在维特根斯坦总是欲言又止、跳跃的碎片命题中找到维特根斯坦那不成"理论"的意义理论并使之被清楚地呈现在读者面前，是本书的又一大难点。第三，新维特根斯坦学派早在20世纪90年代就以对维特根斯坦哲学中关于"意义"和"无意义"的研究为开端，推动了一场将维特根斯坦前后期哲学连续起来进行解读的轩然大波。进入21世纪，由新派肇始的意义问题争论不冷反热，对维特根斯坦前后期哲学的意义理论的连续性研究未可得出定论。如何看待新维特根斯坦学派在维特根斯坦意义问题上引起的这场争论，并在此基础上尝试开拓一种与新派或传统观点不同的维特根斯坦意义评价模式，为这场因"可说的"与"不可说但可显示的"之间存在张力而进行的争论开辟一个未尽圆满的旁论，显然也是本次研究的一个难点。旧地拓疆总是不易的。最后，维特根斯坦的前期或后期哲学表面上是在研究命题、句子、语词的意义，研究它们的用法，但澄清语言的意义或"看出"语词用法的背后，维特根斯坦是在向读者宣告他哲学的目的和性质，甚至还有他一贯秉承的人生态度。因此抛开维特根斯坦哲学的目的和性质单纯地研究维特根斯坦关于语言意义的追问是无法抓住维特根斯坦意义理论的本质的。在一个维特根斯坦哲学人生的"大背景"下研究维特根斯坦的意义理论，并将其意义理论与维特根斯坦做哲学的态度联系起来研究，是不大容易的工作。

对于这些研究上遇到的难点，学界大多认为维特根斯坦的后期思想是对他前期思想的彻底推翻，并因而将维特根斯坦前后期思想之间出现的裂缝看作分析哲学内部的一次转折——从逻辑实证主义向日常语言分析哲学的转折。本书则将借助新维特根斯坦学派所展现的视角呈现维特根斯坦前后期思想的连贯性,这意味着挑战常规思路,有助于为学界开辟对维特根斯坦前后期思想之间关系进行全新解读的视野。其二,本书不单纯从语义学角度研究维特根斯坦前后期意义理论,将维特根斯坦的意义理论放在两个更大的视野下进行研究,即从维特根斯坦的哲学生活入手寻找他持续一贯的意义理论的土壤;另外从意义理论的出发展望维特根斯坦的哲学抱负,再反观他必然如此的关于意义的看法。其三,对维特根斯坦前后期意义理论进行连续性研究的同时,结合当代语言哲学与欧陆哲学合流的发展趋势,在结论中使对维特根斯坦的语言哲学的阐释带上一定的现象学存在主义色彩,将是本书所进行研究的一个有特色的结论。

　　总体来讲,本书在研究过程中可能呈现出如下一些新颖有趣的观点和特色,在此预报性地简要概括出来。(1)可以认为在前期哲学中,以句法逻辑进行规范的语言哲学对有意义和无意义的划分实则可以全部归为彻底的无意义的"语言现象"而被抛弃掉,而在抛弃这些"语言现象"的同时即会发现它们的总体便是"意义的存在"。对于这些存在,维特根斯坦建议"必须超越这些命题,然后他就会正确看待世界"了,而这就是为什么维特根斯坦的《逻辑哲学论》被称作"重要的胡说"的原因。"有意义"是从"无意义"当中生长出来的。(2)在维特根斯坦后期哲学中,维特根斯坦借助"语言游戏说"来讨论语言与世界的关系,试图通过对话与提问的方式揭示由于缺少"文化景观"和"语言技能","实指定义"无法实现语词与对象间的确定的映射关系,在这种情况下语词的意义是不具有确定性的。但是维特根斯坦并非彻底认为语词是"无意义"的,语词的意义全部都已经"摆在面前"。"看见"的是不确定的意义的浮现,而"持续地看出"的是被"综观"到的确定的意义。这样一来,被"看见"的面相是短暂浮现的知觉判断,而被"持续看出"的面相则是恒常的"直接被给予"的意义。"有意义"又是从"无意义"当中生长出来的。不得不说,对于"直接被给予"的东西的关注恰恰是维特根斯坦哲学中的现象学特色,虽然此现象学不同于胡塞尔等人的现象学。(3)在以上两点的基础上,阐明维特根斯坦的意义理论的性质虽然不同于现象学却是具有现象学特征的,维特根斯坦哲学中无论是以逻辑句法确定的语词的意义还是根据语言游戏中语词的用法所得到的语词的意义都是在向读者表明:确定的意义存在于由无限多的"直接被给予的东西"综合构成总体中。不要指望逻辑句法能帮助找到唯一确定的意义,也不要指望实指定义法能帮我们将语词与其描绘的世界相对应上,因为我们能够"靠逻辑分析出"的和"靠语法看见"的只能是有限的意义的幻象,真正的"有意义"是不能言说的东西和靠"持续地综观"才能得到的。正因为我们人类本能上总是企图言说"无意义",我们才总是犯维特根斯坦《逻辑哲学论》中犯的那些"逻辑分析病",在维特根斯坦看来"抛弃对命题的分析才能治好人类的这种哲学病";而同样正是人类的本能总是企图用规范性的语词来描述纷繁的日常世界,我们才总是犯了维特根斯坦在《哲学研究》中所极力抵制的"意义指称病",维特根斯坦认为应"不涉及不同寻常的东西,无需进行更进一步的更深刻的解释,本质'就在眼前'"。寻求句子表达式的语法意义同样是在受到"能够猎取奇兽"的诱惑,这也是一种哲学病。(4)无论维特根斯坦哲学的前期还是后期,都表现出了"治疗性"的特征,但并不能说如果哲学家接受了他的"治疗"之后,就停下了"哲学活动"的脚步,"哲学问题"也不能完全消失,哲学家的活动也不会完全"寂静"。维特根斯坦的哲学对理论构建的反对不是意在单纯地消解哲学问题或将基础主义彻底埋葬就了事,他的哲学可以说是包含着如何正确看待基础主义和鼓励人们从新的——并非"语言之看"而是"哲学之看"——角度来获取"基础";"基础"不是归于"寂静"保持"沉默",而是要在"有限"的表象和"无限"显现所构成的综合体中被人们获得。我们不能说出那个基础是什么,但它却是确定的和存在着的。(5)维特根斯坦借助对语言意义的诸多探讨最终是要阐明语言与人生以及语言与人类生活之间的关系。借助维特根斯坦所阐明的语言与人生或与人类生活之间的关系,以及维特根斯坦用了怎样一种哲学手法来处理和应对这些关系,就将当今社会所期待的"哲学实践化"变成了一种十分具有现实意义和实践功能的事情了。

　　本书分为七个章节。第一章阐述维特根斯坦的哲学人生持续一贯、单纯朴素的特点。这些特点会影响维特根斯坦对语言意义的态度。另外,本书论述了那些对维特根斯坦构成重要哲学影响的哲学家的思想。这些哲学家的思想不可回避,他们有些人是数学家或者物理学家,并非纯粹的哲学家。维特根斯坦那些不能称为"理论"的"意义理论"的形成可以说是与受到他们的影响不无关系的。第二章论述了二十年来对维特根斯坦的"意义"与"无意义"问题讨论中形成的一种十分热门的对峙,即"新维特根斯坦学派"思想和"正统维特根斯坦学派"之间的意见对比,并以此作为背景,提出本书所倾向的"第三条道路"。第三章正面论述维特根斯坦前后期的意义理论。此番论述以对比维特根斯坦前后期的意义理论为基础,以新维特根斯坦学派或其他"连续主义者"所开创的"否定存在两样维特根斯坦"的研究策略为契机,展开一场在"意义理论"论题上维特根斯坦前期和后期哲学的"和解剧"。第四章论述从正面研究维特根斯坦前后期意义理论的连续性而引发深入思考。主要思考维特根斯坦意义理论中是否存在意义的形而上学,和意义的形而上学是以怎样的方式存在。这一章揭示了维特根斯坦哲学中意义的幻象,和维特根斯坦最终对"幻象"的清除,从而认清维特根斯坦意义哲学中意义形而上学的本来面貌。第五章是本书最具特色的一章。对维特根斯坦意义理论的存在主义特色进行了分析。首先,阐明现当代学界不断涌现的将分析哲学阵营与欧陆现象学阵营进行联姻的明显趋势。其次,在第三章和第四章研究结果的基础上分析了维特根斯坦意义哲学中的存在主义现象学特色。这种不发源于却绽放于法国哲学家萨特的独具特色的现象学分支理论或许能够与维特根斯坦意义理论的那种看似"无意义"但又实则十分"有意义"的意义理论形成影合。第六章论述维特根斯坦意义哲学的哲学价值。这一章着重探讨的是维特根斯坦意义理论的形成和特色都是与维特根斯坦本人的哲学目的和哲学特性息息相关的。维特根斯坦意义理论的特别"产物"是维特根斯坦哲学的"治疗性"。本章探讨了以下两个问题:维特根斯坦意义理论是否仅在治疗人们在追求语言意义的过程中"禁不住本质主义诱惑"的顽疾后就停止了,还是另有深意?维特根斯坦意义理论体现了一种怎样的"做哲学"的方法?本章在此基础上指出维特根斯坦意义哲学背后或许隐藏着他希望读者能理解到的关于语言和人类生活之间关系的诸多看法。第七章是本书论述哲学实践性的一章。重点研究了现代哲学界兴起的哲学践行运动和维特根斯坦带有治疗性的意义理论方法在哲学践行领域的有效性和可行性。

第一章　维特根斯坦意义理论的形成背景

　　为了弄清一位哲学家的思想，人们通常会采用两种不同的研究思路。第一种是去研究这位哲学家的著作、论文和一系列他写下的理论文稿，全然仅就研究哲学文本本身来研究哲学家的理论。第二种是与第一种相反的研究路径，有时候显得比较怪异和激进，主要是将收集和研究一位哲学家的生平看作打开研究其思想的终极钥匙。①这位哲学家生活的每个方面，他在一生中做过的大多数事情，面对某些甚至是与哲学问题毫不相关的问题做出的反应以及他对待感情、宗教等问题的态度都与他何以有其呈现的哲学理论的形态息息相关。在本书中，我们更愿意远离常规的第一种研究方法而尝试进入第二种研究方法。因为我们相信一种理论的形成或思想的展现不可能是思想家纯粹出于爱好的选择，它一定是与思想家所处的时代和生活经历有关系的。维特根斯坦意义理论的形成及其特点也不可避免地受到他所处的时代和他一系列生活经历的影响。

　　第二种方法是适合用来探究维特根斯坦语言哲学特性的。我们在面对维特根斯坦这位哲学手稿数量大大多于面世著作数量的哲学家时发现，仅依靠维特根斯坦留给我们的哲学著作是不够的，依靠他的手稿依然不够，因为他的写作风格是碎片式的，他在著作和手稿中讲述的观点是晦涩难懂的，必须采用非激进化的第二种研究思路来辅助我们对他意义理论的正确理解。此外，维特根斯坦本人那极度认真、异常坦诚，却辅以易怒、凌人和过度自信的本性②与他哲学写作中表现出的直率、执拗、漫游式

---

①爱德华·坎特里安.《维特根斯坦》[M].陈永国译.北京：北京大学出版社，2020年.第i页.
②同上，第49页。

的想象力跳跃以及晦涩的思绪不无关系。因此,下文便以维特根斯坦的哲学人生中对某些事做出的反应和他与某些人展开的哲学或非哲学的对话作为理解其哲学的"道具",从维特根斯坦的哲学人生中,找出一些理解他哲学旨趣的线索,看出维特根斯坦持续一贯的哲学态度和他关注人类生活的哲学抱负。

维特根斯坦出生在奥匈帝国一个十分富庶的家族中,他的人生抱负并非从事哲学研究。他经历了青少年时代来自父亲为了让他和他的兄弟们将来继承商界和工业领域的工作而为他们设计的严苛家庭教育,而生活路上不可回避的诸多偶然性使他从工业技术的学习走向数学和逻辑,进而跳进了他从未想过要从事的哲学分析工作。他是被"抛入"哲学的。具体地说,维特根斯坦是被"抛入"了弗雷格的领地,用弗雷格提供的指称论作基石,以数学逻辑为方法建造他前期哲学的大厦,仿佛一切哲学问题都可以用数学模型来解决,然而最终又发现那些逻辑的解决方法又都是无意义的而应该抛弃。罗素越发地读不懂维特根斯坦的思想却又偏偏和维特根斯坦一起建立了分析哲学。学术上脾气乖戾的维特根斯坦偏偏碰到了稳重、冷静、温和的摩尔。摩尔的退休不但给维特根斯坦让出来一个剑桥教授的位置以使他能有地方安静地思考哲学和人生,更重要的是,维特根斯坦的后期哲学正是在摩尔常识哲学的影响下带上了人们所谓的"日常语言哲学"学派特点。进一步想来,维特根斯坦前期和后期哲学中对伦理学命题和伦理的重视不得不说是与那个爱好伦理学的摩尔先生有关的。

维特根斯坦的哲学和关于意义的探索不仅与如上一些分析哲学领域的大师们对他的影响有关,更是受到一些与文化学、艺术、人类学相关的人物的影响才使然。比如奥地利作家、批评家、诗人卡尔·克劳斯(Karl Kraus)的辛辣的笔触和"反讽质疑的断言"式文风在维特根斯坦那里变得更有力量。维特根斯坦的意义哲学呈现在读者面前的是犀利精悍的语录或者是一连串的问号。再例如奥斯瓦尔德·斯宾格勒(Oswald Spengler),德国历史学家、历史哲学家,研究的兴趣主要在于数学、科学和艺术。斯宾格勒《西方的没落》一书传达了文化悲观主义思想,即认为文化和文明之间是有区别的,且文化发展到高级阶段即为即将走向衰败的文明。斯宾格勒的这种思想影响了维特根斯坦,为维特根斯坦播下了关心人类生活命运的种子。可以说,斯宾格勒的思想为维特根斯坦投下了一种人类文化学视野,使维特根斯坦意义的学说有了朝文化与价值端进发的动力。斯宾格勒影响了20世纪重要的哲学家,一位是海德格尔,另一位就是维特根斯坦。①

维特根斯坦的意义理论表面上是他进入罗素的数学逻辑哲学圈后在哲学研究领域舒展开来的一个分支,但从深层次来讲,却是他辗转迁移的教育与职业生涯的"大画卷"的灵魂"气质"之一,反过来也是他书写"语言与人生关系"的场所,和他探索"人类生活意义"的手段与归宿。可以说,维特根斯坦的意义理论的形成是与他的生活和他人生中遇到的各种人物对他的影响分不开的。维特根斯坦的生活序列是他意义理论产生的轨道,他质朴收敛的生活风格是看明白他的意义理论的必要前奏;而无论是属于分析哲学序列的大人物们还是属于文化、艺术、伦理序列的思想领袖们,都是维特根斯坦这个哲学天才创造传奇的引路人。当我们更多地把维特根斯坦看作一位分析哲学序列的哲人时,我们只是更多关注分析哲学序列的引路人对维特根斯坦的影响;当我们换一个视角来看维特根斯坦的意义哲学时,我们会发现更大程度上来说,维特根斯坦关于意义的探索是一场面向人生、面向人类生活意义本身的追问(可在维特根斯坦那里他的哲学追问都是没有答案的反诘,而没有答案的所有问题构成的也正是这场哲学追问本身)。我们太长时间忽略了维特根斯坦的非分析哲学序列的哲学追问,故不妨在此给它更多一些的偏爱。

---

① James C. Klagge. *Wittgenstein in Exile*[M].Cambridge: MIT Press,2011:166.

第一节　维特根斯坦持续一贯的生活

　　20世纪的人们多半将维特根斯坦的哲学分为他的早期哲学和后期哲学,这在语言哲学半径中是有一定道理的。但若同时打开维特根斯坦一生的生活半径,则会发现对他进行那种前后期思想二分的评价是不妥的。一个可能的原因是,维特根斯坦受到压抑的青少年生活使他爆发出一种挑战权威和传统观点的不羁个性,能够在财富的浸泡中保持清醒和否定的态度,始终保持一种真诚的、纯粹的和简单的生活形式。[①]而这种一贯的生活形式正是维特根斯坦哲学中意义理论能够得以统一的大背景。英国哲学家、传记作家瑞·蒙克(Ray Monk)在他给维特根斯坦写的传记中提到,对维特根斯坦感兴趣的人可以被分为看似完全不相关的两类:独立于他的生活而研究他的工作的人;受到他的生活吸引,却理解不了他的工作的人。前者对维特根斯坦的哲学问题本身研究和理解得更多;而后者则是在生活中注定和维特根斯坦结识并在生活中和他发生关联,进而更多地记述其哲学人生和生活经历却少有深入地了解和阐明它们与维特根斯坦的哲学关切有什么关系。蒙克在传记中做到的正是这一点:将以上两类人想要表现的维特根斯坦关联起来,"解释主导维特根斯坦生活的精神上和伦理上的关切与主导维特根斯坦工作的那些冷僻的哲学问题之间的关系"[②]。如果说,瑞·蒙克的写作任务是为了帮助人们看清楚维特根斯坦的哲学本性与维特根斯坦的情感及精神生活之间的链接,那么本书的任务是将对维特根斯坦意义理论的理解放在维特根斯坦哲学人生的背景之下,帮助人们发现维特根斯坦意义理论之"静默"的特点是与他一

---

① George Henrik Von Wright. "Wittgenstein and the Twentieth Century"[A].*Wittgenstein: Mind and Language*. R. Egidi. ed., Neitherlands:Kluwer Academic Publishers, 1995: 1-19.

② 瑞·蒙克.《维特根斯坦传:天才之为责任》[M].王宇光译.杭州:浙江大学出版,2011年.第2页.

贯简朴而收敛的生活有关的,帮助人们理解之所以维特根斯坦意义理论中隐含着对人类生活的"秘密审判"部分地是因为他自己在生活中也时常进行关于"罪"或"伦理问题"的反思。

一、辗转而连贯的生活

维特根斯坦从来没有特意安排自己走上大哲学家的道路。用存在主义的术语来讲,他是辗转"被抛入"哲学中的。

出身富豪家庭的他,从小就肩负着家族寄予他的继承产业和家族财富的使命。14岁之前,他都是接受父亲在家中安排好的启蒙教育。之后为了让他和他的兄弟们积累继承工业产业的资历,他们的父亲给兄弟几个制定和实施了更为严苛的教育方案,这让维特根斯坦的两个哥哥不堪忍受而自杀。维特根斯坦并未因此而幸免于父亲为他实施教育计划而带来的高压。此后从1903年至1908年,维特根斯坦先后在利兹的技术学校和柏林的夏洛顿堡技术学院学习过工业技术,又在1908年春到曼彻斯特维多利亚大学学习航空飞行学。维特根斯坦"就是被父亲培养成工程技术人才的……可是他在这个领域既没有才干也没有兴趣"[1]。很少有钢琴家是从孩童时代就热爱苦心练琴,其长大后的艺术成就多半可归因于受到父母或老师施加的压力;同样地,维特根斯坦这位自认为没有才干和兴趣的少年却因受到专业导向强大压力而逐渐展现出对机械的痴迷:儿童时代自行研制可以实际操作的缝纫机;大学时代的野心是设计和试飞自己的飞机,先是在格罗索普附近的一所气象观测站研究高空大气中风筝的运动,后因设计发明在螺旋桨叶片的尾部带喷气装置的飞机发动机而在1911年获得专利和大学生研究基金,此发动机甚至在二战中发挥了一定的战地技术价值。[2] 维特根斯坦并未主动选择的工程机械专业却迫使

---

① Brian McGuinness. *Wittgenstein: A Life—Young Ludwig 1889–1921*[M]. London: Duckworth, 1988: 93.

② 乌赫特尔·休伯内.《维特根斯坦》[M].孙美堂译. 石家庄:河北教育出版社,1999年. 第46—47页.

他不得不主动选择深入学习数学基础,来使他对空气动力学的纯真热爱得以深入下去。维特根斯坦在一战前主动被"抛入"了数学问题的天地——1911年他开始在剑桥大学师从勃兰特·罗素学习数学哲学。从未受过专业哲学训练的他从此在哲学研究中一发不可收拾地施展他的天赋,虽然他可能并不认为自己是个像样的哲学家。维特根斯坦在他的哲学著作中表明了"一种业余的非专业性:……读他的著作感觉他做哲学是因为他个人受到某些问题的困扰,而不是因为他属于某种特别的学派"①。诺尔曼·马尔康姆(Norman Malcolm)曾描述维特根斯坦为问题所困扰的样子:维特根斯坦四壁徒空,对学术生活毫不感兴趣。②

可以说,维特根斯坦的一生充满了偶然性,不想被安排学习机械工程却又迷上这一行,没想成为任何哲学研究者却又偏偏把自己的成年时光投入哲学中去,"是哲学找的他,而非他找的哲学"③。他那被偶然性贯穿的生活是连贯的,从未刻意追求什么远大的抱负却一直不断地生成那个抱负,他不得不"选择"的人生轨迹使他一贯地过着自然主义风格的生活,尊重那些生活帮他自然形成的东西。这一点也体现在他先后创作的《逻辑哲学论》和《哲学研究》这两本著作之间的关系上。可以说明维特根斯坦并没有想在他前后期哲学之间设计什么转折,因为他之所以写《哲学研究》不是因为他认为必须提出一种有别于《逻辑哲学论》所提出的那种命题意义理论,而是因为他1922年出版了《逻辑哲学论》之后的多年中越来越感到人们对自己的《逻辑哲学论》有诸多的不解和误解,而哲学生涯中的这种感受使他不得不站出来说些什么了。在1923年的《心灵》杂志上发表《逻辑哲学论》书评的拉姆塞在1923年与维特根斯坦在奥地利乡村就《逻辑哲学论》中令人困惑的问题交换了意见。维特根斯坦通过此次交

---

① Justin Leiber. "Linguistic Analysis and Existentialism"[J]. *Philosophy and Phenomenological Research*, 1971, 32(1): 47-56.

② Norman Malcolm. *Ludwig Wittgenstein, a Memoir*[M].Oxford:Oxford University Press,1958:84.

③ 瑞·蒙克.《维特根斯坦传:天才之为责任》[M]. 王宇光译. 杭州:浙江大学出版社,2011年. 第3页.

流发现人们真的不理解他《逻辑哲学论》的意图，[7]单纯对《逻辑哲学论》进行小小的修补已经不够了，在接下来的二十多年中，维特根斯坦重返剑桥的教职，为学生上课，并写下无数的笔记和手稿。他一直觉得自己写的东西没能达到令自己满意，便根本没敢轻易再把他写的东西当作名副其实的哲学文字来出版。他担心如果再将它们出版，会惹来人们更多的不解和误解。直到1938年7月13日，维特根斯坦才在写给里斯（Rush Rhees）的信中说："我毕竟还是打算最近出版一些我写的东西，靠它来结束人们对我长久以来的不解和误解。"①维特根斯坦所说的想要出版的东西就是后来1953年并非由他本人主持出版的《哲学研究》。在这个过程中，他一方面想要出版几十年积累的笔记和手稿，为《逻辑哲学论》做后续解释和澄清，[8]另一方面不敢轻易出版，他觉得就像他在出版《逻辑哲学论》之后的情形一样，草率地出版后来被称为《哲学研究》的那些文字一样会导致不解和误解，也许误解的程度更深。在《哲学研究》的序言中他说："我其实已经放弃了在我生前出版我这本书的想法。出版的想法当然时不时会冒出来，主要原因在于：我违乎所愿地了解到，我的成果在通过授课、打印稿和讨论得到传布的过程中，遭到多种多样的误解，或多或少变得平淡无奇或支离破碎。"（PI 序）故他临终之时才把他写的东西交给一个朋友去组织成一本书。或许，维特根斯坦前期的思想中"言说"与"不可言说"的划分是他最担心不被理解的部分；他在用后期哲学生涯中哲学活动的方式——不可轻易出版的碎片式的对话笔记——来向人们揭示他想要达到的哲学目的：无论在前期还是后期，他的思路是连续一贯地"哑音唱道"。

维特根斯坦《哲学研究》是《逻辑哲学论》的延续，他在《哲学研究》的文前特意引用了维也纳剧作家内斯特罗伊（John Nepomuk Nestroy）的箴言："依其本性，进步看上去总比实际上更为伟大。"（PI 序）维特根斯坦是在借此暗示，他并不想让《哲学研究》比《逻辑哲学论》有压倒性的进步，进

---

① Ludwig Wittgenstein. *Wittgenstein in Cambridge: letters and documents 1911–1951*[M]. John Wiley & Sons, 2012: 279.

步仅仅是看上去伟大,实际上并没有那么伟大,远不如原始的东西。此外,维特根斯坦曾经说过:"如果我想要去的地方只能借助一把梯子才能到达的话,我便愿意放弃不去那里了。因为,我要去的那个地方(指《哲学研究》)实际上就是我已经所在的地方(指《逻辑哲学论》)了。"①

维特根斯坦从未刻意去设置他后期哲学与前期哲学之间的转折,他从《逻辑哲学论》走向《哲学研究》的写作是依照他哲学生活本来就给予他的步骤,就像维特根斯坦的人生中所遇到的种种"被给予"的安排一样,是那样自然而然发生的。维特根斯坦的哲学人生本身就因辗转变迁而具有一种连贯性。这种连贯性表现在,他关于语言意义的诸多看法中展现的一种自然主义的意义观:语言的自然主义是一种反对还原主义的立场,是去采纳而非担忧各种差异,以使自身变得不可替代地独特(sui generis)。⁹也就是说,犹如维特根斯坦自己的哲学人生所展现的自然而然的安排一样,自然主义语言意义观所展现的路径,要求语言是人类活动中的语言,理论实在性在语言意义中没有地位,"生活"或"语词的意义"是其自身所是。

二、从已知未来的逃逸

维特根斯坦对现代西方哲学的批判性是彻底与众不同的。如果说尼采怂恿人们逃离基督教神权的绝对权威,维特根斯坦则是在启发人们逃离对人类理性的绝对化追求。维特根斯坦的生活中总能发现一些他自己主张的离经叛道的逃离,要理解他对人类理性的奇特批判必须踏入他人生中那些带有"逃逸正统"意味的不羁选择。

从一战的战场上归来的维特根斯坦本来可以继承父亲留给他的巨额财产,继续他那富足家庭出身的子嗣本可以理所应当享有的贵族生活,但是他选择放弃。他急切地想办法把那些财产处理掉,先将一些财产匿名捐赠给急需帮助的奥地利的艺术家和作家,然后又在费希尔(Ludwig von

---

① Ludwig Wittgenstein.*Culture and Value*[M].Chicago:The University of Chicago Press,1980:7e.

Ficher)的建议下将十万克朗分发给奥地利诗人、小说家里尔克(Rainer Maria Rilke),奥地利诗人特拉克尔(Trakl),犹太裔德国诗人、剧作家舒勒(Else Lasker-Schuler)和奥地利艺术家、诗人、剧作家科克西卡(Oscar Kokschka)。①得到维特根斯坦大量财富捐赠的都是些富人,因为他觉得只有富人才能不因为拥有更多的财富而道德败坏。他把剩余的全部财产也都赠给了他的几个姐姐和哥哥保罗。战争经历告诉他,奢侈和富足是人生的错误,承受苦难是件好事。他相信自己能和别人一样靠双手养活自己。他散尽家财,不愿过家族安排好的富足显赫的生活,却逃逸到奥地利山村过起隐居的乡村教师生活,曾先后在三所小学教书直到1926年。这是他从已知的财富中向未知的艰辛里的逃逸。

　　1929年维特根斯坦重返剑桥三一学院担任哲学系教职。从事多年的教职工作后,他再一次厌恶自己的学术生涯,在二战爆发前后他越发觉得自己若不逃离这里,便可能慢慢死去。他再一次渴望做自己认为有用的事情,做一些平民可以承担的艰辛和危险的工作。在赖尔(John Ryle)的帮助下他去当了一名药房勤杂工。赖尔曾记述道:"我对此很有兴趣:当了多年的三一学院教师,他远未染上别人那样的习气,相反那地方的死气压倒了他。他对我说:'我觉得如果留在剑桥我会慢慢死掉。我宁可找个快速死掉的机会。'所以他想到一家医院做某种卑微的体力劳动,当作他的战时工作;若有必要,他宁愿辞去自己的教授席位,但他一点也不想别人议论这事。他想要一份能让自己乐在其中的工作。"②在战时的伦敦盖伊医院和纽卡索医院的工作结束之后他回到了剑桥。三年之后的1947年,维特根斯坦觉得在剑桥的教职生活严重阻碍了他冷静清醒的哲学思考。他坚定地辞去了教职,来到爱尔兰的一座农场隐居,后居住在加尔威的一处偏僻小屋,后又在都柏林的一家小旅馆寄宿。维特根斯坦的哲学是与他的生活观共轴的:他敢于打破具有确定性的已知未来,乐观

---

　　① Joachim Schulte. *Wittgenstein: An Introduction* [M].Albany: State University of New York,1992:4.
　　② 瑞·蒙克.《维特根斯坦传:天才之为责任》[M].王宇光译.杭州:浙江大学出版社,2011年.第435页.

地享受主导自己生活的乐趣。临终时,他让他的医生告诉那些赶来看望他的朋友们:"告诉他们,我度过了美好的一生!"这便是他从已知的周而复始的职业生涯向充满无穷变化的生活世界怀抱的逃逸。

维特根斯坦哲学生涯的状况是与他的生活变迁息息相关的。①那些饶有趣味的单个瞬间展现了他"远离已知,拥抱自由人性"的生活作风和由此而来的哲学风范。不难体会到,维特根斯坦总是先身处一种生活境遇,待这种境遇在他身上全面展开,他就警觉地发觉自己的自由人性是与之相对立的,而从容地转身离开。在哲学写作上,维特根斯坦无论在前期还是后期哲学阐述意义理论时,都使用了那种"先使之实体化地膨胀扩展,后又使之虚无化地缩减为零"的论理风格。难怪人们常常把维特根斯坦看作除海德格尔以外的另一位彻底地挑战和逃离传统形而上学的哲学家,原来维特根斯坦在生活中就是一位"善于逆流航行的船长"。

三、逻辑与罪

罗素在1911年10月18日第一次遇到了维特根斯坦。此时罗素比22岁的维特根斯坦大整整十八岁。罗素把他人生中与维特根斯坦的相遇称作"最令人兴奋的智慧探险之一"。因为在罗素看来,维特根斯坦总是保持着对真理和真诚的激情,对纯真而简单的生活方式的渴望。维特根斯坦总是能够"嗅出"他所遇到的那些人们习以为常的谎话和伪善的真理中的哪怕是最最微小的迹象。②罗素所见证的一次与维特根斯坦的智慧探险正是发生在自己的家里,维特根斯坦这个本来说是跑来和罗素讨论问题的学生却一言不发,几个小时只是在屋里踱来踱去,罗素不禁问他:"你是在思考逻辑,还是你的罪?"维特根斯坦回答说自己同时在思考逻辑和罪。这一令罗素感到有些突然的回答却实际上道出了维特根斯坦哲学思考的独特性,那种同时关注理智与伦理的思考方式。或者说那种将理智

---

① Jerry H. Gill. "Wittgenstein's Turnabout"[J]. *Philosophy Today*, 2008, 52(2): 188-196.

② George Henrik Von Wright. "Wittgenstein and the Twentieth Century"[A]. *Wittgenstein: Mind and Language*. R. Egidi. ed., Neitherlands:Kluwer Academic Publishers, 1995: 1-19.

放在伦理背景下进行思考的思维方式。"哲学思考对于维特根斯坦来说是对自己永久持续的末日审判"①，他在进行哲学思考的时候只是静静地思考而不轻易发出言论，似乎只有沉默的时候才能传达最真切的理智与最虔诚的忏悔。维特根斯坦的哲学看似有很明显的带有人类理智特点的语言哲学分析，但我们之所以总是觉得读不懂或越读越读不懂，是因为他的哲学文字就像是那个《哲学研究》第二部分第十一小节中所提及的"鸭兔头"图画，其背后或侧面还隐藏着除人类理智、语言意义之外的另一个"面相"——它是面向伦理和人类文明的哲学解剖。

　　维特根斯坦的哲学和意义理论将理智与伦理建制在一起是与他的"文化境遇"[10]有关的。生活在 20 世纪早期的维特根斯坦很是怀念 19 世纪时他所经历的生活，他说："曾几何时，我们的生活设施是很简单的，一间房子，一个地方，很多干活的工具，一头牲畜，和一个圈子的人。在这种简单和稳定的生活氛围下，人渐渐地与有限的环境相联系。这种生活给人一种质感——就是踏实的感觉。"② 接下来维特根斯坦对比地谈论了他当前的生活环境。 维特根斯坦说："现在人们不但是居无定所，邻居们也是一时一变的。我们所居住的环境并不能为我们提供情感上的固定依托。我们现在所使用的和拥有的东西很有可能就被别的一样好的东西所取代了。"③ 尽管维特根斯坦本人就是这些居无定所之人当中的一位，但他清楚地表达了他对这些现代事实的遗憾并想要逃离这些现代文明。维特根斯坦因此无论是在自己的著述中还是在生活中都对自己保持着严肃的道德要求。他散尽父亲留下的巨额遗产，宁愿过清净、简朴、有节制的生活。诺尔曼·马尔康姆曾记录了维特根斯坦重返剑桥哲学系教职时其房间里简单朴素的生活气息："非常的简单朴素。几乎没有什么摆设，绘画，也没有照片。 墙上是光秃秃的。在他的起居室里摆放着两张帆布椅

---

① George Henrik Von Wright. "Wittgenstein and the Twentieth Century" [A]. *Wittgenstein: Mind and Language*. R. Egidi. ed., Neitherlands:Kluwer Academic Publishers, 1995: 1–19.

② James C. Klagge. *Wittgenstein in Exile* [M].Cambridge: MIT Press,2011: 47–60.

③ Ibid.

子和一张简单的木椅,在他的卧室里摆布着一张帆布床。一台老款式的铁质取暖电炉摆放在起居室的中央。在窗台上摆放着一些鲜花,房子里放着一两个花罐。屋子里放着一个金属保险箱,里边存放着他的手稿,另外还有一张他用来写作的卡片桌。屋子总是收拾得一尘不染,相当干净。"① 维特根斯坦离开剑桥,放下教授头衔到乡村过隐居的生活,这是他"思考'罪'"的体现。他大概认为得到那些头衔的认可是一种负累,使他无法展开"自由"[11]的人生。他的朴素的生活和收敛的哲学生涯也暗示着他以静默的方式展开了十分激烈的对人类现代文明的批判。

第二节　维特根斯坦沐浴的思想甘霖

维特根斯坦在《文化与价值》中曾经说道:"我相信我从未创造过什么思想,我的思想总是从其他人那儿获得的。我热情地、直接地抓住它,将它运用于我的阐释工作中。这就是博尔茨曼、赫兹、叔本华、弗雷格、罗素、克劳斯、卢斯、魏宁格、施本格勒、斯拉法等人对我产生的影响。"[12] 除了以上这些维特根斯坦坦言的直接影响了他阐释工作的大人物外,还有一些经济学界、数学界、哲学界、文学和宗教界的重要人物也对维特根斯坦的思想形成有直接或间接的重要影响。英年早逝的英国数学家拉姆塞对《逻辑哲学论》进行过认真严肃的研究并加以批评,拉姆塞对维特根斯坦前期哲学的评论对维特根斯坦后来的新思想形成起了重要作用;② 意大利经济学家皮诺·斯拉法在维特根斯坦返回剑桥后不久也到了剑桥,对包括维特根斯坦的《逻辑哲学论》在内的前期哲学观点进行了尖锐的批驳,斯拉法对他的批评严重地影响了维特根斯坦的思想走向,促使他开始

---

① Norman Malcolm. *Ludwig Wittgenstein: A Memoir*[M]. Oxford:Oxford University Press, 1984: 24-25.

② 诺尔曼·马尔康姆.《回忆维特根斯坦》[M].李步楼,贺绍甲译. 北京:商务印书馆,2012年. 第20页.

放弃《逻辑哲学论》里的观点体系。维特根斯坦曾坦言,同斯拉法的讨论使得自己像是一棵被砍去所有枝条的大树,但这棵大树是有顽强的生命力的,在被砍得光秃秃之后又可以重新爆发出绿色。① 哲学界对维特根斯坦的影响来自柏拉图、斯宾诺莎、休谟和康德等人。维特根斯坦没有系统地读过哲学方面的经典著作,因为有时他觉得那些经典哲学著作中的内容要点并不能让他在全神贯注的状态下吸收,但他确实曾在年轻的时候读过叔本华的著作,并受到叔本华的某种影响。人们时常发现维特根斯坦的哲学时常散发着某种对人性的关怀和对宗教世界的领悟,不得不说,维特根斯坦受到过很多徘徊在文学、宗教和诗歌领域边缘处的作家们的影响,这些影响他的人物包括圣·奥古斯丁、克尔凯郭尔、陀思妥耶夫斯基、列夫·托尔斯泰和奥托·魏宁格等。② 可见,若不是在多方面得到各类观点不同的大人物们的影响,维特根斯坦的整个哲学不会得以成形和转换。我们同时应注意到除罗素和弗雷格那样的逻辑实证主义者对维特根斯坦产生了重要的影响,维特根斯坦吸取的精神影响力更多地来自非哲学界人士,尤其是文学和宗教界的人士对维特根斯坦的影响,给他带来了超越逻辑的思考,使他觉得自己的哲学写作应是像创作诗歌一样,③ 更使他能让自己的哲学回归并服务于人类生活的粗糙世界。

维特根斯坦一生中受到的这些来自多重方面和角度的影响使得他的整个哲学中包含着什么样的理论特色呢?那些分析哲学家们时常认为维特根斯坦的前后期哲学包含着两种对立的意义理论——逻辑经验实证学派的意义理论和日常语言学派的意义理论。

其实维特根斯坦在写给里斯的信中曾经说:"把我的名字和那些逻辑

---

① 诺尔曼·马尔康姆.《回忆维特根斯坦》[M].李步楼,贺绍甲译.北京:商务印书馆,2012年.第20页.

② 同上,第26页。

③ Michael Fischer. "Wittgenstein and Modernism" [J]. *Philosophy and Literature*. 42 (2), 2018: 463-466.

实证主义者们并列在一起实在是很糟糕的主意。"①可见,维特根斯坦很讨厌给自己加上一个逻辑实证主义的标签,那么他喜欢把自己称作"日常语言学派"的人物吗?若从维特根斯坦撰写《逻辑哲学论》之前所受到的除罗素与弗雷格以外的诸多思想家的影响来看,¹³维特根斯坦的意义理论具有更多对关于人类活动的要素的关注。

他曾说"勃拉姆斯的音乐中有一种思想的力量"②,"勃拉姆斯势不可挡的力量"③,因为他从勃拉姆斯那里察觉到音乐中隐藏着形而上学的东西,音乐是一种非常伟大的由人类创造的经验纹理。

他曾说:"我有时觉得我似乎在用没有牙齿的嘴进行哲学推理,似乎我用没有牙齿的嘴就能正确地、适宜地说话。我从卡尔·克劳斯那里察觉到相似之处。我不认为那是一种老朽的看法。"④克劳斯传递给维特根斯坦的观念是对逻辑实证主义的反对。若用有牙齿的嘴来进行哲学咀嚼,就是以严苛的逻辑推理进行哲学活动,将经验世界的对象彻底"咬碎"肢解,排列入工整的逻辑图像中,然而,维特根斯坦受益于讽刺作家克劳斯,感叹哲学研究的活动不应执行数学逻辑一样严格的"锱铢必较",如果带着逻辑的"牙齿"去咀嚼哲学研究对象,便得不到哲学工作期待的成果,必须去掉"锋利"的"逻辑组件",回归到"混沌的解析",对待哲学的工作对象采取一种"多角度轻柔研磨"的方式,从而获得对研究对象的整体的综合体验。这样的综合体验的表达便是维特根斯坦所谓的"正确地、适当地说话"。

基于上述,维特根斯坦也并不愿意将自己归入日常语言学派的行列里。他关注的东西并非仅只语言和语言游戏本身,他受到的多种人文情怀的影响使他愿意想方设法使哲学逃离传统意义上的哲学阵地,亲近那

---

① Ludwig Wittgenstein. *Wittgenstein in Cambridge: Letters and Documents 1911-1951*[M]. Wiley-Blackwell,2012: 279.

② 维特根斯坦.《文化与价值》[M].黄正东,唐少杰译.南京:译林出版社,2011年.第31页.

③ 同上。

④ 同上。

些必须由人参与或由人创制出的与人有关的活动。我们若将维特根斯坦的哲学说成是采用了音乐家的或文学大师们的方式去观照人类生活世界,是并不过分的说法。再进一步考察维特根斯坦的哲学特点的话,我们便可以在其前后期哲学中发现一种统一的自然主义人本精神。这里我们提到的自然主义不是那种遵从自然法则或自然界因果关系的科学主义论调的自然主义,而是一种与维特根斯坦所谓的"人工语言"相反的"自然语言"维度上的自然主义,这种自然主义强调的是人类经验世界中因人类的参与而赋予被参与事件的自然运行机制。在更具体谈论这种自然主义人本精神之前,我们先列举以下一些维特根斯坦生命中遇到的人物,看一看他们对维特根斯坦产生了哪些重要而有趣的影响。

一、海因里希·鲁道夫·赫兹(Heinrich Rudolf Hertz)

德国物理学家赫兹对物理学的贡献中,有三个领域的知识是相互交织的。这三个领域是实验物理、理论物理和哲学。在赫兹研究电动力学的过程中,他不断意识到除获得了新的物理理论外,也收获了"理论—试验间关系"这个哲学认识论问题的答案。[①]

维特根斯坦遇到罗素之前就已经从赫兹的《机械学原理》那里得到了命题的整体主义思想,即"一个命题在一个体系中的性质角色属于公理还是推论还是经验陈述是取决于我们首先是如何构造我们的体系的。我们是通过比较表现相同意义的不同方式来发现我们是如何将命题以公理、推论或经验陈述的性质角色放入我们的体系中的"[②]。如上思想与赫兹的《机械学原理》前言中所倡导的物理哲学观点有关。当维特根斯坦十几岁时就早已知晓赫兹的这些物理哲学观点了[③]:

---

① Salvo D'Agostino. "Hertz's Researches and Their Place in Nineteenth Century Theoretical Physics"[J]. *Centaurus*, 1993, 36(1): 46–77.

② A. Janik. "From logic to animality, or how Wittgenstein used Otto Weininger"[J]. *Nómadas. Revista Crítica de Ciencias Sociales y Jurídicas*, 2001, 4(2): 65–78.

③ Ibid.

　　用来构成事物的图像是有模糊的因素的,同一个事物的不同图像是完全可能的,并且这些图像在很多不同方面都可能不同。……严格来讲,我们原本称作机械学原理的东西无法被追溯为另一个机械学命题,但却能被看作是从另一个知识来源获得的结果。在历史发展的过程中,它必然地在某种情况下被当作正确的原则,而当那种情况消失后,它使用的名称却被错误地保留下来了。……从这个意义上来讲,机械学的基本观点以及与之相关的原则就表征了物理学在这个世界中可以为事物和发生在世界中的过程建构出的最简单的图像。选择不同的基础命题,就可以获得不同的机械学原理的表象。我们因而可以获得不同的事物的图像;这些图像在可行性、正确性和适恰性上可以进行相互比对和验证。①

　　"不同的基础命题可以获得不同的机械学原理的表象"这一点说明并没有哪一个基础命题可以被作为公理的唯一基础。赫兹的"同一个事物的不同图像是完全可能的"思想在维特根斯坦那里则体现为其在《逻辑哲学论》中码段 6.341 中关于"牛顿力学是否为世界的描述提供了一种统一的形式"的整个讨论。这段讨论的结果是:选择用三角形或六角形的黑白网格来覆盖一个白色表面等同于选择不同的描述世界的系统,牛顿力学就是我们所选择的其中一种描述世界的系统,当然我们也可以选择其他的系统,因为"用一种力学可以比用另一种力学更为简单地描述世界"(TLP 6.342)。在码段 6.36 中,维特根斯坦说:"要是有因果律,也就可以说'有自然律'。不过,这当然不可说,而是自己显露出来的。"紧接着,维特根斯坦就强调:"可以用赫兹的话来说:只有遵从规律的联系才是可以思考的。"(TLP 6.361)他是在赫兹那里获得了关于世界描述系统的相对性思想的,不同的体系要有不同的描述律,"整个现代世界观都建立在一

---

① Heinrich Hertz.*The Principles of Mechanics*[M].London:Macmillan and Co., Ltd.,2012:4.

种幻觉的基础上,即认为所谓的自然律是自然现象的解释"(TLP 6.371)。力学公理也好,语言的逻辑分析法则也好,都并非绝对的描述体系。维特根斯坦和罗素第一次见面时说不可能证明命题"房间里没有河马"时,罗素感到惊讶。[①] 这段趣事的发生是因为维特根斯坦受到了赫兹的影响而认为语言的逻辑分析并不可靠;在《哲学研究》的码段89至133中关于哲学本性的描述则发出了对赫兹物理学哲学原则——去掉我们身上的那些折磨人的概念混淆是完全可能的,那些概念混淆诱惑着我们在面临着"是对身边的事物进行表象或描述还是提出关于'有意义的语言的本性'的理论"时,去问一些形而上学问题——的全新演绎。赫兹的思想是维特根斯坦处理哲学问题方法的重要来源之一,为了让学生们领会他的哲学研究方法,维特根斯坦有时会把《机械学原理》的前言拿给他的学生来读,当作做好哲学的典范。在《哲学研究》中那种"发现或发明中间环节"(PI 122)的技巧和让我们把注意力从"偏食——只用一类例子来滋养思想"(PI 593)的方法转移开来的做法就带着赫兹物理学哲学的影子。

当维特根斯坦努力地运用他从赫兹那里学来的物理学理论和物理哲学理论来解答他自己遇到的机械世界和哲学世界的问题时,他那同时批判科学主义和传统形而上学的习惯便逐渐发展起来并被用于他的意义批判。命题的意义取决于命题系统的整体配置。这种整体最后扩大到世界中事实所构成的有意义的整体——世界之外的只可以"显示"的不可说物,"它"是不可说的但却是意义的整体。同样地,在后期哲学中,"无意义"的是每个实指的概念,它们被中间环节钩挂着间次转换为他者,但整体体现为一种具有"家族相似性"维度上的"有意义"。

二、亚瑟·叔本华(Arthur Schopenhauer)

维特根斯坦在16岁时就阅读了德国哲学家叔本华的著作《作为意志

---

① A. Janik. "From logic to animality, or how Wittgenstein used Otto Weininger"[J]. *Nómadas. Revista Crítica de Ciencias Sociales y Jurídicas*, 2001, 4(2): 65–78.

和表象的世界》，并在那时就深受叔本华思想的影响。①叔本华在那本书中描述了他经历的那些不可抗拒的自然现象，他认为这种对不可抗拒的事物的体验引发了一种"崇高庄严"的感觉，使人能够超越那种境遇带来的恐惧。叔本华后来暗示人们对抗那种境遇应该用一种苦行僧式的策略："世界是彻底不受我们的意志所控的，因而降临到我们身上的邪恶是不可避免的……生活中一切美好的东西都受到机遇的力量的掌控。只要机遇一发挥它的那种控制力并悄然离我们而去，我们就会立刻因曾经向机遇中寄予了我们的幸福而最后感到不幸。我们应该正确利用我们理智的官能来逃避这种毫无价值的命运。"②

维特根斯坦觉得叔本华所描述的为人类所不可控制的东西与他在一战中所经历的东西有相似之处。维特根斯坦在一战时期写的编号笔记14中曾写道："在我生命的那些持续不断的危险中……我一次又一次地感到绝望。这是由于我对生命的看法是错误的。"维特根斯坦说自己生命中多次遇到危险是由于我们不得不遇到那些不受我们意志控制的机遇，而这些机遇的流逝令他绝望的原因是自己没有正确地看待充满偶然性和机遇的人的生命，是人自己的错误，对人生的错误观念。在接下来的笔记中15维特根斯坦曾说"罪"其实就是一种"错误的人生观"。③维特根斯坦拒绝承认意志改变世界的能力，却承认意志可以改变一个人对世界中事实的看法。维特根斯坦继承了叔本华的那种极其信奉世界中绝对自然力量的自然主义做法，却将叔本华的像苦行僧一样的消极的逃避主义的意志去除。维特根斯坦引进了一种积极的意志，它可以改变人对世界中事实的看法，从而使人与世界站在同一个高度。关于此，维特根斯坦在《逻辑哲学论》的 6.43 码段中说："如果善的意志或恶的意志可以改变世界，那么它

---

① G. E. M. Anscombe. *An Introduction to Wittgenstein's Tractatus* [M]. London: Hutchinson University Library,1959:11.

② Arthur Schopenhauer. *The World as Will and Representation*[M].The Falcon's Wing Press, 1958:156-157.

③ James C. Klagge. *Wittgenstein in Exile*[M]. Cambridge: MIT Press, 2010: 5-18.

只能改变世界的界限,而不能改变事实……幸福者的世界不同于不幸者的世界。"(TLP 6.43)这种积极的意志是一种由人来掌控世界的意志,是积极有力的。

　　既然在叔本华看来世界中的事实是由不可抗的自然力量组成,叔本华便想要让我们使意志去迎合世界中的事实;而维特根斯坦也承认世界中事实的本来的面貌中有一股"强力",但是他不削弱人的地位,让人类的意志帮助我们实现对世界中事实的正确的看法。这就是维特根斯坦人本主义哲学思想的一种体现。

　　除此关于意志的问题之外,叔本华对维特根斯坦的早期思想的影响还关乎于伦理和生命的意义。例如,维特根斯坦同意叔本华的"良好的行为不应该是靠其结果来驱动的";他也同意叔本华的"科学不能回答价值的问题""解决生活谜题的钥匙在时空之外"和"'高高在上的东西'最终不能用语言来表达"等思想。[1]这些都说明《逻辑哲学论》的目标不是建立一种"语言图像的意义是世界中的事实"的逻辑实证主义意义理论,而是把目标锁定在人类生活的价值上。冯·莱特说,1916年的一本维特根斯坦的笔记本主要论述自我、意志自由、生命的意义和死亡等问题,从这个笔记本中提炼的大量材料变成了《逻辑哲学论》中的多少有点格言式的论述。冯·莱特感觉这明显就表明维特根斯坦受到叔本华唯心主义的影响,同时还留着一些斯宾诺莎的风格。[2]至于冯·莱特所谓的"维特根斯坦的斯宾诺莎风格"是怎样的也是维特根斯坦哲学特点的另一个值得进一步探讨的方面。

　　维特根斯坦在《哲学研究》中的"生活形式"的术语也很可能是与叔本华的那本《作为意志与表象的世界》有关。叔本华曾经在那本书中写道:

---

　　[1] S. K. Wertz. "On Placing Wittgenstein in History"[J]. *Southern Journal of Philosophy*, 1973, 11 (4): 14.

　　[2] 诺尔曼·马尔康姆.《回忆维特根斯坦》[M]. 李步楼,贺绍甲译. 北京:商务印书馆,2012年. 第13页.

"一切生活的形式都是属于现时的。"① 在此,"现时的生活形式"或许就是为什么维特根斯坦如此看重"眼前所展现的一切"的原因了。

史蒂芬·图尔门曾经强调过,人们不应该太关注罗素、摩尔和维特根斯坦的关系而忽视了康德、叔本华与他的关系。维特根斯坦应该属于"康德—叔本华—维特根斯坦—斯特劳森"序列。按照图尔门的观点,维特根斯坦从来都不是逻辑实证主义者,其思想与认识论无关,也不存在什么因为他前后期的目标是两个不同风格的语言意义理论而得出的"存在两个维特根斯坦"之类的判断。② 这种很独特的看待维特根斯坦哲学和其意义理论的视角着实令那些看到维特根斯坦与叔本华之类的大陆哲学家们之间的关联的学者们感到欣慰。

三、列夫·托尔斯泰(Leo Tolstoy)

列夫·托尔斯泰,俄国批判现实主义作家。维特根斯坦对宗教的感悟以及由此而产生的对神秘不可说之界域的关注是来自托尔斯泰的《福音书》。③ 1914年秋,维特根斯坦在波兰南部塔尔诺(Tarnow)服役期间无意间来到一家似乎只卖明信片的小商店,但据罗素记载,维特根斯坦发现小店中卖的唯——本书就是托尔斯泰的《福音书》。维特根斯坦将这本书买下来只因为没有什么别的书可买了。服役期间的维特根斯坦便将它读了一遍又一遍,在战火中或是在任何时候都随身带着它。维特根斯坦都成了战友眼中的"带着福音的战士"。托尔斯泰在《福音书》中将《圣经·新约》中对基督生命的四种描述浓缩成一个感人的故事。这深深触动了维特根斯坦,在他身上种下了基督教的信仰。他在某天去值夜岗之前写的笔记中说:"也许接近死亡将带给我生命的光。愿上帝照亮我。我是虫

---

① Severin Schroeder. "Schopenhauer's Influence on Wittgenstein"[A].*A Companion to Schopenhauer*. B. Vandenabeele. ed., Wiley-Blackwell, 2012: 367-384.

② S. K. Wertz. "On Placing Wittgenstein in History"[J]. *Southern Journal of Philosophy*, 1973, 11（4）: 14.

③ James C. Klagge. *Wittgenstein in Exile*[M]. Cambridge: MIT Press, 2010: 5-18.

豸,但经由上帝我成为人。上帝与我同在。阿门!"①他从上帝的福音那里找到了心灵的安抚,他甚至觉得实际的福音可能比托尔斯泰所描述的更加美好。维特根斯坦对他的朋友费克尔(Ludwig von ficker)说:"如果你不熟悉《福音书》,你根本没法想象这本书对人的影响。"②而这种影响不光是为战争中时刻面临生命危险的维特根斯坦的心灵投下了一缕宗教庇护之光,也因为基督教面向个人道德和精神进步的福音不是靠语言的传授而是靠神圣的"浸染",从而影响了维特根斯坦的语言哲学中最重要的观点之一,"确实有不可说的东西。它们显示自己,它们是神秘的东西"(TLP 6.522),这种神秘的东西的获得是靠基督教徒所受到的那般"浸染"。

另外,维特根斯坦生活的时代与托尔斯泰所经历的时代有相类似的地方。维特根斯坦曾提到过罗贝特·穆齐尔笔下的"卡卡尼亚国"[16],渴望真诚的维特根斯坦极为努力地想要改变他所处的"卡卡尼亚国"一般的外部世界。维特根斯坦对当时他所处的社会的不满之一在于奥地利社会中语言技术化和烦琐化带来的污染。他想要净化语言。托尔斯泰家乡所处的社会则至少是一个道德上堕落得像一个"卡卡尼亚国"的社会,托尔斯泰就是在不断地与偏执和传统教条斗争以从中将自己解脱出来的过程中度过了自己的成年生活,而维特根斯坦和这位俄国人一样都幻想着能找到一个不受到社会道德顽疾污染的社会并在那里开始自己的新生活,但是维特根斯坦和托尔斯泰都是这个幻象的受害者。③托尔斯泰逃到高加索山上去寻找他想要的新生活,而维特根斯坦则来到奥地利的偏远山村教书。但实际上维特根斯坦在那里根本就没找到他想要的东西——语言的净化,最终的选择是消解掉"净化语言的任务"本身。

---

① 瑞·蒙克.《维特根斯坦传:天才之为责任》[M].王宇光译. 杭州:浙江大学出版社.2011年. 第141页.

② Colm McKeogh.*Tolstoy's Pacifism*[M].Cambria Press,2009: 197.

③ George Henrik Von Wright. "Wittgenstein and the Twentieth Century"[A].*Wittgenstein: Mind and Language*. R. Egidi. ed., Neitherlands:Kluwer Academic Publishers, 1995: 1–19.

四、奥托·魏宁格(Otto Weininger)

叔本华对维特根斯坦前十年的哲学思想发展影响很大,在维特根斯坦后来的哲学生涯中,同时交织了叔本华和奥地利哲学家奥托·魏宁格的影响。

维特根斯坦在青年时期读过奥托·魏宁格的《性与性格:生物学及心理学考察》[17],并被此书的观点深深地吸引,还将此书推荐给朋友阅读。维特根斯坦在房间里踱步时回答罗素说他自己同时在思考逻辑与罪的趣事,便是因他受到了奥地利哲学家奥托·魏宁格的影响。"维特根斯坦极为重视奥托·魏宁格的著作。"[①]魏宁格为维特根斯坦提供了一种解决问题的方法,提供了不同于赫兹的"自我与世界关系""意志与人们所熟悉的事实之间关系"的另外图景。魏宁格并不关心对实在的人的思维进行经验论总结,他关心的是创造一种"不道德模型"的"理想形态"。这种理想形态就是处于"否定"的一个"极",以此来让人们看到另一个"极"的存在。这有点类似于道家思想,即当人们意识到事物的一个面也就能得知事物的对立面。魏宁格虽然没有受到过东方的影响但创造出与东方思想惊人相似的整体性观点。他认为极端的情况是人们假想出来并不存在东西,然而事实却总是处在假想两极之间,在两极之间的便是无数种的"中间形态",他把这种思想运用到了他对"男性"和"女性"之间关系的创新观点上了,认为现实中的每个人都同时拥有男性和女性性别,而人的性格是取决于这两性性别的构成方式和比例的。虽然魏宁格的思想最终是为贬低女性和排斥犹太民族而作,但若暂且忽略其结论中带有偏见的目的的话,魏宁格的这种"从'极'向'中'靠近"的"原型—现象学描述"[18]的方法确实十分值得重视。对于维特根斯坦来讲,其关键就是让他的读者先被给予生活的消极例子——这些例子中"罪"和"人"的界限没有任何地位——从而

---

① 诺尔曼·马尔康姆.《回忆维特根斯坦》[M]. 李步楼,贺绍甲译. 北京:商务印书馆,2012年.第26页.

反思幸福和美好的生活。对于魏宁格来说,罪犯是明知故犯的人,并且是继续故意犯原罪的人。罪犯犯的罪,如原罪,只不过就是"自我主义"——一种自我主张或不惜一切代价来追求幸福的意愿和对一切外在于自我的权威的否定。因此,犯罪或者不道德在魏宁格看来就是成功的"自我主义"或者就是世俗意义上的"幸福"——即将人生的目标设为占有美妙的事物。罪犯实际上是"最不幸福"的人,他将他自己包围在借助他自己所谓的成功而形成的"世俗"的存在中。① 在这里,我们可以看到维特根斯坦后来用以做哲学的方法——从消极的例子出发逐步渐进为整体的积极,或者可以被描述为一种从"否定"逐渐过渡到"肯定"的方法。维特根斯坦曾经对摩尔(G. E. Moore)说:"我并不彻底赞同奥托·魏宁格,但魏宁格的伟大之处正恰恰在于我对他表示不赞同的东西当中,魏宁格的巨大错误就是他的伟大所在。"此外,维特根斯坦也曾指出,如果在《性与性格》整本书的前面加上一个大大的否定符号,则就成就了一个伟大的真理。可以说,维特根斯坦无论在《逻辑哲学论》还是《哲学研究》中的"寓真理于伪言中"的做法正是受到了魏宁格哲学思路的影响。

此外,我们也发现在《维特根斯坦传:天才之为责任》一书中,瑞·蒙克感慨道,在维特根斯坦青春期读过的所有书中,对他人生态度有着最大最持久影响的就是魏宁格的书。蒙克在该书目录之前的献言中引用了奥托·魏宁格在《性与性格》中的一句话:"逻辑和伦理根本上是一回事,它们无非是对自己的责任。"②蒙克的这段引用是在提醒人们,在罗素面前坦言自己在做"逻辑"(哲学)和"罪"(伦理)双重思考的维特根斯坦深受魏宁格的影响,同时追问自己肩负的双重责任——对"逻辑"和"罪"的思考。在维特根斯坦的前期著作中,他先是思考了逻辑在获得语言意义时的地位,然后立即转为向读者发出关于人生意义和伦理世界之思考的邀请。他邀请方式是在先提出一个让人们觉得看似为肯定的逻辑图像的世界之后,

---

① A. Janik. "From logic to animality, or how Wittgenstein used Otto Weininger"[J]. *Nómadas. Revista Crítica de Ciencias Sociales y Jurídicas*, 2001, 4(2): 65–78.

② 瑞·蒙克.《维特根斯坦传:天才之为责任》[M].王宇光译.杭州:浙江大学出版,2011年.

来个逆流急转的警示,告诫人们靠逻辑组编的语言图像的世界是虚幻的无意义,真正有意义的是人们应该真正反思的"不可言说"的境地。在《哲学研究》中维特根斯坦则更是不吝赐"例",为的是引导人们在碎片化的语言游戏中思考如下的内容:逻辑的地位并非具有严格性和非时空性。"我们称为'句子''语言'的东西不具有我前面想象的形式上的统一,而是或多或少具有亲缘的家族。——但现在逻辑成了怎样的? 它的严格性在这里好像脱胶了……我们谈论的是在空间时间中的语言现象,而不是某种非空间、非时间的非物。"(PI 108)在此,维特根斯坦将具有非严格性和时空性特点的逻辑所在的多种日常语言游戏的情形不断地呈现给读者,交付给读者一系列"为否定性"意义的日常语言符号,让读者一次又一次地反思它们所意谓的"无意义",最终用那同样无需辩护就"有意义"的"综观"的整体来达到"伦理与价值的彼岸"。可见,维特根斯坦前后期以不同方式运用魏宁格的那种"原型-现象学描述"的方式,从"先错"开始导向"正向的整体"。

以上列举的对维特根斯坦哲学思想产生重要影响的人物并不能全面展现维特根斯坦与这些人物之间的往来和对维特根斯坦的全部影响,但这些与维特根斯坦的哲学生活息息相关的场面却将维特根斯坦从他的哲学文本中拉到他的生活场中,让我们得以领略维特根斯坦何以写得那本晦涩难懂的《逻辑哲学论》和那本零散得令人迷惑的《哲学研究》;让我们隐约地感知到,正是因为维特根斯坦在不同时期遇到的那些包括又不仅限于哲学家在内的重要人物们的智慧与维特根斯坦执拗、忧郁又果决的头脑发生了奇妙的"化学反应",才使得维特根斯坦本人以"关注人和人的活动"的"底色"上描绘他关于语言和逻辑的"图画"。得到那些不同人文学科领域的人物影响的维特根斯坦在进行上述"哲学绘图"的工作时时刻没有丢下对"人和人的活动"的观测、判断和协助,并且其工作方式中体现了更多对人类参与的"自然语言"的研判、对人类生活世界中变化性和偶然性主导的经验现象的问诘,和对隐藏在这众多人类活动形式背后的神秘的不可言说的规则的"依恋"。维特根斯坦在《文化和价值》中的一句

"'智慧是灰色的。'然而,生活和宗教充满了色彩"①意味深长,透露着他希冀把更多的注意力从哲学分析转向人类生活的意图。从这个角度上讲,无论维特根斯坦的前期还是后期意义理论都裹挟着统一的自然主义人本精神,单从这一点来讲,我们便可以窥见意义理论的连续性。

①维特根斯坦.《文化与价值》[M]. 黄正东,唐少杰译.南京:译林出版社,2011年. 第88页.

第二章 "意义"与"无意义"之争

在谈论维特根斯坦构造了一种怎样的意义理论之前,先来看看20世纪末期兴起的一场关于维特根斯坦前后期中"意义"与"无意义"问题的激烈争论。这场争论是由后来人们称之为"新维特根斯坦学派"(后文简称为"新派")所引发的,之所以被称作"新维特根斯坦学派"是由于其观点是在批判"正统维特根斯坦学派"(后文简称为"正统派")的基础上发展起来的,并与后者形成了较为焦灼的相互批判的态势。两个学派的论辩集中围绕于维特根斯坦前后期哲学中"有意义和无意义的命题的区分"以及由此而导致的对"维特根斯坦前后期哲学之间关系"的看法。

以这场争论为背景,或许能够更清晰地看清维特根斯坦前期和后期关于意义的哲学之间关系:既非学者们通常认为的那样——后期意义哲学是对前期意义哲学的一种彻底的否定和批判;也非新维特根斯坦学派们笃定的纯粹而"果断"的连续性。前后期的连续性由于关涉着人类或人类生活的参与而显示着与新派学者的观点有所不同的特点。

第一节 "正统派"

"正统派"主要是指自《逻辑哲学论》出版之后逐渐形成的清楚地区分维特根斯坦前期和后期哲学和意义理论的差别的那些学者和以哈克(Peter Hacker)为代表的对"新派"的反驳和批判者们。①

----

① Alice Crary. "Introduction"[A]. *The New Wittgenstein*. A.C.a.R. Read. eds., London and New York:Routledge, 2000: 1-18.

正统派解释者对《逻辑哲学论》中的语句进行了正面直接的解读。注意到"命题显示其意义"(TLP 4.022)、"命题显示实在的逻辑形式"(TLP4.121)、"能显示出来的东西,不能说出来"(TLP 4.1212)、"命题显示它们所说的东西,重言式和矛盾式则显示它们什么也没说"(TLP 4.461)、"确实有不可说的东西。它们显示自己,它们是神秘的东西"(TLP 6.522),正统派解释者认为其中那些关于名称和命题的形而上学的句子"显示"出了某种实在的、不可说的特性,这些不可说的实在特性就是由那些有意义的句子"显示"出来,用哈克的话来说就是"不能言说的东西是可以'用哨音吹奏' ¹⁹ 出来"①。但当维特根斯坦在码段 6.54 中说自己的全部命题都是"无意义"而应该被丢弃时,正统派为了不使自己之前"将维特根斯坦的形而上学命题解释为有意义"的学说不产生矛盾而附加了一句有趣的解释:"《逻辑哲学论》当中的命题都是'有意义的胡说'。"② 但需要指出的是,正统派对《逻辑哲学论》中命题的"有意义"也有着不同的看法。罗素和拉姆塞认为存在那个不可说但可以显示的东西,在语言之内可说的东西一定受到某种不恰当的限制;而维也纳学圈的成员们则多数认为在对意义理论的论述中已经将任何形而上学的句子存在的可能性排除在外了,也就是,在语言之外不存在什么不可说但可以显示的东西,语言之外无一物。③ 故在新派看来,正统派将《逻辑哲学论》中的命题分为了三类:有意义的可以言说的命题(proposition of sense)如"苏格拉底是有智慧的"、纯粹无意义的命题(proposition of mere nonsense)如"苏格拉底是易碎的"和显示着意义的无意义命题(proposition of substantial nonsense)如"苏格拉底是同一的"(TLP 5.4733)。在哈克看来,纯粹无意义的命题是"无自我意识的无意义命题",是会产生误导的无意义命题;而显示着意义的无意义命题则是

---

① Alice Crary. "Introduction"[A]. *The New Wittgenstein*. A.C.a.R. Read. eds., London and New York:Routledge, 2000: 1–18.

② Roger M. White. "Throwing the Baby Out with the Ladder—On 'Therapeutic' Readings of Wittgenstein's *Tractatus*"[A].*Beyond the Tractatus Wars—The New Wittgenstein Debate*. R.R.a.M.A. Lavery eds., New York:Routledge, 2011: 22–65.

③ Ibid.

"有自我意识的无意义命题",是具有启迪力量的无意义命题。①

正统派对维特根斯坦意义理论的解读还体现在他们将维特根斯坦前后期哲学中的意义理论进行了对立的划分,认为《逻辑哲学论》中命题的意义在于逻辑图像对世界中事实的镜像关涉,而《哲学研究》中逻辑图像失去地位,命题的意义的解释关乎于"语法",意义是一种在"日常语言语法"观照下的"言说的可理解性"的实现,② 在正统派看来,二者之间存在明显的"裂隙",维特根斯坦的前期著作被解释为一种故意创建的意义理论,而后期著作则被解释为对前期哲学中意义理论的消解。克里普克可以算是典型的正统派学者之一,他认为《哲学研究》的开篇的几个段落意在驳斥《逻辑哲学论》中的将语言与事实进行一一对应的"语言的真值条件理论",[20]经过他的"关于'遵守规则'的怀疑主义论述"展开了将维特根斯坦的前期哲学看作"意义的实在论"而将其后期哲学看作"意义的反实在论"的对立论述工作面。大卫·皮尔斯(David Pears)则是继克里普克之后的又一位正统派阐释者,他认为维特根斯坦的前期到后期哲学是从一种意义理论的建构走向了现象学的描述。③ 可见,维特根斯坦发起了西方哲学的语言转向,而正统派维特根斯坦解释者则是在维特根斯坦哲学体系内部初创了维特根斯坦前后期意义理论的内部转向。

第二节 "新派"

20世纪末,以科南特(James Conant)和戴蒙德(Cora Diamond)为首的

---

① Oskari Kuusela. "The Dialectic of Interpretations—Reading Wittgenstein's *Tractatus*"[A]. *Beyond the Tractatus Wars—The New Wittgenstein Debate*. R. R. a. M. A. Lavery eds., New York:Routledge, 2011: 121–148.

② Alice Crary. "Introduction"[A]. *The New Wittgenstein*. A. C. a. R. Read eds., London and New York:Routledge, 2000: 1–18.

③ David Pears. *The False Prison:a Study of the Development of Wittgenstein's Philosophy*[M]. New York:Clarendon Oxford,1988:218.

新派对正统派所固守的维特根斯坦前后期意义理论的内部转向表示出强烈的不满。产生这种不满的由来是新派发现了《逻辑哲学论》中码段6.54中的"我的命题应当是以如下方式来起阐明作用:任何理解我的人,当他用这些命题为梯级而超越了它们时,就会终于认识到它们是无意义的。(可以说,在登上高处之后他必须把梯子扔掉)他必须超越这些命题,然后他就会正确看待世界"(TLP6.54),与此书前言中的"……这里所传达的思想的真理性,在我看来是无可辩驳和确定的"之间的矛盾。若按照正统派对维特根斯坦的意义理论的解读,对于这一矛盾的解决将遇到困难。维特根斯坦在这唯一一本他生前出版的书中设置了这个自相矛盾的首尾呼应:开头他说自己在《逻辑哲学论》中说出了传达确定无疑思想的有意义的命题;在结尾处却说这些命题都是应该被抛弃的无意义的命题。若按照正统派的观点"所有可以用语言表达的命题要么是因为不合乎句法而形成的纯粹的无意义,否则都是有意义的",则《逻辑哲学论》中维特根斯坦所写下的除码段6.54之外的符合逻辑句法的命题就都是有意义的,这便与码段6.54的"它们是无意义的"的内容矛盾。如果承认码段6.54中的观点,则与此书前言中说的"此书包含着无可辩驳的确定真理"相矛盾。为此,正统派就搬出了一个"显示着意义的无意义命题"来当"救援"。

　　新派对这个"显示着意义的无意义命题"表示反对,认为根本不存在什么"不可以说但可以显示意义的命题",说正统派的这种"救援"是一种"畏罪潜逃"(chickening-out),《逻辑哲学论》中全部的命题都是"纯粹的无意义",他们这种将《逻辑哲学论》中的命题都归为无意义的命题而抛弃掉的坚决态度为他们赢得了一个有趣的名字"果决派"。[1] 戴蒙德的"将梯子扔掉:如何解读《逻辑哲学论》(Throwing Away the Ladder: How to Read the Tractatus)"一文不讨论《逻辑哲学论》的内容,只是讨论《逻辑哲学论》表现出的形而上学评论的地位。戴蒙德在文中声称《逻辑哲学论》中只有

---

[1] Warren Goldfarb. "Das Ubervinden—Anti-Metaphysical Readings of the *Tractatus*" [A]. *Beyond the Tractatus Wars—The New Wittgenstein Debate*. R. R. a. M. A. Lavery eds., New York: Routledge, 2011: 6–21.

"纯粹的无意义",是纯粹的不可以以任何方式沟通的"无意义",彻底扫清了维特根斯坦意义实在论的任何底床。① 新派认为不存在正统派所认为的两种沟通意义的方式:言说或显示;新派认为只存在一种"无意义"——"纯粹的无意义"。正统派的那种"不可说可以显示主义"给形而上学留下了生存的空间。新派的目的是证明《逻辑哲学论》和《哲学研究》都是在治疗哲学追求形而上学的通病,都是要靠展现人们用以表达形而上学的语言不是贯通的来击溃形而上学,不同之处在于《哲学研究》与《逻辑哲学论》的方法不同:《逻辑哲学论》中的形而上学是"看似在表意"的一种"纯粹的无意义"而被抛弃掉;而《哲学研究》中"语言在休假时"(PI 38)形而上学问题便出现了。言外之意,语言总是在场工作的,形而上学总是不会出现,故形而上学命题也被抛弃了。新派对维特根斯坦前后期中对形而上学的如上进路证明了《逻辑哲学论》和《哲学研究》之间展现出的是"严苛的"连续性关系,② 并非那种由正统派长久以来所维护的"二者之间的转折性关系"。苏里文(Peter Sullivan)则从前后期哲学都是关于"思想界限的理解"的角度强调了前后期哲学的连续性。③"《逻辑哲学论》是走向《哲学研究》那样的治疗哲学的成功路上遇到的重要失败而已。"④

至于"'《逻辑哲学论》的码段6.54'是不是有意义",在新派看来只是将码段6.54和码段7当作是对"做哲学的方式"的倡议,而非是《逻辑哲学论》的结论。科南特和戴蒙德感觉到了维特根斯坦想要开启的全新的做哲学的方式——将哲学消解掉,并且他们认为《逻辑哲学论》中所有澄清

---

① Cora Diamond. "Throwing Away the Ladder: How to Read the *Tractatus*"[J]. *Philosophy*, 1988, 63(243): 5–27.

② Rupert Read and Rob Deans. "The possibility of a Resolutely Resolute Reading of the *Tractatus*"[A].*Beyond the Tractatuse Wars*. R.R.a.M.A. Lavery. eds., New York:Rougledge, 2011: 149–170.

③ Peter Sullivan. "Synthesizing Without Concepts"[A]. *Beyond the Tractatus Wars—The New Wittgenstein Debate*. R.R.a.M.A. Lavery eds., New York:Routledge, 2011: 171–189.

④ Daniel D. Hutto. *Wittgenstein and the End of Philosophy—Neither Theory nor* Therapy [M].NY: Palgrave Macmillan,2003:87–127.

的方法本身都不受形而上学承诺的影响。① 哲学果真在新派所发现的"维特根斯坦消解哲学"的行动中慢慢遁去吗？其实,维特根斯坦根本就没有答应让哲学销声匿迹。他让我们对不可说的东西保持沉默并不意味着那个不可说的东西就不存在了,他只是提示我们要换一种方式来捕获那个东西。在此我不便追随正统派对维特根斯坦说法的尾随,说是去"显示"那个东西,也不便用不合句法的说法,说是去"沉默出"那个东西,其实那个说法在《哲学研究》中被维特根斯坦更正为"综观"——一种沉默不语却能使形而上学显示自身的举动。维特根斯坦的整个哲学是用来破坏业已建成的"冗赘之物",但却从来都不是让哲学"蒸发掉",语言的意义不是"果决"的无意义,而是就在"那里",在它自身所在之处。

第三节 回到"中间"来

新派对维特根斯坦的解读并非一帆风顺,他们受到正统派的严厉挑战。

科南特想讲清楚"意义问题"但他并没有解释清楚《逻辑哲学论》中"意义"和"无意义"的源头,② 只是一股脑地将所有命题都当作"无意义"而抛弃,这种做法不免是将《逻辑哲学论》做了微小化处理,一切得之不易的、在批判弗雷格或罗素观点的基础上得来的关于逻辑的本质洞见都被统统抛弃了。玛丽·麦金(Marie McGuinn)认为新派对维特根斯坦的解读是悖论性的:因为新派一方面认为《逻辑哲学论》提供了那个用来"自毁"的形而上学,另一方面却没有提供真正没有被码段 6.54"销毁"掉的那个

---

① Oskari Kuusela. "The Dialectic of Interpretations—Reading Wittgenstein's *Tractatus*"[A]. *Beyond the Tractatus Wars—The New Wittgenstein Debate*. R. R. a. M. A. Lavery eds., New York: Routledge, 2011: 121–148.

② James Conant. "Two Conceptions of Die Uberwindung der Metaphysik: Carnap and Early Wittgenstein"[A] *Wittgenstein in America*. T. M. a. S. C. Stidd. eds., Oxford: Clarendon Press, 2001: 13–61.

形而上学。① 新派对《逻辑哲学论》的解读是依靠首先将《逻辑哲学论》拆分为"由前言加码段 6.54 组成的框架"和"除前言加码段 6.54 组成的框架以外的命题"。但是其实《逻辑哲学论》的很多句子都无法因为那个"框架"的存在而"灰飞烟灭",那些句子是一些不会被燃尽的木头并且时刻透射出深刻的哲学洞见。

对新派提出批评的正统派代表人物哈克认为新派的这种极端的解读《逻辑哲学论》的方法是具有"解构主义"特点的。这让正统派看起来十分稀奇,因为它消解了书中太多的哲学洞见。《逻辑哲学论》不是一本全部只是包含着错误的书。正如维特根斯坦自己所言,不可以将《逻辑哲学论》看作一包可以丢弃的破烂,它只不过是一架走时不准的时钟而已。② 新派的这种"解构"态度迎合了"后现代者"追求时代矛盾性的偏好而受到欢迎,正统派对此表示出强烈不满。首先,当新派认真地看待《逻辑哲学论》6.54 所言的内容,却没有以同样的标准认真看待前言中所说的"本书中包括一些无可辩驳和确定无疑的真理"的内容。必须注意到,在新派看来,《逻辑哲学论》中没有表达什么观点,没有什么无懈可击的或确定无疑的真理,可说的和不可说的都不存在。其次,新派的论证方法存在前后不一致的地方。戴蒙德和科南特在展开他们的新派论证时,除了将"框架"排除在"无意义"命题之外,也将码段 4.126—4.1272、5.473 和 5.4733 也排除在"无意义"命题之外。这与他们认为的《逻辑哲学论》的所有中间码段都是"纯粹无意义"的观点相悖,但他们这样做显然就是为了自己论证方便,因为那些被排除的码段正是他们用以证明其观点的依据。此外,当被问及"若书中都是没有意义的命题,维特根斯坦为何还要写出来呢?"的问题时,他们认为维特根斯坦是在以"辨证"的方式进行"过度式的谈话",可这

---

① Warren Goldfarb. "Das Ubervinden—Anti-Metaphysical Readings of the *Tractatus*" [A]. *Beyond the Tractatus Wars—The New Wittgenstein Debate*. R.R. a. M.A. Lavery eds., New York: Routledge, 2011: 6-21.

② G.E.M. Anscombe. *An Introduction to Wittgenstein's Tractatus*[M]. London: Hutchinson, 1971:78.

种回答实际上是将《逻辑哲学论》中的"无意义"分为了"纯粹的无意义"和"过渡式无意义",这似乎又回到了正统派那里的"无意义"和"不可说但可以显示的无意义"的区分的思路上来了。① 可见,新派并未能够自始至终地守住他们的理论阵地。

　　来到21世纪,这场关于"意义"与"无意义"的争论依然没有平息,相反,围绕于此的诸多新的哲学思潮和哲学行动不断涌现,其中不乏那些将新派和正统派观点拉回"中间"的学者。在罗杰•怀特(Roger White)看来,《逻辑哲学论》的目的是让人们抓住不可说的但却可以在有意义的语言使用中显示自身的"实在的面貌"21,为了让我们抓住这些"面貌"并明白为何它们是不可说的,维特根斯坦不得不用"无意义"的句子。② 怀特是在试图告诉我们,《逻辑哲学论》并非像新派那样将全部命题归为"无意义",也不是像正统派那样在"纯粹的无意义"和"不可说但可以显示的无意义"之间划分一个清晰的界限,而是认为有意义的语言使用中藏着那个不可说的形而上学的东西,而"无意义"的句子是我们借以看出那个形而上学不可说的东西——"实在的面貌"——的手段,这样语句就不再是纯粹的"无意义"也不是"无意义"句子的在使用中变得"有意义",其意义在于其所指向的"面貌"。奥斯凯瑞•库塞拉(Oskari Kuusela)则认为新派那种认为《逻辑哲学论》中全部都是"纯粹无意义"的命题的观点是过于极端了,绝不能说书中没有表达任何有意义的"逻辑洞见",而应该说"逻辑洞见"不是在理论断言中表达的,而是被体现和建制于一种"记号系统"22中,因此占有这个"记号系统"并非意味着做出关于什么东西的断言。维特根斯坦在1929年夏天说:"拉姆塞只是理解我之于语词所注入的价值,根本不理解我之于那个'记号系统'所注入的价值,因为拉姆塞没有看出我用'记

---

① P.M.S.Hacker. "Was He Trying to Whistle It?"[A]. *The New Wittgenstein*. A.C.a.R. Read. eds., London and New York:Routledge, 2000: 353–388.

② James Conant and Ed Dain. "Throwing the Baby Out—A Reply to Roger White"[A]. *Beyond the Tractatus Wars —The New Wittgenstein Debate*. R.R.a.M.A. Lavery eds., New York:Routledge, 2011: 66–83.

号系统’所表达的看待客体的一个完整方式;这个‘记号系统’是我对哲学见解的最终表达。"① 维特根斯坦对拉姆塞的这番话说明《逻辑哲学论》虽不提出理论但提供了哲学洞见,维特根斯坦要提醒人们重视他那渗透在碎片语录中的"记号系统"是一种将"无意义"的语句转换为"有意义"的哲学洞见的重要手段。

或许,在维特根斯坦看来,"神秘的不可说的东西是我可以表达的部分实现意义的背景"。② 他的意思是说语言之内的命题是有意义的,但其意义的达成必须依靠与语言之外的神秘之物形成一种合体。语言可以表达的命题可以"在先"地被看作是"无意义",它们又即刻存在于那种不可说的、实在的意义的形而上学体中而成为"在用法中"的"有意义"。使新派和正统派争论不休的那个"扔梯子"悖论,在我看来,只是维特根斯坦向企图理解他的《逻辑哲学论》和理解他本人的人们提出的一种挑衅,一方面用码段 6.54 中的话挑战读者对他的文本的理解程度,另一方面是在信心十足地宣称读者的理解程度必定为零。因为当维特根斯坦说"任何理解我的人,当他用这些命题……就会终于认识到它们是无意义的……而将它们扔掉"(TLP6.54)时,他是在用一种自反向假设。让我来帮维特根斯坦换一种说法——"如果人们能够将《逻辑哲学论》看作是‘无意义’而扔掉,人们便真正理解了我;可是人们永远也扔不了那部梯子,故而人们永远也不会理解我。"这样理解维特根斯坦语段的话,我们就能清楚地看到维特根斯坦的治疗哲学病的目的了,即《逻辑哲学论》中"框架"以外的主体语段都不是"无意义"的,因为人们永远都不可能不受到《逻辑哲学论》不是‘无意义’,而是有实在的‘意义’"的诱惑而爬到"梯子"的顶端,故维特根斯坦在人们到达"梯子"顶端时提醒人们拆掉"梯子",因为"梯子"顶端什么"意义"都没有,所有的"意义"都在"爬梯子"的时候当作"无意

---

① Oskari Kuusela. "The Dialectic of Interpretations—Reading Wittgenstein's *Tractatus*"[A].*Beyond the Tractatus Wars—The New Wittgenstein Debate*. R.R.a.M.A. Lavery eds., New York:Routledge, 2011: 121–148.

② Ludwig Wittgenstein.*Culture and Value*[M].Chicago:The University of Chicago Press,1980:38.

义"的动作被给予了。故而我们不能像正统派那样将语言之内的意义和语言之外的不可言说的意义清晰地位列语言界限两侧,也不能像新派那样无限推高"纯粹的无意义"的地位。其实,"无意义的命题"的总体构成形而上学的"意义",不能彻底扔掉"无意义"的命题,若果决地扔掉"无意义",处于"无意义"本身之中的"意义"整体也就被一股脑都扔掉了,这是维特根斯坦不能接受的。但另一方面,维特根斯坦又必须要求我们去掉可说的命题的"无意义",以此来达到维特根斯坦打击人们总想追求至高无上的意义体系之"爱好"的目的。而更重要的是,维特根斯坦所抛弃的"无意义"在人类学视野中,即伦理界中,被"意义"所承接,因人的存在和与人类生活有关而有意义。

总体来讲,新维特根斯坦学派的"果决"意义观对维特根斯坦意义理论的解读多集中在对于《逻辑哲学论》的探讨中,很少涉及对于维特根斯坦《哲学研究》的讨论。之所以如此,是因为通常来讲,学界尤其是以"正统派"方式解读维特根斯坦理论的学者们仅只承认后期维特根斯坦意义哲学的"治疗性",并未认识到《逻辑哲学论》的"治疗性"。在这一背景下,期待以完全不同于"正统派"的方式解读维特根斯坦的意义理论的新派学者们,便将重点放在了论证维特根斯坦前期哲学的治疗性上,以得出维特根斯坦的前期和后期哲学都具有哲学治疗性的特点,并以此挑战正统派学者将维特根斯坦前后期意义理论放在"转折主义"基调上进行讨论的惯用做法,并要求人们将视线转移到维特根斯坦前后期意义哲学的"延续性"上来。①

在笔者看来,新派学者们所提倡的这种"延续性"是值得关注的,甚至维特根斯坦本人也很可能真的未曾想预设前后期意义哲学之间的重大转折。他虽然在《逻辑哲学论》中提到"登上梯子",似乎梯子是一种哲学建构的巅峰状态。但他让我们之后就应"将梯子抛弃",是因为他对"凡是靠

---

① Alice Crary. "Introduction"[A]. *The New Wittgenstein*. A.C.a.R. Read. eds., London and New York: Routledge, 2000:1–3.

用梯子才能够得到的东西不感兴趣",①并以此来劝解人们像他一样待在原地。他劝人们相信"想要登梯爬高去哪里的人其实已经位于他要去的地方了"。

这样一来,我们就可以看到维特根斯坦在前期哲学和后期哲学中共同展现的"连续性"了。其一,这种"连续性"中包含的新派学者所言的"治疗性"的"连续",但却不包含新派学者所言的"将所有的前期哲学中的命题当作'无意义'彻底抛弃,只留下有用的'梯子'",因为在维特根斯坦那里"梯子"是他不感兴趣的东西。其二,这种"连续性"是基于一种原地不动的"综观":在前期意义理论中,人们需要保持呆在原地就能获得语言的意义;在后期的意义理论中,人们需要做的更是不要去"想"什么理论和逻辑方法,而要去"看",去"综观"事物本来的面目。无论是在前期还是后期意义理论中,维特根斯坦都是试图在"拆毁",而不是"搭建"。他进行"破坏"的方式是一致统一的——"什么也不要做就可以了"。

---

① Ludwig Wittgenstein. *Culture and Value*[M].Chicago:The University of Chicago Press,1980:7e.

第三章　维特根斯坦意义理论的哲学构造

　　由于《逻辑哲学论》码段6.54的存在,这一章尝试用新派所谓的"框架命题"以外的码段来理解维特根斯坦的意义观。新派正因为看到了码段6.54的强大效力而展开了一段颇有力量的论辩,所以我们不能忽视码段6.54的否定力量,先行把非"框架"段落的码段放在"假设的否定"中去考量。也就是说,我们可以把维特根斯坦在《逻辑哲学论》中所说的所有命题都当作他认为不能说而只能显示的自身的东西。可维特根斯坦如果不说出来怎么能告诉读者他认为的应该被显示的那些东西到底是什么呢?维特根斯坦终究还是把那些东西说出来了,他似乎是在模仿他想要批判的弗雷格和罗素,用逻辑的方法表征世界的思路,就像尼采在《查拉图斯特拉如是说》中借查拉图斯特拉的视角来表达属于尼采自己的思想一样。维特根斯坦在假设若是选用数学逻辑的方法来解释世界将会得到怎样的一种形而上学结果——"语言的逻辑图像论"。在码段6.54的地方他认为是时候必须终止这种假设了,便摧毁前面所有命题作为一个整体所显示出来的意义,把它说成是"无意义"的应被抛弃的事物。其实他是在说"他构造的理论假设"应该被抛弃,他自己的思想与那个"假设"的结局——逻辑图像论——截然相反却不可说,他只能靠说出那个"无意义"的"假设"来让他的形而上学[23]被"显示"出来。

　　应该指出的一点是,按照维特根斯坦在TLP码段4.021—4.061所阐述的意义条件,命题获得意义就是要使命题成为事态的逻辑图像,即命题和事态之间具有一种形式结构的统一性。单个命题与该命题所指向的那个事态形成"有意义"的指谓,否则我们都无法理解那个命题本身的意义,连那个语句中的字词组合都读不懂;单个命题在其他命题组成的背景下又可能找不到与之逻辑同构的事态进而形成了"无意义",否则《逻辑哲学论》中全部存在的就都是有意义的命题了,哪里还留下让码段6.54去摧毁的余地。这种命题与事态的同异关系类似于中国墨家惠施的"合异同"的观点。按照惠施的看法,异同可以分为"小同异"和"大同异"。前者指世俗的观点,认为事物之间相同或相异的界限是分明的;后者指从天地万物之间的相同性方面来看,万物为一物,即"毕同";从万物的差异性来看,万物各为一物,即"毕异",这二者说明万物既莫不相同又莫不相异,这就是所谓的"大同异"。惠施的这种观点让人们去关注事物之间的同一性或差异的相对性,让人们认识到事物之间的微小关联可以使原本的相同或相异发生转化。虽然维特根斯坦在《逻辑哲学论》中不是专门论述事物之间相同或相异关系的,但他在这本书中对"有意义"和"无意义"之间的转化关系的看法却是和惠施看待差异性和同一性之间关系的思路有相似之处的。维特根斯坦在《逻辑哲学论》中陈述他的全部"理论假设"论述时所说出的一个接一个的单个命题不应该被单独地理解为"无意义",每个命题都是一个"有意义"的"微观语体",即为"小同异"的范围;只是当这些"微观语体"之间相互接驳形成一个"局部单元"或"局部单元"之间交织错落而形成整个"理论假设"时,"无意义"的结局——逻辑图像论——就形成了,"小同异"向"大同异"过渡;维特根斯坦将"有意义"的形而上学放在了整个"无意义"假设的背面,让它置于沉默的"可以显示的"一面,但其实这两面就是同一个事物的两个面而已,维特根斯坦的形而上学被"显示"在由"有意义"的"微观语体"所构成的整体中,命题的最终意义是说不出来的,"命题显示自己的意义"(TLP 4.022)即达到了"大同异"的阶段。正所谓"……个别的情形总是一再表明是不重要的,但是每一个别情形的可能性都揭示了关于世界本质的某种东西"(TLP 3.3421)。

同样地,在维特根斯坦后期的《哲学研究》中,日常语言的单个语句也都是"有意义"的,而当它们与周边的语句形成"家族相似性"的交互关系时,也蕴含着向"无意义"转化和显现整体"有意义"的动向,那个整体的"有意义"就是神秘的"能显示出来的东西,不能说出来"(TLP 4.1212)。

从这个角度上讲,《哲学研究》中的意义理论也和维特根斯坦前期哲学中的思路有相似之处,即从"有意义"接驳而成"无意义",但总体看来却是统一了的"有意义"。"无意义"与"意义"之间形成动态的转化关系。下文分别论证维特根斯坦前期意义理论和后期意义理论中蕴藏的这种"'无意义'—'有意义'"转化关系,以此来揭示维特根斯坦前后期意义理论的内容和特点上的连续性。

第一节　名称、命题与意义

一、名称的意义

(一)名称与对象的关联

维特根斯坦在他的《逻辑哲学论》中说,"只有事实才能表达意义,一组名称不能表达意义"(TLP3.142);"只有命题才有意义,只有在命题的联系关系中名称才有指谓"(3.3)。他已经预设了他的意义理论是一种关于命题的意义理论,而名称的意义或指谓,那个被称作"简单对象"的东西,是为命题实现意义而设计出来的;其次,名称的意义是在命题的语境中获得的,是一种整体主义的意义观。

维特根斯坦没有证明"名称与对象有必然的一一对应关系",只进行了一种预设,说"事实是诸事态的存在"(TLP 2)、"事态是对象的结合"(TLP2.01)、"名称意指对象,对象是名称的指谓"(TLP 3.203),来预设他假定的"名称—对象"意义关联。而之所以进行这种预设,是为了使命题能够得到详尽的结构分析,以达到命题分析的终点——名称和对象——进而获得命题的意义。维特根斯坦让命题有意义,就必须将它不断地分析下去,直到让人们看到命题是由一些初始记号构成的为止,他也必须让这种命题分析在名称那里获得终止,否则他的"逻辑图像论"将会陷入"无限后退"的窘境。① 他强调说："名字不能用定义继续分下去：它是一种初始记号。"(TLP 3.26)然而一旦维特根斯坦让命题的分析停止在名称那里，也就人为地将名称的意义规定为它所指的对象，名称与对象二者之间的对应关系带有人为约定论的特点："每一个命题都是合法则地构造的，而且，如果它没有意义，那只能是因为我们未能给予它的某些自称部分以指谓"(TLP 5.4733)；"……一旦有人想说某种形而上学的东西时，立刻就向他指明，他没有给他的命题中的某些记号以指谓"(TLP 6.53)。可见，名称的意义是靠人给出的，它含有某种属于"人"的自然主义因素。

这样一来，维特根斯坦的所谓"意义图像论"的"理论假设"中就暗示着"非逻辑科学论"的基质——"名称—对象"的意谓关系。它恰恰成了为《逻辑哲学论》的"科学主义"印象实施釜底抽薪般破坏力的重要因素，名称的意义从基础上破坏命题的意义，而这一破坏的实施者不是数学科学逻辑，而是"人"。《逻辑哲学论》不主要是关于名称意义的学说，但是名称意义的学说却作为"否定力量"隐藏在命题意义背后，直到码段 6.54 才发挥它对整个基础主义特色的"意义理论假设"的捣毁力量。码段 6.53 之前，名称似乎是与对象相对应的，名称是"有意义"的，其意义就是对象。但到码段 6.53，维特根斯坦就点明了在此之前所言的名称与对象的意谓关系由于有人的参与而会失效，名称的意义会转换为"无意义"。这是《逻辑哲学论》中初级层次的"'有意义'—'无意义'"转化。

（二）名称的使用

在作为《哲学研究》蓝本的《蓝皮书和褐皮书》中，维特根斯坦开篇就问："什么是一个词的意义？""什么是对一个词的意义的理解？""对一个词的解释看起来是怎样的？"看起来，维特根斯坦在这部作品中首要解决的就是名称的意义问题，虽然他并未特别指出他从不研究命题的意义。

---

① 李国山，徐弢. "对象"究竟是什么？——前期维特根斯坦的"对象"概念解析[J].《社会科学》，2010(09)：110—118+190.

如果说在《逻辑哲学论》中,名称的意义是以属于"人为约定"的"自然主义语义学"的方式存在的,那么《哲学研究》中的指号或符号的意义就更多地与自然语言中变动不居的语词用法相关了。"一个词的含义是它在语言中的用法。"(PI 43)他不再像前期作品中那样进行一种"理论假设",而是借奥古斯丁《忏悔录》中关于"实指定义"的意义生成法来直接批驳那种寻求"人类语言本质的一幅特定图画"的本质主义意义观。当维特根斯坦谈论人们是如何识别"红"或"五"这样的词的意义时,他否定任何对这些词语的解释,解释只会使意义陷入无限后退的解释中,"但'五'这个词的含义是什么? ——刚才根本不是在谈什么含义;谈的只是'五'这个词是怎样使用的"(PI 1)。维特根斯坦在接下来的码段里不厌其烦地举出很多例子让人们意识到实指定义是不可能实现一个名称的意义的,能够帮助名称获得意义的是它在"语言游戏"中的具体用法。"名称与被命名的事物之间的关系是什么? ——好,你说是什么关系? 看看语言游戏(2)或其他哪个语言游戏! 在那里可以看到这种关系意味着什么。"(PI 37)也就是说,语言与事物之间的意义对应关系只有在语言的使用或者说在专门的语言游戏中才能显现。如果脱离了语言游戏的背景,名称的意义获得只能是一种令人惊叹的心灵行为了,语言意义的依据将只是一种神圣却古怪的过程。"——哲学家为了揭示名称和所称的东西之间的独一无二的那个关系,盯着前面的一个对象,一遍一遍重复一个名称甚至重复'这个'一词,于是乎这种奇特的联系当真发生了。……这时候我们当然可以把命名想象为任意一种令人惊异的心灵行为,仿佛在给对象实行命名礼。"(PI 38)我们无法给一个对象命名,无法指着一个实际存在事物说"它"是"什么"。因为如果你非要说"它"是前保险杠,别人也就可以非说"它"不是前保险杠;或者当你用手指指着"它"说:"瞧!'它'不就是汽车的前保险杠吗? 怎么不是呢?"别人也可以说:"哦,你指着的是那几个数字和字母的组合,它们就是前保险杠啊?!"无论你再用手指指着汽车前方的那个部件多少次,对方大概也并未明白你说的名称"前保险杠"和你想要意谓的部件之间的真实关联,除非由上帝来给对方指点,或者让上帝使名称和部件之间的确定性关联神圣化,并确定无疑地传递到对方心中。然而,在维特根斯坦那里,上帝并不发挥作用,发挥作用的"上帝"是语言游戏中人们使用的语法。维特根斯坦说:"'我把条钢系在杠杆上,就制成了制动闸。'——是的,如果已经有了机械装置的所有其他部分。只有和整个机械连在一起它才是个制动杆;从支撑他的机械上拆下来,它就连个杠杆都不是;它什么都可以是,或什么都不是。"(PI 6)"制动杆"这个名称的意义不是靠某种先于用法的形而上学的指定,而是在被使用的整体语境中得以确定,没有人对"制动杆"营造的用法语境,"制动杆"这个名称就一定被"意义的虚无"架空。

这里维特根斯坦用实指定义的失败来揭示他对"无意义"的看法。一个在说话者那里有意义的语词,到了听者那里却会变得完全没有意义。但是,若重新将这个无意义的语词放回到人类语言游戏的语法语境中,相对的"无意义"又可以在语言游戏的"整体"中转化为可以被听者理解的"有意义"。可见,在《哲学研究》中,维特根斯坦依然十分注重引导人们重视"有意义"和"无意义"之间的相互转化关系。值得注意的是,"人"因对语言的使用而在名称的意义构造过程中发挥着自然主义语义学的功效。

二、命题的意义

(一)被"显示"的意义

当维特根斯坦在 TLP 中说"只有命题才有意义,只有在命题的联系关系中名称才有指谓"(TLP 3.3)时,维特根斯坦是在宣称他的意义理论是关于命题的意义理论。维特根斯坦从弗雷格的关于名称的意义理论转向了关于命题的意义理论,他的这个转变是以罗素在阐释他的摹状词理论时提出的关于命题的语法形式和命题的逻辑形式的区分作为出发点的。维特根斯坦非常赞同罗素的这个区分,他说:"罗素的功绩是他能够指出命题表面的逻辑形式并不一定是它真正的逻辑形式。"他在码段 4.002 中说:"人有能力构造语言,可以用它表达任何意义,而无须想到每一个词怎样具有指谓和指谓的是什么——就像人们说话时无须知道每个声音是怎样发生的一样……语言掩饰着思想……就像不能根据衣服的外形来推出它所掩盖的思想的形式一样……"(TLP 4.002)这个码段解释了日常语言中表面的逻辑形式与真实逻辑形式的差异。表层逻辑形式与真实逻辑形式之间的关系就像是具有不同设计的衣服与衣服掩盖之下的身体之间的关系。衣服处于外在,要想理解和看清楚衣服之下的身体是怎样的,必须拥有一定的解析能力,而这种能力是不易获得的。维特根斯坦认为,解析日常语言所需要的种种默契是极其复杂的。故此,构造主义语义学在前述表里逻辑形式差异存在的情况下无法优于整体主义语义学,按照赫茨伯格(Lars Hertzberg)的看法,意义构成论是行不通的,语言能否成功表达意义的方式最终与语言自身的形态同样复杂。① 也就是说,我们乍看《逻辑哲学论》的七个主命题似乎是在建构一种以构造主义语义学为导向的意义理论,但实际上维特根斯坦是推崇整体主义语境论的。"命题不是词的混合——(就像音乐的主旋律不是音调的混合一样。)"(TLP 3.141)、"命题能够传达新的意义,这一点属于命题的本质"(TLP 4.027)、"只有事实才能表达意义,一组名称不能表达意义"(TLP 3.142)。这些码段都说明名称或词的简单"堆码"或"集叠"都不能像"以砖瓦盖楼"的方式建构"命题大厦"。

因为这种整体主义语境论的意义观是以名称间或对象间的内在关系为前提的(TLP 4.0031)。维特根斯坦在《逻辑哲学论》中貌似是在构造一种由"名称—基本命题—复杂命题—语言"层层递进的语言构造体系,但实际上他在说出"思想是有意义的命题"(TLP 4)时并不是想用其下面出现的码段来证明那些成为思想的有意义的命题是以"名称组建基本命题,基本命题组建复杂命题,再由复杂命题组建整个人类语言"的建构主义方式存在的。维特根斯坦是反对"对象间的外部关联"的,故而他也反对"名

---

① Lars Hertzberg. "The Sense Is Where You Find It"[A]. *Wittgenstein in America*. T.M.a.S.C. Stidd. eds., Oxford:Clarendon Press, 2001: 90–103.

称间的关系是外部的或用来组建复杂命题的基本命题间的关系是外部的"的观点,或者我们在此用"组建"这个字眼已经违背了维特根斯坦的原意,他说:"我们必不可说:'复合记号aRb说的是a和b处在关系R中',而必须说:'a和b处于某种关系中这一事实说的是,aRb这一事实.'"(TLP 3.1432)他的意思是说命题中名称间的关系是一种内在关系,不是一个名称和另一个名称靠一种可以分离开来的关系R组织成命题,那种关系R"隐形"地存在于作为意义整体的命题中。换句话说,命题是名称的"意义环境",也就是维特根斯坦在后期哲学中强调的"语境",若将命题与名称分开来看待,则名称为没有意义的"无根之草",命题更是意义的"空无之地",名称与命题的关系犹如"毛"与"皮"的关系:皮之不存毛将焉附,有毛无皮不为兽。"兽"就是维特根斯坦让名称"生长在"命题里而形成的有机体——意义。命题指示的是名称进行内部配置的情况,"(名称像是一些点;命题像是一些箭头——它们具有意义。)"(TLP 3.144)。

基于如上所述的维特根斯坦意义理论的"整体主义"和"关系内在性"特点,我们应该谨慎对待《逻辑哲学论》中命题的意义,它并非像通常人们所认为的"命题的意义在于它是事态的逻辑图像"①。其实维特根斯坦并没有那样说,他只是说"命题是实在的图像。命题是我们所想象的实在的模型"(TLP 4.01)。实际上,维特根斯坦是反对人们将他的学说理解为"逻辑图像论"的。在维特根斯坦那里,命题是一种图像,这种图像是想象中的模型,不需要"逻辑脚手架",因为逻辑命题是表示的是命题间的一种内在关系,不显现自身。

他在码段6.54前构造的所谓"命题逻辑图像论"只是他对"传统形而上学"进行反讽的基材罢了。维特根斯坦在说"我们给我们自己建造事实的图像"(TLP 2.1),"投影的方法就是思考命题的意义"(TLP 3.11)时,是在模仿和展示传统形而上学者的"镜式哲学"的批判方法;或者他是在假设如果按照逻辑实证主义者的方法,命题的意义将会是世界的单一不变

---

① 洪汉鼎.《当代西方哲学两大思潮》(上)[M].北京:商务印书馆,2011年.第128页.

的、条理清晰、整齐有序的逻辑图像。但维特根斯坦的碎片化的写作风格从不会暗示读者那些语段是他用来反讽形而上学者的基材,那些语段是他对之进行批判的语录,如"命题显示自己的意义"(TLP 4.022)、"命题是对事态的描述"(TLP 4.023)、"命题具有本质特征和偶然特征。偶然特征是随同产生命题记号的特定方式而来的特征,本质特征则是命题为了能够表达其意义所必不可少的那些特征"(TLP 3.34)。可见,命题对事态的描述同时包含了本质不变的东西和因记号指谓的不稳固性而来的偶然性,若说命题的意义是一种事态的逻辑图像,则将命题的意义封闭化了。《逻辑哲学论》看似是在问"到底语言是如何与世界关联的"这样的问题,并好似提供了一种逻辑方法作为关联的手段,但实际上此书的本意是为了揭示那个问题的空洞性,维特根斯坦强调的是作为判断行动的哲学活动,而不是强调判断本身。① 其实命题的意义是一种展现对象配置的方式,若非要把命题的意义说成是"图像",就是说了不能说的东西,因为维特根斯坦强调"命题显示自己的意义"(TLP 4.022)。值得一提的是,维特根斯坦在《逻辑哲学论》中关于"信念"的讨论也应用了类似于其后期哲学中所谓的"面相"论题,来指示人们去"看"被"显示"的命题意义:"感知一个复合物的意思就是感知到它的各组成部分以如此这般的方式互相关联着。这也能很好地解释,为何有两种可能的方式把如下图形看成为立方体;[维特根斯坦在此处画出一个'内克尔方块'(Necker Cube)]以及所有类似的现象。因为我们确实看到两个不同的事实。(如果我先看定诸 a 角,对诸 b 角只是瞥及,于是诸 a 角显得在前;反之则诸 b 角显得在前。)"(TLP5.5423)如果把这个内克尔方块的画面看作维特根斯坦所列举的一个命题的话,其命题的意义并非由语言所形成的逻辑图像决定。当你说出"命题的意义就是事态的逻辑图像"时就已经将命题的意义否定为"无意义"了,应该"不说"而是"去看"那些显示自身的东西。形而上学命题不

---

① Daniel D. Hutto. *Wittgenstein and the End of Philosophy—Neither Theory nor Therapy*[M].NY: Palgrave Macmillan,2003:70-71.

是彻底的"无意义",而是应该被站在世界的另一面的"我""看出意义",哲学的形而上学问题不是被维特根斯坦消解掉而消失了,而是以另一种方式"存在"。

(二)被"给予"的意义

在后期哲学中,维特根斯坦延续着整体主义意义观,这个整体蔓延到整个人类语言游戏的境遇中了。他在笔记中写道:"一个新词就像是一粒新鲜的种子,播在讨论的土壤里。"①维特根斯坦虽然总是提及如何获得语词的意义,但他是把词的意义放在作为整体言语背景的对话命题中来讨论的,比研究"语词意义"更重要的是帮助我们获得由对话命题构成的语言游戏世界的意义。语言的"表象"游戏在充满"面相学"的生活世界中持续进行着。"面相概念和意象概念具有亲缘。或:'我现在把这看作……'的概念和'我现在这样想'具有亲缘。"(PI II 142)维特根斯坦在后期哲学中是靠"面相"概念来延续前期哲学中所做的同样的工作——澄清语言命题与世界之间的表象关系。《哲学研究》的第二部分不是表面上看似的关于意象和心理学的研究,因为维特根斯坦还拿"面相问题"和"音乐欣赏问题"类比,他说:"面相盲和缺乏'音乐听力'具有亲缘。"(PI II 148)他想说明哲学、音乐和心理学等其实都是具有相互交叠特点的"人类与世界关系的体现",维特根斯坦实际上是借对这些论题的探讨提醒我们关注获得语言的意义的多样途径。

维特根斯坦在《哲学研究》第二部分的第十一节展开了他关于"看"的论述。在这里,他帮助人们厘清那作为命题的图画是如何表现世界的,以及图画的意义之"逃逸"的特性。维特根斯坦在他的文字写作中穿插列举了"立方体"、著名的"鸭兔头""图画脸""烧瓶模样的图形及其镜像""Pleasure一词及其镜像""平面三角形""被一条直线a穿过中心处的一节凸形

---

① 路德维希•维特根斯坦.《维特根斯坦笔记》[M].徐志强译.上海:复旦大学出版社,2008年.第4页.

的阶梯""一张笑脸""黑底上的白十字章和白底上的黑十字章"等图形，并在他认为可以的地方跳跃式地为这些图像所呈现的意义作出反问句的解答。除了画出这些图形，维特根斯坦也用语言叙述列举了一些有多种"面相"的情况："我看到画上画着奔马——我只是知道这意谓着这种运动吗？……"（PI II 64）又例如在码段123中，维特根斯坦描述了我们可以以好多种方式"看出"一个"L"，他说："一个随意书写的符号，例如'-L-'我可以想象它是某种外语字母，……但也可以想象它是写错了的字母，可以是这样或那样的写错：例如笔打滑了，或典型的幼稚笨拙，或法律文书用的花体。……——根据我加在这个书写符号周围的种种虚构，我可以在各式各样的面相里看到它。这和'经验一个词的含义'有紧密的亲缘关系。"（PI II 123）

　　首先，维特根斯坦借对"面相"的讨论来反对对他前期著作误读而得来的所谓"语言的逻辑图像论"。"图像"的这个说法其实可以看作维特根斯坦想要阐明的使人类受到诱惑的"语言意义基础主义"，"图像"只是他写作《逻辑哲学论》时的一个比喻说法。"他在《逻辑哲学论》中提出的句子意义的图像说，大概就是在他观看一幅照片时突然产生的一种灵感。"①维特根斯坦说，"引进图画对象的概念在这里是有益处的"，这种益处在于将维特根斯坦想要批判的东西直接地呈现在人们面前，但其产生的麻烦就是人们没有领会"图像"有很多种解读方法，而不是仅有"逻辑"的一种既定解读法。这正如维特根斯坦在谈论"鸭兔头"时说："我看见两幅图画：一幅上面的兔鸭头被兔子围绕着，另一幅上面被鸭子围绕着。我没有看出它们是一样的。由此可以说这两幅画上我看见的有所不同吗？——我们有某种根据在这里使用这个表达式。"维特根斯坦试图让人们辨明"图像"所包含的格式塔效应，进而以图像作为其意义的命题本身便包含着变幻莫测的"对象的配置"。维特根斯坦对此举例说："以三角形的诸面相为例来考察一下。可以把这个三角形看作三角形的洞、物体、几何图

---

① 施太格缪勒.《当代哲学主流》[M].王炳文等译.北京:商务印书馆,1986年.第589页.

形;看作坐立在它的底线上或挂在它的顶角上,看作山、楔子、箭头、指向标,看作本来应该立在短边上的物体倒下来了,看作半个平行四边形,等等不一。'你这时可以一会儿想到这个一会儿想到那个,一会儿把它看作这个一会儿看作那个,你还会一会儿这样看一会儿那样看'——再没有进一步的规定了。"(PI II 52)维特根斯坦在这里说"没有进一步的规定了"就是在强调以数学逻辑作为基础性"规定"来理解命题的意义必定会犯错,因为命题获得意义所依赖的标准没有同一性,不同的语言游戏间意义的标准只有可以"看到"的"家族相似性"。命题意义的开放性"……就像用不着给出'一步=75厘米'这个定义才使'一步'这个长度单位变得有用。……好吧,它是一个不精确的长度单位——但你还欠我关于'精确'的定义"。(PI 69)

　　到底有没有以及到底是否需要关于命题意义的精确的标准呢?维特根斯坦的答案是否定的。"也许我会拿一张画来解释我的意思,说'地面看上去差不多是这样的'。我甚至会说:'地面看上去准准确确就是这样。'——那么,地面上是不是恰恰有这些草这些树叶准准确确在这些位置上呢?不是的,这不是我的意思。在这个意思上我不会承认任何图画是精确的图画。"(PI 70)那么,维特根斯坦借此所反对的就真真正正地是"人们将精确的逻辑图画当作获得语言意义的圭臬"的做法,他认为人们需要借以获得意义的是"粗糙的地面上"的东西:"……一张不清晰的照片竟是某人的照片吗?用一张清晰的照片代替一张模糊的照片总会更好些吗?那张不清晰的照片不正经常是我们需要的吗?"(PI 71)模糊性和不确定性正是人们所处的开放着的、属于未完成时事态的宇宙特性。在这意义标准不彻底同一的世界中唯一可以找到的同一性就是维特根斯坦所谓的"家族相似性":"我想不出比'家族相似'更好的说法来表达这些相似性的特征,因为家族成员之间的各式各样的相似性就是这样盘根错节的:身材、面相、眼睛的颜色、步态、脾性,等等,等等。——我要说:各种'游戏'构成了一个家族。"(PI 67)这个"游戏"就是维特根斯坦的另一个有趣的比喻,即"将人类的语言活动比作丰富多变的游戏"。不同语言游戏的规则只具有"家族相似性",故而命题意义的衡量不可以只依靠一把精准的"尺子"——比如说"数学逻辑"。

可以说根本就不存在那个作为命题意义的"逻辑图像",一旦我们按照逻辑图像的要求去理解一个命题,命题的本真意义也就丧失了。例如:

> 我说:"我的扫帚在墙角那里",——这真是关于扫帚把和扫帚头的命题吗? 反正可以用说明扫帚把和扫帚头位置的命题来代替它。 这个命题是第一个命题的进一步分析过的形式。——但是为什么我称它是"进一步分析过"的? ——扫帚在那里,就意味着扫帚把和扫帚头也在那里,而且两者相互所处的位置是确定的;这一点先前仿佛隐藏在句子的意思里,而在经过分析的句子里说了出来。那么,说扫帚放在墙角的人真的意谓:扫帚把和扫帚头都在那里,扫帚把插在扫帚头上? ——我们随便问哪个人他是不是这个意思,他大概都会说他根本没有特别想到扫帚把或扫帚头。这恐怕是正确的答案,因为他既没有特别想谈扫帚把也没有特别想谈扫帚头。(PI 60)

维特根斯坦想要告诉我们,如果非要遵从某种科学精准的标准来分析日常语言的句子意思,则必定会陷入尴尬的境地,所分析出来的东西的原本意义尽失。对命题进行逻辑衡量就是在让命题的意义遭受"被对象化"的"苦难",最终获得的命题意义是支离破碎的。

其次,维特根斯坦揭示了一种整体性"存在"着的命题意义论。命题意义的整体"存在"是被"看"而得到的。假设"鸭兔头"的图画就代表一个有待阐明意义的命题,这个图画的意义到底是鸭子还是兔子呢? 维特根斯坦说:"我必须对'持续地看到'某种面相和某种面相的'闪现'作出区别。把这幅图画拿给我看了,我可能始终只把它看作兔子而不是别的什么。"(PI II 8)"我把兔鸭头看作兔子,这时我看到的是:这些形状和颜色(我准确地重视这些)……'看作'不属于知觉。因此它既像一种看,又不像一种看。"(PI II 27)在此,维特根斯坦强调获得命题意义的两种标准:

"持续地看到"和"闪现"。前者是指"面相的获得",是他所谓的"看作"的结果,"看作"不属于知觉,在维特根斯坦那里,"看作"是一种"想",一种对意义进行"解说"的处理;后者指"面相的转换",是他所谓的"看"的结果,是一种意义"存在"的整体性的动态体。关于"持续地看到"和"闪现"的差别,维特根斯坦举例道:"我看着一只动物;人问我:'你看见什么了?'我答:'一只兔子。'——我看见一片风景;忽然跑过一只兔子。我惊呼:'一只兔子!'这报道和这惊呼,两者都是知觉的表达,视觉经验的表达。但这惊呼和报道是不同意义上的表达。惊呼冲口而出。——它和视觉经验的关系就像喊叫和疼痛的关系。"(PI II 28)"持续地看到"是一种理智将对象对象化后的报道。既然是经过理性加工的报道,则"持续地看到"的是静态的、受限制的、封闭的意义;而"闪现"是未经理性的思考冲口而出的,所得到是动态的、未完成时的、开放着"存在"的意义,它才是"……思想的表达。——你看着对象,不必在想着对象;你具有惊呼所表达的视觉经验,你就也在思想着你所看见的东西"(PI 29)。可见,"闪现"同时包含了视觉经验和思想两个程序,这两个生产命题意义的程序同时发生,"所以面相的闪现似乎一半像视觉经验一半像思想"(PI 30),而"持续地看到"则只停留在视觉经验上。维特根斯坦更爱好的意义获得手段是"看"——就是作为一种意义状态整体的"闪现"。他说:"每次我都实际上看到不同的抑或只是以不同的方式来解说我所看到的?我倾向于说前者。但为什么呢?——解说是一种想,一种处理;看是一种状态。"维特根斯坦一再地强调:"不要想,而要看!"(PI 66)他更重视的是后者在生成命题意义中的作用,因为,"看"到的是命题意义的整体性动态的"存在"。

那么可以说,维特根斯坦是反对作为心理活动的感觉经验充当获得命题的工具的,他反对"意指/意谓"。维特根斯坦认为"意指或意谓"这样的意识行动对识别意义没有特别的帮助,否则他就不会花大力量论述"私人语言不存在"。

我们来想象下面的情况。我将为某种反复出现的特定感觉做一份日记。为此,我把它同符号 E 联系起来,凡是有这种感觉的日子我都在一本日历上写下这个符号。……我能指向这种感觉吗?在通常意思上这不可能。但我说这个符号,或写这个符号,同时把注意力集中在这感觉上——于是仿佛内地指向它。——但这番仪式为的是个什么?因为这看上去徒然是仪式!定义的作用确是确立符号的含义。——而这恰恰通过集中注意力发生了;因为我借此给自己印上了符号和感觉的联系……但在这个例子里我全然没有是否正确的标准……(PI 258)

在这里,日记中的那个符号 E 与"我"的心理感觉之间的联系尚且都无法得到确定不变的"指谓",更何况"我"的言说与"他人"对"我"的言说的内容之间是否能够得到确定的"指谓"了——作为心理动作的"意谓/指谓"是失败的意义生成工具。维特根斯坦在这里强调的是意向和意向的现实之间的关系是一种内在的关系,甚至是一种"语法"的关系。① 这种"语法"关系是照顾自身的一种内在性关系。

但他没有彻底抹去心理活动对意义生成的影响。鉴于"不管对于言语活动和支配它们的规则惊醒的研究范围有多广,已经对于正确使用字词所涉及的多得不胜枚举的语言游戏和实际环境做出的考察多么细致,所有这一切仍然不免极其片面,原因是使用了一种纯粹行为主义的研究方法……这种研究完全脱离了作为说出话语和理解语言的基础的心理过程和精神过程。正如我们在把注意力主要放在这类心理现象上的哲学家(如布伦塔诺、胡塞尔)身上一眼就可以看出的那样,把这些现象考虑进去不仅会使人看得更加全面,而且在意义问题上也会得出一种完全不同的结果"②。没有心理过程和精神过程在意义获得的过程中发挥作用,命题

① 迈克尔·达米特.《分析哲学的起源》[M].王路译.上海:上海译文出版社,2005年.第31页.
② 施太格缪勒.《当代哲学主流》[M].王炳文等译.北京:商务印书馆,1986年.第583页.

的意义必定全然从开放的、动态的"看"的状态中又转回到固定的、封闭的"持续看出"的解释中去了。命题意义的获得同时靠着"向内"的感觉和"向外"的言语行为,"去'看'那些命题的意义"摆出的不是纯然的心理主义或行为主义意义决定论,而是由心理感觉参与的语言意义行为主义[24]观点。维特根斯坦说:"'但确有疼痛的疼痛举止和没有疼痛的疼痛举止之间的区别的,这你总会承认吧?'何止承认?还会有什么更大的区别?——'你却再三得出结论说感觉本身子虚乌有。'——根本不是那么回事。感觉不是某种东西,但也并非乌有!"(PI 304)可见,维特根斯坦并不完全撤销感觉的东西,他只是要求应将心理活动的东西放在语言游戏"语法"框架下来"看"。维特根斯坦反对的是纯粹的心理活动决定论,但一种将心理活动和外部的人类语言活动相结合的意义产生机制是他所不反对的自然主义倾向。

关于命题的意义最后要提的一点是,维特根斯坦对命题的意义注入的属于"人"的自然主义态度。"'数学真理可不依赖于人是否认识到它!'——当然:'人们认为 2′2=4'和'2′2=4'这两个命题的意思不同。后一个是数学命题,前一个若竟有什么意思,大概可以是说人现在认识到了这个数学命题。两个命题的用法完全不同——然而,'即使所有人都认为 2′2=5,2′2 仍然等于 4'这个命题说的又是什么呢?……好,我可以想象他们有另外一种计算法或某种我们不会称作'计算'的技术。但它们是错误的吗?(加冕是错误的吗?在与我们不同的生物看来,加冕会显得极为稀奇古怪。)"(PI II 236)即便是数学命题的意义也是被多样性左右着,命题的意义取决于人们使用这些命题时所处的不同的语言游戏。"在某种意义上,数学当然是一门学理,——但它也是人的作为。'错着'只能作为例外存在。因为,假使我们现在称作'错着'的东西成了常规,那么'错着'在其中成其为'错着'的游戏就完结了。"(PI II 237)因此,即便是在数学这样看似十分符合科学精神理念的事物中,"错着"也会因属于"人的作为"的语言习惯而恢复"不可错"的常态。命题,包括数学命题,都是因"人"的存在而"被给予"属于生活世界的确定的意义。

前期哲学是关于命题意义的理论,维特根斯坦说命题是事态的逻辑图像,命题具有意义,是被"显示"的意义。后期哲学讨论以面相的方式出现的命题的意义。命题依然是事态的图像,但维特根斯坦在后期将"命题与事态之间图像关系"的这个比喻换成了"饱含面相的事态本身",是"去概念化"的"事态的存在",其意义被"给予"了那些"观看面相者们"。《哲学研究》中的那些不胜枚举的语言游戏的例子就是以"饱含面相的事态"的方式出现的命题。

第二节　逻辑与意义

一、逻辑所处的语言模式

长期以来,人们一直认为维特根斯坦在《逻辑哲学论》中建立起一种关于形式语言意义的理论,而其《哲学研究》却是用来摧毁这种形式语言意义理论从而走向对人类日常语言意义的研究。这种说法值得商榷。要想搞清楚维特根斯坦在前后期哲学中"逻辑"所处的语言模式背景,让我们先来弄清楚逻辑和语言模式的定义。

逻辑是由伴随着一套推论体系或模型理论语义学的一种形式语言或非形式语言构成。推论体系是用来捕获、解密或记录所给定的语言的有效论点的,而那个模型理论语义学则是用来获得、解密或记录语言的至少是某一部分的意义或真值的。形式语言是自然语言的数学模型,形式语言与自然语言的关系大致类似于用一组点状物质来组成物理客体系统的模型时的情形。换句话说,形式语言彰显着自然语言的某些特性,或者是自然语言的理想化情形,同时忽略或简化自然语言其他一些特性。①根

---

① Stewart Shapiro. "Classical Logic" [P / OL]. *The Stanford Encyclopedia of Philosophy*. 2013 [2015-04-02].http:// http://plato.stanford.edu/entries/logic-classical/.

据《斯坦福哲学百科》的如上定义可以看出,可以用在形式语言或非形式语言中的逻辑是包含着使语言获得意义和真值的机能的。逻辑的外化形式要么是被理想化的自然语言,要么是用来简化自然语言的形式语言。

维特根斯坦无论在他的前期还是后期哲学中都使用了形式语言模式。只不过《逻辑哲学论》中形式语言模式极度张扬,数理逻辑表征着这种形式语言模式下一种极为机械化的人工语言的骨架,其极端精致的语言结构受到维特根斯坦本人的拷问。《逻辑哲学论》中的形式语言模式是借他赫赫闻名的"语言逻辑图像论"得以展现的。语言由命题组成,所有有意义的命题都能被分析成基本命题,并成为基本命题的真值涵项。基本命题是由名称和名称靠逻辑的内在链接结合而成。名称代表对象,对象和对象靠某种内在链接结合成事态。基本命题就是基本事态的逻辑图像。多个基本事态构成事态总体,即世界。因此语言的结构就是事态的逻辑图像,体现为"复杂命题是基本命题的真值函项",语言就是对世界的逻辑描述。此"图像论"为我们展现的就是一个靠精致的推理体系维系着的形式语言模型,目的是使自然语言去除"躁动的棱角"而实现语言意义的理想化。一句话:"逻辑中没有偶然的东西。"(TLP 2.012)

但是当维特根斯坦对此句话的后续解释码段(维特根斯坦是为这个解释码段加了括号的,以区别于其上面码段的论述立场)中说"在逻辑中没有纯粹是可能的事情。逻辑涉及每一种可能性,而一切可能性都是逻辑的事实"(TLP 2.0121)时,他似乎是在否定"纯粹的必然性",逻辑中既包含着可能性也包含着不可能性,不可能性也是可能性的一种。也就是说,这种纯然肯定无疑的逻辑图像大厦中是包括自然语言中"躁动的棱角"的。即便是口口声声说着"逻辑的是必然的规定性"时,自然语言的"棱角"也不可被逻辑铲除干净,"图像描述逻辑空间中的情况,即事态的存在或不存在"(TLP 2.11)。维特根斯坦使用真值表是为了告诉我们那些符号根本不可以代表或呼应任何东西,真值表所显示的是:如果世界是

p®q 的样子,那么事实会有很多方式向我们撒谎。① 最终,当维特根斯坦在《逻辑哲学论》的码段 6.54-7 中将他为形式语言建立起的语义大厦摧毁时,我们是否还可以说他的前期思想是钟情于以数学逻辑为基础建造水晶般纯粹的形式语言模型呢? 连维特根斯坦本人在后来的《数学基础评论》(1956)中都说过:"'数学'一词的用法不应使我们错误地相信这里所说的是一些总在重复的思想和论证方式。相反,数学是各种思想创造、概念形成方法和证明技巧掺和而成的大杂烩。"② 在这里,维特根斯坦对传统数学哲学中呈现的正统原理表现出极其怀疑的态度,认为数学不是那种柏拉图理念一样的亘古不变的圭臬,反对语法命题和经验命题的清晰划分。可以说,以逻辑为骨架的形式语言模式在码段 6.54 中被维特根斯坦直截了当地"自毁"了之,那种由逻辑函式建立的明显而突兀的形式语言模式被以"无意义"的方式归零了。

而《哲学研究》中的形式语言模式则以"不言'逻辑'"的方式含蓄地存在,它隐藏在自然语言模式的背后充当自然语言意义生成的必要条件。"语法规则"似乎成了"逻辑"的代名词。维特根斯坦在后期哲学中没有彻底摆脱图像论的危险,比如他把日常语言及其规则同象棋及其规则进行的类比中,"象棋这类复杂的游戏近似算法而不像自然语言。维特根斯坦反复提到语言规则这件事本身就足以说明,即使在他的后期思想中,他还是在使用形式语言的模式"③。形式语言模式所要求的"逻辑"要件并没有消失,而是以全新的"共相严格性"来掌控语言的意义,对此,维特根斯坦说:"我们的认识是,我们称为'句子''语言'的东西不具有我前面想象的形式上的统一,而是或多或少具有亲缘的家族。——但现在逻辑成了怎样的? 它的严格性在这里好像脱胶了。——但这样一来逻辑不就完全

---

① Daniel D. Hutto. *Wittgenstein and the End of Philosophy—Neither Theory nor Therapy*[M].NY: Palgrave Macmillan,2003:47.

② Wittgenstein. *Remarks on the Foundations of Mathematics.*[M].G.E.Anscombe, Trans.Blackwell.1956:46.

③ 施太格缪勒.《当代哲学主流》[M]. 王炳文等译. 北京:商务印书馆,1986年.第589页.

消失了吗？——因为逻辑怎么可以失去严格性？当然不是因为我们对它的严格性打了折扣，逻辑就会完全消失。……逻辑哲学谈到句子和语词，和我们日常谈到句子和语词，意义没什么两样。"（PI 108）日常语言中的语词和句子的意义与所谓的人工语言的语词的意义没有差别，都是以形式逻辑的构造为支撑背景的。形式逻辑在自然语言中的表现形式是"弱严格性"的"逻辑"，使得语言游戏中句子意义的共相不以"基本命题的真值函项"的方式出现，而是以"相互勾结的共相"的方式存在着。"数"这个词的意义是什么呢？维特根斯坦回答道："我们为什么要称某种东西为'数'？有时因为它与一向被称为数的某些东西有一种——直接的——亲缘关系；于是又可以说它和另一些我们也称为数的东西有着一种间接的亲缘关系。我们延展数的概念，就像我们纺线时把纤维同纤维拧在一起。线的强度不在于任何一根纤维贯穿了整根线，而在于很多根纤维互相交缠。"（PI 67）线的强度类似确定的"意义"，组织起语词和句子的确定意义的是相互交缠重叠的纤维——即意义在不同语言游戏中所表现出的"亲缘黏滞性"。每一个句子在其当前语言游戏中的意义是一根纤维，但在当前语境中的"意义纤维"又不足以解释句子的"共相意义"，后者是靠无数个意义纤维相互麻缠扭结而成。这些意义纤维的共同点不是在一个时空点上生成，意义纤维和意义纤维之间的共同点之间的关系是"多对多"不是"多对一"的。这种多对多的关系区别于所谓逻辑图像论中靠"逻辑"搭建的树形意义体系。在此，我暂且称"弱严格性逻辑"搭建的形式语言模式为"纤维扭结式"逻辑体；而"严格性逻辑"搭建的形式语义模式为"树形式"逻辑体。

《逻辑哲学论》中的直白突兀的形式语言模式被维特根斯坦直截了当地否定掉，他说那种形式语言的体系其实没有意义，应该被抛弃。或许当他接下来说"对能说的东西应该保持沉默"时，包含了"自然语言模式博大深邃不可言尽"的意思。他更爱那说不尽道不完的人类生活中自然语言的涓涓细流。《哲学研究》中躲躲藏藏的形式语言模式没有被维特根斯坦简单直白地否定掉，而是被他设计为自然语言游戏中"透出的形式语言之光"。形式语言符号不是彻底消失,而是作为"自然语言模式"获得日常交流确定性的"后期保障工作组"执行"幕后工作"。维特根斯坦在《哲学研究》中运用如此之多语言游戏样态的对话模式,实际上是在彰显他对受到形式语言模式干预的自然语言模式的热爱。

二、逻辑的分类

维特根斯坦的整个哲学中似乎总是表现出一种欲言又止的姿态:表面上用句子、命题等言说出的东西似乎不是他的真意,而隐藏在底下的他真正想说的内容又常常不被说出来或者通过"引诱"的方式让它们在读者那里"绽放"。"逻辑"在维特根斯坦的意义理论中就表现出如上述的"深浅层现"的样子。深层逻辑所支撑的语言意义是维特根斯坦想要达到的目的,他让这种意义"默默地"显示出来。

在《逻辑哲学论》中,当维特根斯坦说"全部哲学批判都是一种'语言批判'。……罗素的功绩在于指明了一个命题表面的逻辑形式不一定就是它真正的逻辑形式"(TLP 4.0031)时,他是带着赞同的语气的。维特根斯坦显然也同意句子或命题的逻辑应该被分为表层的和深层的两个层次。表层的逻辑表现的是句子的句法结构本身的样子,主语与谓词的搭配能够构成同类的陈述判断。依照表层逻辑的陈述判断可以判定一个语词的语法作用和意义,如根据罗素的摹状词理论分析三个命题:①苏格拉底是有死的。②那位饮了药酒的哲学家是有死的。③一切人是有死的。按照摹状词理论分析得出的结果与按照传统表层的句法形式逻辑分析得出的结果不同。传统形式逻辑认为这三个都是主谓形式,而在罗素那里,第一个命题中由于主词是个专名故而它是一个主谓结构的逻辑形式:$f(x)$;第二个因主词是摹状词而不是传统主谓,其逻辑形式是:有一个人,如果他是饮了药酒的并且是哲学家,那么他是有死的,用逻辑符号表达为:$(\$x)[f(x)\grave{U}g(x)\acute{E}h(x)]$;第三个也不是单纯的主谓命题,它是概括命题,其逻辑结构可以解释为:对所有的x,如果x是人,他是有死的,用逻辑符号表达为：$(x)[f(x)Éq(x)]$。① 可见，逻辑在命题中是以两个层次存在的，深层逻辑隐藏在表层句法逻辑之下不易察觉，"如果两个对象具有相同的逻辑形式，除了它们外在性质的差异之外，它们之间唯一的区别就是：它们是不同的"（TLP 2.0233）。维特根斯坦想要告诉我们，看上去具有相同逻辑形式的东西，并不能绝对地确定其深层的逻辑形式一模一样，无论外在的性质多么地不同或其表层逻辑多么地一致，代表它们本质的东西——深层逻辑——总是暗地里声张着"不同"。在此，我假定维特根斯坦在码段6.54对之前码段的所谓"图像论"的推翻作用是积极明显的，他并不想构造一个机器语言的帝国大厦，因而码段4.002中关于日常语言的论述并不是批评日常语言的不规范性进而取消日常语言。恰恰相反，在这个码段中他是想要借日常语言的不可预测的复杂性告诉我们，要注意到日常语言中深层逻辑的存在。他在码段4.002中用了一个生动的比喻，将表层逻辑和深层逻辑之间的关系进行了区分，强调"理解日常语言所要依赖的种种默契是极其复杂的"（TLP 4.002）。维特根斯坦似乎在告诉我们，思想是深层逻辑所支撑着的意义，像是身体，它被像是衣服的表层逻辑即日常语言的句法逻辑遮盖着。那么，我们看不明白穿上不同衣服的相同的身体，我们更看不明白穿上不同衣服的不同的身体。被衣服遮蔽着的身体总是有着这样那样的不同，更何况他们穿的衣服形成了更好的掩蔽呢。我们无论再怎么努力地想要找到"语言表层之下语言的本真"那种属于共性的东西，我们都总会失败，因为那个"深层逻辑"是作为"唯一的区别，即'它们是不同的'"而存在。这种努力正如维特根斯坦自己在前期哲学中费尽苦心的"逻辑图像绘制"工作一样，以"没有找到那个藏在日常语言表层之下的未被污染和破坏的整洁的语言"②告终，他告诉我们：不要费力了，那个深层的逻辑所支撑的意义尽在不言中。

　　在《哲学研究》中，维特根斯坦延续了将语言的逻辑区分为表层逻辑

---

① 洪汉鼎.《当代西方哲学两大思潮》(上)[M].北京：商务印书馆，2011年.第126页.

② George Henrik Von Wright. "Wittgenstein and the Twentieth Century"[A]. *Wittgenstein: Mind and Language*. R. Egidi. ed., Neitherlands:Kluwer Academic Publishers, 1995: 1–19.

和深层逻辑的做法,但他不再称它们为"逻辑",而是换成了"语法"这一术语。"什么叫'玫瑰是红的'这句话里的'是'同'二加二是四'里的'是'含义不一样? 如果回答是:那是说这两词有不同的规则,那就可以说我们在这里只有一个词。——而如果我注意的只是语法规则,那这些规则恰恰允许在两类语词联系中使用'是'这个词。——但是,表明'是'字在两个句子中具有不同含义的规则正是允许我们在第二个句子中用等号代替'是'字而禁止在第一个句子里这样代替的规则。"(PI 558)这个码段很好地揭示了维特根斯坦将日常语言的意义也分为表层逻辑支撑的意义和深层逻辑支撑的意义。在"玫瑰是红的"(The rose is red.)这句话中,"是"是一个系动词;在"二加二是四"(Twice two is four.) 这句话中,"是"也是一个系动词,故我们会得到一个印象认为这两个都是系动词的"是"在两个表面看来不同的句子中的语法功能是相同的,该系动词"是"的逻辑作用是相同的,用来定位一个肯定判断。但是,当我们仔细研究就会发现,其实并非如此。两个"是"依照深层逻辑的支撑所获得的意义并不相同,第一个句子中的"是"可以用"="代替,而第二个句子中的"是"则不可以用"="代替,这就是深层逻辑带来的意义差别。再例如,"我投资"和"我投保"这两句话中的"投"字都是表层逻辑来看的谓语动词。但从深层逻辑来看,第一句话的"投"是"投入资金,买入风险,期待盈利"的内涵,而第二句话的"投"则是"投入资金,买入保障,期待平安"的内涵。两句话中的"投"在经济学语言游戏中获得的意义结果恰恰相反。

三、逻辑命题的本性

逻辑形式代表的是一种"超事实"的东西,维特根斯坦的逻辑不是形而上学的框架,不是哲学家所一贯追求的"逻各斯"或什么靠神圣的力量推送出来的超验体系,它只是一种无需辩护的"内存在"。因为维特根斯坦认为世界的逻辑形式是固有在事物本质中的,他拒绝对事物之间是如何连接的进行任何解释,逻辑帮助我们看到某种秩序关系的存在,我们无需谈论逻辑命题本身的意义。

　　具体地,逻辑的本性在《逻辑哲学论》中体现为"逻辑照顾自身。 如果一个记号是可能的,它就应该能起标示作用。凡在逻辑中为可能的都是容许的……在一定意义上,我们不可能在逻辑上犯错误"(TLP 5.473)。这里,逻辑是以同时包揽着"可能性"与"不可能性"的方式存在着。它的存在所支撑的对象间关系是一种"内存在"的关系,因为"在事态中对象就像链条的环节那样互相勾连"(TLP 2.03)。这样一来,逻辑就成了隐性的了,逻辑命题就成了一般命题的或复杂命题的"秘密显影",它们存在于一般命题或复杂命题的体系之内,却无法被提炼出来。因为一旦将逻辑命题从中提取出来,一般命题或复杂命题也就立即消失了,一般命题或复杂命题与逻辑命题之间的关系不是"部件"与"黏合剂"的关系,而是类似于"链条中的一个个圆环"与"圆环勾连方式"的关系。一个有趣的例子可以解释这种关系,我们先把一般命题或复杂命题比作一个前来征婚的男子的各种可以量化的硬件指标,如身高、长相、学历、经济实力等。如果这些硬件指标都很高的话,是否可以得到女性毫不犹豫的青睐呢? 似乎还不行。这位"钻石王老五"还得有"人品和文化素养"! 那么我们能不能把"人品素养"之类的无法量化的东西也写进该男子的征婚简历中,当作另一个能对女性构成吸引力的指标呢? 显然,前来征婚的女子们不易相信撰写的"高素养"。她们需要通过与这位男子的沟通和接触来感知出他的素养。"文化素养"是那个作为整体的男子一切所自然显现出来的,它就在那里,"柔软又坚毅"地嵌在那些硬指标构成的整体中。说它"软"是因为我们没法将它提取出来;说它"坚毅"是因为它对一个事物的特性起到了本质的支撑作用。逻辑命题的地位或存在方式与那个"人品素养"的地位类似,也是不能说出来或写出来的命题,它们以显示自身的方式观照整个世界的面貌;那些被写出的或被说出来的逻辑命题则是什么也没说,例如重言式和矛盾式。重言式"$[(p \acute{E} q) \grave{U} p] \acute{E} q$"和矛盾式"$p \grave{U} \sim p$"各自占据逻辑空间的两个极端。前者无论 p 和 q 取什么值都为真,后者无论 p 为真还是假都为假,因此两种命题是什么都没有说出的"无意义"。"逻辑命题是重言式。"(TLP 6.1)"逻辑命题的特征是:单从符号中就能知道其为真,这个事实包含着整个逻辑哲学。"(TLP 6.113)维特根斯坦把逻辑命题、数学的恒真命题都归入重言式命题,将它们从可以言说的范围中剔除掉,使它们的意义得到自然地"显现","逻辑命题在重言式中显示世界的逻辑,数学在等式中显示出来"(TLP 6.22)。因此,我们可以说,维特根斯坦在前期哲学中为逻辑命题赋予了一种"自显"的意义,逻辑命题从本质上讲是具有"无需辩护的"自明性的。

逻辑的本性在《哲学研究》中凸显为"照顾自身的逻辑"。维特根斯坦在探究逻辑是否具有崇高性时表明了,逻辑作为经验事物的崇高根基而深藏于经验事物之中。如果我们非要将经验事物中的逻辑体系提取出来摆在"高高在上"的圣坛上,那就等于像柏拉图一样让"具体事物分有理念"。将理念与具体事物二分,把理念提炼为作为殊相的个别事物的共相,使逻辑成为要经验事物效仿的本质和模型,殊不知,这种共相和殊相的二分法恰恰是柏拉图哲学遇到困境的原因之一。逻辑不是完美的模型,个别的经验世界的事物也不是不完美的"逻辑追求者","夹带"着"逻辑"的经验世界的语言活动就已经是最高尚的"存在"者,这种"夹带"关系和《逻辑哲学论》中的逻辑与一般命题或复杂命题间的"非黏滞性"的"链式内在关系"有异曲同工之处。逻辑在语言游戏构成的经验世界中"舒适自在"地生存着,无需"我们"帮它"跃出水面",无需"我们"的关照,它自己"能照顾好自己"。"……因为逻辑考察所研究的是一切事物的本质。它要一直探入事物的根基,而不应该为实际发生的是这是那操心。——它产生出来,不是因为对自然事实有兴趣,也不是由于把捉因果关系的需要;而是出自要理解一切经验事物的基础或本质的渴望。但并非我们仿佛要为此寻觅新的要点。我们所要的是对已经敞开在我们眼前的东西加以理解。因为这似乎正是我们在某种意义上不理解的东西。"(PI 89)在这段话中,维特根斯坦告知我们,人类总想寻求事物背后的逻辑,这是一种病态的"基质渴望"在作怪。实际上,从逻辑中不会找到新的东西,不会找到不同于事物本身殊相的那个"结构脚手架",请注意那些"已经敞开在我眼前的东西",它们显示着逻辑。

　　与在前期思想中的"逻辑命题的意义显示自身"一样,在《哲学研究》中,维特根斯坦依然强调逻辑命题的"自显意义"。"思想被一个光轮环绕。——思想的本质,即逻辑,表现着一种秩序,世界的先验秩序;即世界和思想必定共同具有的种种可能性的秩序。但这种秩序似乎必定是最简单的。它先于一切经验,必定贯穿一切经验;它自己却不可沾染任何经验的浑浊或不确——它倒必定是最纯的晶体。这种晶体却又不是作为抽象出现的,而是作为某种具体的东西,简直是最具体的,就像是世界上最坚硬的东西。(《逻辑哲学论》第 5.5563 节)"(PI 97),这里我们注意到,维特根斯坦在后期哲学的论述中借引了其前期码段 5.5563 的内容[25],且并非对前期思想的批判,表现出的是对"具体事物携带'逻辑'成为最完整的意义整体而'自显'出来"的赞同。在《哲学研究》的 97 码段中,维特根斯坦强调逻辑是隐藏在一切经验之中的秩序,但绝不能将逻辑从具体中抽离出来,逻辑的至高无上性表现在它独特的"简单性"上,这种"简单"就是说,我们无需费尽心机去以各种徒劳的方法将它"揪"出来,只需"轻轻地"放手让它成为留在"具体事物"中的结晶体就算是找到它了,因为你再怎么用力"拉",它还是"牢牢地"与具体的事物"凝"在一起,因此最简单的获得它的方式就是让它自己"以本来的样子""显现出来"。

第三节　"人"与意义

一、被"主体"划分的意义

　　在《逻辑哲学论》中,维特根斯坦貌似在构建一个结构精巧的语言意义的逻辑图像,让语言命题的意义等同于对世界的逻辑描绘图,以期靠语言的意义确定无疑地锁定世界的本相。但实际上,维特根斯坦并不是想要用语言的意义来标示世界,不是想要让人们借助与世界有相同逻辑结构的语言来认识世界。因为他在码段 6.54 中已经否定了那个语言的逻辑图像的可靠性,并告诉我们他想要达到的目的是让人们正确地看待世界,领悟世界的意义,"他必须超越这些命题,然后他就会正确地看待世界"(TLP 6.54)。也就是说命题的意义不一定是构成世界的诸事态的逻辑图像。那么,换句话说,构成世界的诸事态的意义也不是那个命题代表着的逻辑图像,即"命题的意义¹逻辑图像¹被图示的世界"。"被图示的世界"就是"世界的意义",那个带上了规定性的世界的样子。然而世界本身是没法"带上规定性"的,因而"世界的意义必定在世界之外,世界中一切事情就如它们之所是而是,如它们所发生而发生;世界中不存在价值——如果存在价值,那它也会是无价值的"(TLP 6.41)。可见,维特根斯坦把"意义"或称"价值"划分在了世界之外,并强调世界之内的"无意义"和世界之外的"有意义"之间的界限是靠语言来界定的,"思想的表达的……界限只能靠语言来划分,而处在界限那一边的东西就纯粹是无意义的东西"(TLP 前言)。这里的"界限那一边"即指可以言说的那一边,不可言说的那一边则尽是关于人生价值和世界意义的东西。①

维特根斯坦是不是用语言来区分"无意义"和"有意义"呢?应该说,他是在用"我"来划分"无意义"与"有意义"的,"人"才是语言的使用者,语言是"人"借以操控世界意义的工具。被"人"表达描述的世界是"无意义"的,世界之外无法被"人"言说的世界才是"有意义"的区间。

在《逻辑哲学论》码段 5.6331 中,维特根斯坦把这种用"我"划分的意义领域用一张消除了肉身主体的眼睛的视域图来表现:

眼睛

维特根斯坦说:"在视野里没有任何东西使得你能推论出那是一只眼睛看到的。"(TLP 5.633)眼睛不包含在世界中就是在说明"我"在世界

---

① Anthony Rudd. "Logic and Ethics as the Limits of the World"[A].*Post-Analytic Tractatus*. Barry Stocker ed., Hants: Aldershot, 2004: 47-58.

之外，"我"的眼睛和世界的交接地带就是世界和"意义界"的分界点，"主体不属于世界，然而它是世界的界限"（TLP 5.632）。"世界的意义在世界之外"（TLP6.41），故"我"的左侧[26]是"世界的意义"，我的右侧是"被眼睛看到的世界"，即被对象化的世界。"眼睛"只是维特根斯坦用来比喻语言的，被对象化的世界就是那个被言说的世界，是无意义的。也就是说，一旦被言说出来的东西都面临着意义的丧失，所以说维特根斯坦最终告诉我们真正有意义的东西是在"我"的左侧——不可言说的"意义"，它包括价值、伦理、人生和意志等问题。"世界是独立于我的意志的"（TLP 6.373），因为我的意志在"不可言说"一侧，我们不能说任何关于人生问题的命题，一旦"人生"被说成是命题就被"无意义化"了，因为"世界和人生是一回事"（TLP 5.621），"人生之为无穷，正如视域之为无限"（TLP 6.4311）。同样地，世界也是充满无穷变化的，不能"被语言规定"，必须允许世界和人生的延展性。"人生问题的解答在于这个问题的消除"（TLP6.521），因为一旦用语言来解答人生问题，则这个问题就来到了"我"的右侧，"被言说的一侧""被视域圈定的一侧""被僵化封闭的一侧"，所以说对于人生问题的"解答不可说，其问题也就不可说。谜是不存在的"（TLP 6.5）。

维特根斯坦在《逻辑哲学论》中是用"我"这个形而上学的主体来帮忙划分意义的界限，而在《哲学研究》中则为了规避"私人语言不存在"的问题而使用"我们"来划分表达的界限。①伯纳德·威廉姆斯（Bernard Williams）也赞同在维特根斯坦前后期思想发展中始终存在"超验理念"这个共性的东西，它存在于前后期两种看似不同的意义概念中。这种超验理念必须"与世界的界限有关，其本身又不在世界中"。在《逻辑哲学论》中，这个界限是形而上的主体，或者说是"self"，就是维特根斯坦所称的"I"。在《哲学研究》中，这个界限变成了《逻辑哲学论》中那个"I"的复数形式

---

① Daniel D. Hutto. *Wittgenstein and the End of Philosophy—Neither Theory nor Therapy*[M].NY: Palgrave Macmillan,2003:176–177.

"We"，从"我的语言"变成了"我们的语言"。①

《哲学研究》中只在码段256开始进行著名的"私人语言论述"时提到了一次"我的语言"，他说："那怎么看待描述我的内在经验并只有我自己能够理解的语言呢？我怎样用语词指称我的感觉？——像我们通常所做的那样？那么我的感觉语词就和我的感觉的自然外现连结在一起了？这样的话我的语言就不是'私有的'。别人也能够像我一样理解这种语言。"（PI 256）维特根斯坦完成了他对"存在私人语言"的反对后，就直接将单数的形而上学主体转换为复数的形而上学主体，以后者继续为"意义"和"无意义"的划定界限。语词的"有意义"的意义位于形而上学"我们"的左侧，是一种精神活动，具有不可言说的非规定性，这一界定在"我们这儿的正像我们在大量类似情形下的做法一样：因为没有单独一种身体动作我们可以举出来称之为指向形状（例如相对于指向颜色而言），我们于是就说和这话相应的是一种精神活动"（PI 36）中有所暗示。"和语言相对应的"是语言投射出的"意义"，而"意义"又被等同于位于与"眼睛"同侧的精神活动，是一个开放的区间；而将我们所见到的"用身体动作指向"标示出来的东西（这种身体的"指向"活动包括"意谓或意指"），则是位于"眼睛"另一侧的封闭区间，说它是"封闭的区间"是因为使用"实指定义"这种徒劳的意义指称方式而得来的仅只是"无意义"（"实指"就是一种"规定"，"规定了什么"也就是"什么都无法规定"）。维特根斯坦对语言意义的"精神性"进行了风趣的描述："每当我们的语言让我们揣测该有个身体而那里却并没有身体，我们就想说：那里有个精怪/精神。"（PI 36）这个"精怪"属于"眼睛"后面的人类意识掌控的"神秘界域"，而在神秘界域另一侧的则貌似是由表达形式图示着的世界。"唤起一幅图画，似乎就毫无歧义地确定了意义。和这幅图画的典范用法相比较，实际应用似乎是变得不大纯粹的东西。这里的情况和集合论的情况相仿：表达式似乎是为上帝剪

---

① A. W. Moore. "Transcendental Idealism in Wittgenstein, and Theories of Meaning" [J]. *The Philosophical Quarterly*, 1985, 35(139): 134–155.

裁的,他知道我们无法知道的东西;他看得见整个无限系列并且窥见到人类意识内部。"(PI 426)可见,可以用语言图示的一侧貌似"有意义",实则属于"无意义"。"……对我们来说,这些表达形式就像一件法衣,我们蛮可以穿上它,但拿它干不了什么,因为给予这套服饰以意义和目的的实际权威,我们是没有的。在实际使用表达式的时候,我们仿佛绕弯子穿小巷;同时,笔直宽阔的大路就在眼前,但我们当然用不上,因为它永久关闭了。"(PI 426)这说明,"我们"作为语言的使用者,总是执迷于我们实际上并不拥有的使语言表达式"有意义"的权威,一旦使用表达形式,"我们"就是在人类理智的窄胡同里打转,真正笔直宽阔的大路指的是面向不使用表达式就能显现出来的"意义"。"有意义"的是在不可用表达式表达的另一侧——人类生活的无限体量所构成的整体。这个人类生活的整体才是使"意义"出现的"权威"。

总体来说,《哲学研究》中的"我们"站在"使用表达式"和"不使用表达式"的中间为语言的意义划分出"无意义"和"有意义"两个界域。这类似于《逻辑哲学论》中的做法,维特根斯坦用形而上学的"我"以"眼睛"为界划分出"无意义"的言说界和"有意义"的沉默界。

二、意义的"人性"目的

无论在他的前期还是后期哲学中,维特根斯坦对语言意义进行的阐述不单是为了获得语言的意义从而通达对实在的表象,更多地是为了通达对"人"本身的理解。

"世界与人生是一回事。"(TLP 5.621)借助"伪善的"语言逻辑分析我们在"沉默"的一侧得到了"世界的意义"。人生的问题也在"沉默"中得到答案。得到语言解答的科学的命题都被否定为"无意义","有意义"的在"扔掉梯子"之后才能得到。按照维特根斯坦在《逻辑哲学论》前言中所说的,真正有价值的是那没有被说出的部分,就是关于人生的问题、价值等的问题。"即使一切可能的科学问题都已经得到解答,也还完全没有触及到人生问题。"(TLP 6.52)可见,维特根斯坦通过《逻辑哲学论》的全篇七个大命题组成的庞大系统论述,放眼仰视的靶心不是获得名称或命题的意义标准,而是"人性"的答案,他意在提醒人们真正重要的东西在于"人生的问题"。他用他的意义理论体现的是他自己简单的存在方式和生活态度,想让人们体会他自己一贯清素收敛的生活所倡导的人应对世事的态度。维特根斯坦的"无意义性论述体"激发着那些总是不理解他的人们对他这个人的正确理解,而非单纯对命题的正确理解,①以解除维特根斯坦一生中从未中断的"害怕人们错误地理解他和他的思想"的担忧。

在《哲学研究》中,维特根斯坦关于语词、句子在语言游戏中使用的论述,更多地将人们引向对丰富多样的人类世界生活的关注。要想正确理解语言和得到语言的意义,就必须在属于总的"人类"特性的开阔地带找到基础——生活形式。"想象一种语言就意味着想象一种生活形式。"(PI 19)语言的意义必须被放在那个变动、跳跃、充满趣味的生活世界中得到理解。而关注语言意义,其本质上说,是要求我们回到关注语言意义的目的上来,即关注和重视那"一切有趣的东西、即一切伟大和重要的东西"(PI 118)——充满着各种各样细节和殊相的人类生活形式观照下的"日常语言之城"²⁷。维特根斯坦后期的意义理论与尼采一样,都不是将意义看作理论的东西,而是一种实践的事情,是关乎一种"人"的特性的。尼采和后期维特根斯坦的做法确实包括了语言表象意义的丧失,但是他们二人又都坚持认为"意义的丧失就是意义由之而进入世界的孔洞"②。这里,语言意义在日常语言使用中有所损耗,但这种有意义的损耗才真正成为人类生活世界的"真正特性"。有"意义缺陷"的世界是属于"人"的世界。

---

① Alice Crary. "Introduction"[A]. *The New Wittgenstein*. A.C.a.R. Read. eds., London and New York:Routledge, 2000: 1–18.

② M. J. Bowles. "The Practice of Meaning in Nietzsche and Wittgenstein"[J]. *Journal of Nietzsche Studies*, 2003(26): 12–24.

第四节　连续的"意义"

　　维特根斯坦的前后期哲学从其表面形态上看确实有所不同,但我们不能完全追随正统学派对维特根斯坦哲学及其意义理论所作出的解释。维特根斯坦哲学的意义理论中是存在诸多"连续性"特征的。"一个哲学家技术化的外表变化多端,但他在不同阶段得出的结论却惊人地一致,那些结论的共核就是这个哲学家自己的世界观。"① 在维特根斯坦这里,他看待世界的方式就是借助一种自然主义的语义观来理解世界。维特根斯坦虽然没有宣称过自己使用的是自然主义的意义理论路径,他不喜欢宣称什么理论,他倾向于让读者自己从他的写作中看出些什么。但我们若非要把我们看出的东西表达出来的话,那么或许"奎因的语言自然主义"是恰当的。

　　自然主义在现当代哲学中通常被理解为相信"自然法则或力量,而非超自然或精神法则才是掌控世界的唯一法则"的观点。自然主义者坚信自然法则是掌控自然宇宙中行为或结构的规则。在坚信自然主义哲学的哲学家那里,用于自然科学的方法被用来开展哲学研究,包括人类心灵在内的一切宇宙间知识都是可以用科学研究来获得的。在此,我们必须指明,受到卡尔纳普逻辑实证主义哲学影响的奎因,并非简单地继承了逻辑实证主义的那种用数学逻辑的方法研究语言问题的思路,奎因发展了他自己独特的"语言自然主义",一种不同于上述被过于片面机械化理解的"自然主义"。奎因的自然主义是他整个哲学取向的唯一重要基础。奎因虽然承认自然科学,尤其是物理学的重要性,但他却是从广义的角度上来看待"自然科学"的。在他看来,"自然科学"明显是包含着心理学、经济

---

　　① 王浩.《超越分析哲学:尽显我们所知领域的本相》[M].杭州:浙江大学出版社,2010年.第292页.

学、社会学和历史在内的。①可见，奎因的自然主义并非纯然用自然科学的方法来处理哲学，而是将许多人文主义的学科范畴一并加入自然主义运作中去。他这样的自然主义立场作为基质，才能成功地批判逻辑实证主义学派，形成他创造性的"对'分析—综合二分'的批判"，进而形成他在语言哲学领域的新批判"译不准原理"。前者是他对传统哲学将经验和理性彻底分开的阻挠，后者则是他在语言哲学中关于指称具有不确定性的宣告。也就是说，在奎因那里，真值条件不是指称具有确定性的充分必要条件，真值条件不可缺少，但要想获得指称的确定性，还必须考虑到语境、行为和意向等因素。正是在这个意义上，奎因的自然主义可以被用来解释维特根斯坦的那种并没有明确由他说出来的语言自然主义，一种把"分析"和"综合"放在一起来看待的自然主义意义观。

自然主义的另一种定义是：它是一种哲学一元论，根据自然主义，任何存在或发生的事情都是自然的。这些事件能够通过不同的方法被加以说明，虽然这些说明方法典范性例子存在于自然科学中，从一个对象事件域到另一个域是连续的。②首先，这里强调的是说明方法的连续性。世界上一切对象都是自然对象，甚至包括知识和信念也是连续的。每一门具体科学在主题上都是物理学、化学和生物学的连续性集合。对"自然连续性"的强调便否定了那种将在学科内对事物进行普遍统一的形而上学归纳的做法，或者说否定了存在任何形式的还原论。可以说，自然主义是一种一元论，它至少禁止了"超自然物""笛卡尔式的身心二分中的心灵实体"和"抽象共相"。③其次，这个定义还强调宇宙间的事情都是自然发生的，正因为这种自然发生，才允许我们看到事物的本来面目。一旦将它还原成别的什么东西，也就不是它自身了。这种自然主义态度或许为我们后来发掘维特根斯坦意义理论的存在主义一元论特色开

---

① Quine. *From Stimulus to Science*[M].Cambridge, MA: Harvard University Press.1995:49.

② A. Danto. "Naturalism"[Z].*The Encyclopedia of Philosophy*. P. Edwards. ed., Vol 5. New York: MacMillan, 1967: 448–450.

③ 卡茨.《意义的形而上学》[M]苏德超、张离海译.上海：上海译文出版社，2010年.第330页.

启了方便之门。

依据这一"自然主义"定义，我们可以看到维特根斯坦意义理论中包含着自然主义语义学的倾向，进而将他的前期和后期哲学放进了具有"连续性"的思想路径中。

下面列举一些维特根斯坦前后期意义理论的相同之处，以说明前后期的连续性。

首先，前后期哲学都反对名称与事物间一一对应的指谓关系。应该肯定的是，维特根斯坦在《逻辑哲学论》中提出了名称与对象的一一对应关系。名称是简单指号，对象是简单对象。对象是简单的才保证命题的分析能达到逻辑终点，这是命题获得意义的必要前提。然而，简单对象只是存在于逻辑空间里的东西，并非实际存在可见的经验世界中的事物。① 对象只是逻辑空间中的一种"伪概念"。维特根斯坦说："变名 x 就是对象这个伪概念的专有记号。凡属正确地使用'对象'（'事物''物'，等等）一词的地方，在概念记号系统中总是用变项名称来表达的。……一旦以别种方式来使用这个词，如把它作为专有概念词使用，就只能造成无意义的似是而非的命题。"（TLP 4.1272）作为伪似概念的"对象"只是记号系统里的成员，和经验世界没有任何对应的关联。因此，名称对应对象，而对象无法对应事物，故而名称就无法对应事物；在后期意义理论中，维特根斯坦认为"实指定义"并不能帮助语词去指称唯一的事物。在后期哲学中，维特根斯坦所说的"词"就是命题中的名称，"对象"不是逻辑空间里的东西，"对象"就是"物"，是经验世界的事物。比如，维特根斯坦所举的"指物识字法"的例子中，"……训练的一个重要部分是，教师用手指着对象，把孩子的注意力引向这些对象，同时说出一个词；例如，指着板石形状说出'板石'一次……可以说，这种指物识字是要在词与物之间建立一种联想式的东西"（PI 6）。在教师那里，词语"板石"对应着教师见到的对象

---

① 李国山，徐弢. "对象"究竟是什么？——前期维特根斯坦的"对象"概念解析[J].《社会科学》，2010（09）：110—118+190.

"板石"。然而,教师见到的对象"板石"就真的对应经验世界里那个实际存在的事物"板石"吗? 此问题在教师那里和在学生那里得到的答案是不同的,因为维特根斯坦认为词与物之间的联想式的联系并非具有稳定性和唯一性。"……但'联想式的联系'说的是什么? 说的可以是各式各样的东西。"(PI 6)可以说,后期维特根斯坦认为"实指定义"在将词与物对应起来方面没有任何的作用,词与物不能构成指称关系。 故总体来讲,名称与事物之间的意义关系不是靠一种语言外部的东西——比如数学逻辑——来规定,数学逻辑只能在逻辑空间发挥规定作用;词与物之间的关系是具有偶然性的联想式联系,不能用某种规则来限定,名称与经验世界中实际存在的事物之间没法形成指称对应。

其次,前后期哲学在文本表现上都是在阐述语言的"无意义"。《逻辑哲学论》中,维特根斯坦建造了一种表面看来结构严谨的命题塔,[28]来阐明语言和世界的关系,让人们觉得他一定是在像设计他的喷气机一样严谨小心地构造一架获得语言意义的精美机器——逻辑图像论。在机器快要制造完成的时候,他突然故意将"火线和零线搭在一起",使这看似美好的愿景灰飞烟灭。可以说,《逻辑哲学论》在展示"无意义"的东西时采取了十分隐蔽的做法,只是最后让人们突然一惊,获得对"无意义"的觉醒。这种隐蔽的做法就是先让人们看到一种基于数学方法的语言分析是何以合情合理地将语言与世界的关系理论化进而将人们带入他所反对的"基础主义"的陷阱,接下来他在码段6.54对"上当"的人们进行一股脑地"营救"。他在《逻辑哲学论》发表之后与维也纳学派的对话中曾强调:"我冒着一种忘记差别的危险,而这是存在于当今的数学中的危险,当今的数学试图消除所有的差别,并使所有的东西处于同一层面。相反,我则致力于强调语法规则的多样性。"[①] 这番话让人们立刻从看似十分"有意义"的"图像论"中惊醒,人们恍然发现其实《逻辑哲学论》也是反对科学主义的

---

① 维特根斯坦.《维特根斯坦与维也纳学派》[M].徐为民译.上海:同济大学出版社,2004年.第150页.

实证立场和青睐自然主义观照下的语言与世界关系的多样性的;与《逻辑哲学论》最后几个码段中对人们进行"一股脑地营救"的方法不同,《哲学研究》则是采用多之又多的生活世界的情境和例子中体现的正面"无意义",让人们多次体验"无意义"的言说带来的惊醒,让"无意义"明显地张扬在人们面前。让人们突然发现越是丰富的理论解释就越不能澄清任何"基础",剧烈的理论解释适得其反地获得的只是"无意义",犹如撞上语言界限而发现的种种十足的胡说,而理论的消解却并不会使意义丧失。①也就是说,对"意义的产生"这个问题,前后期哲学都是从"无意义的产生"入手的,前期哲学中是先一股脑地为读者提供一个庞大的最终被"沉默界"的"意义"吞噬了的"无意义"的理论解释体系;后期哲学则是为读者"一片片地采集"了诸多"无意义",让"意义"在对事实的"静静的综观"中得以留存。

再次,无论前期维特根斯坦对语言的意义用表面统一的标准进行整体性规定,即用数理逻辑体系对语言的意义整体控制而导致"无意义",还是后期维特根斯坦对人类日常语言的"无意义"的情形进行"碎片化"的分析和陈列,他都是在试图展现他让意义回归"非规定性的""纯粹的""如其所是的"29自然主义语义态度。他不愿意让语言的意义受到什么外部工具的干扰,让语言的意义在语言内部实现自身,这种让意义"如其所是"的观点是维特根斯坦无论在前期还是后期都追求的最难被人们理解的目标。"世界中一切事情就如它们之所是而是,如它们之所发生而发生……"(TLP 6.41);"哲学不可用任何方式干涉语言的实际用法;因而它最终只能描述语言的用法。因为它也不能为语言的用法奠定基础。它让一切如其所是。"(PI 124)非要去寻找某种形而上学的基础的做法是徒劳的。人们对意义的基质进行形而上学的理论抽象的野心或贪欲可以说是人类理智的一种病患,维特根斯坦对此是极度反对的。他在他的哲学中谈论的

---

① M. J. Bowles. "The Practice of Meaning in Nietzsche and Wittgenstein"[J]. *Journal of Nietzsche Studies*, 2003(26): 12-24.

都是一些治疗人类理智病患的处方,哲学是由各种提醒物构成的,"哲学家的工作是为了某种特定的目的采集提醒物"(PI 127)。他在前期意义理论中提醒我们:"关于哲学问题所写的大多数命题和问题,不是假的而是无意义的……一些最深刻的问题实际上却根本不是问题。"(TLP 4.003)"……一旦有人想说某种形而上学的东西时,立刻就向他指明,他没有给他的命题中的某些记号以指谓。"(TLP 6.53)可见,他在前后期都是在借追问语言意义的问题让我们认识到要解决那些属于形而上学的"不是问题的问题"就必须去除我们总是受到形而上学命题之诱惑的病症,让语言的意义本身"自在"而在。

　　然后,我们必须得说说维特根斯坦的"逻辑"。他在前后期哲学的意义理论中都使用了"逻辑的方法",并且都是"让逻辑照顾自身"。关于这一点的证明在前文有所论述。对他前后期意义观中"逻辑自顾"的观点可以进一步总结为"逻辑不能被表象,生活形式也不能被阐明"①。维特根斯坦的"逻辑"没有实在论的迹象,也不是高高在上的"理念",用赫托(Daniel D. Hutto)的话来说,"维特根斯坦的逻辑形式内在于日常陈述与事实的结构中,逻辑是制作蛋糕时添加佐料的方法",②逻辑体现的是不能说出来的只能表现在"整个蛋糕最后呈现给人们的色、香、形的整体感觉"中。这种"整体感觉"是靠类似康德的那种"对经验的审美"才得以获得。"逻辑"消散在属于经验的"自然"内部,"逻辑"不是整体中部件的黏合剂,它属于语言整体性意义中不可缺少的隐性要素,它不是机械的程序化的事物,而是溯源于属于"自然"的"人"的"手法"——试想:我们为什么常常会说"即便你拿着烹饪大师的菜谱你也做不出烹饪大师才能做出的味道"。"逻辑"就是看不见的、不可言说的、抑或"意会"都得不来的语言意义的"幕后操纵者"。人们并不理解维特根斯坦,很大程度上是因为人们没有理解维特根斯坦看待逻辑的态度,不能领会逻辑作为唯一提供给他的

① Daniel D. Hutto. *Wittgenstein and the End of Philosophy——Neither Theory nor Therapy*[M]. NY: Palgrave Macmillan,2003:111.

② Ibid., 42.

手段是如何帮助他拓展了他的世界观。①

　　最后,维特根斯坦在前后期对语言意义的一系列论述最终的目的都是指向与"人"有关的价值世界。前期的《逻辑哲学论》中,他在借"框架"命题提醒人们,正确地看待世界的方式是来到世界之外,进入语言不能进入的地方,在那里才能找到世界的意义和人生的意义。所谓语言不能发挥作用的地方就是后期《哲学研究》中语言放假的区域,也就是形而上学问题出现的地方。这恰恰是维特根斯坦前期意义理论和后期意义理论相交的地方之一,即人为语言和世界划界:如果语言不能工作或在放假的区域,则就是不能言说之地,是人们必须保持沉默之地,此为真正重要的意义存在的地方,此地方就是言说的禁区,而言说的禁区才正是"人"的价值的属地。在那里"人"才能去发现"被显示"的"意义","人"在此使用的"发现"方法就是去"综观"。在此,"语言放假""言说的禁区""人的价值""综观"等分属于维特根斯坦前期或后期的哲学术语完全可以被用在一个句子里来构成一句评价他的意义理论的句子,并且这句话里突显着"人"作为"可说—不可说""言说—综观"这些前后期中世界的"两界"的划分者。我们完全可以认为,维特根斯坦的意义理论中蕴含着一种不可以被说出的关于由"人"来掌控的"意义界"/"价值界"。"意义"因"人"的参与而到来。这样一种"人"与"意义"的关系传达着维特根斯坦对人生的意义或对人类生活意义的关心。这一特点从他前期意义理论到后期意义理论都是不曾改变的。

---

　　①乌赫特尔·休伯内.《维特根斯坦》[M]. 孙美堂译. 石家庄:河北教育出版社,1999 年. 第46—47 页.

第四章　意义的幻象

维特根斯坦十分反对"理论构建"和使用"理论"二字来称呼他的哲学,然而我们又不得不一再谈论"意义理论",不得不在谈论意义的时候使用"意义理论""关于意义的哲学"等理论化的字眼。人总不能摆脱维特根斯坦想要对之实施治疗的"哲学疾病"的困扰。我们不停地"犯理智之错",维特根斯坦哲学就不停地对我们发出"纠错"警示。在维特根斯坦的"警示"面前,我们依然要探索他非理论化的"意义理论"。

首先,在维特根斯坦那里,意义是一种幻象,表面看来难以捉摸。"思想一定是某种与众不同的东西……"(PI 95)这句话的意思是:事情是如此这般的。但同时,在维特根斯坦看来,这句话也包含着悖论:"我们也能思想事情之不是"(PI 95)。也就是说,看似有确定意义的语言表达,实际上既包含着肯定也包含着否定,那么便只能承认意义的确定性只是一种幻觉,"其他幻觉从四面八方接到我们所讲的这个特殊的幻觉上"(PI 96)。想要找到思想的本质或者发现句子的确定意义在表面看来是不可实现的了。可见,语言意义的"真理之路"[30]是幻觉。他认为我们有一种幻觉,总是觉得我们在探索中发现的那些独特的、深刻的东西就在语言意义本质当中。他在前期或者后期的意义理论中都是在警醒我们注意到这种幻觉。他让我们注意这种幻觉的方式便是用他前后期不同的方式——前期是"建构理论"并毁之;后期是根本不建构"理论"——为我们展现他眼中语言意义的存在方式——"意义的幻象"。

其次,这种非理论化的意义理论在维特根斯坦那里隐约若现,不显著却又不隐遁,像是幻影,但却又着实存在着。我们想要发现和看清它虚幻的样子,探索它的本质,可是只要我们论说维特根斯坦的关于意义的思想,就都不得不是在犯维特根斯坦反对的智性之错。"……我们不可提出任何一种理论。……哲学是针对借助我们的语言来蛊惑我们的智性所做的斗争。"(PI 109)既然无论用什么来论说他的思想都会因犯"理智之错",那我们就让这种"错"进行得彻底些,索性专注于谈论他的"意义理论",以发掘到底"何物(意义)存在"以及"存在物(意义)的本质"。如果说维特根斯坦厌恶任何意义的形而上学的建构,那么去掉"形而上学"的进路,让意义"显现",让意义"存在"更为恰当。

第一节　意义的幻象

鉴于维特根斯坦"反理论"的"意义理论",在维特根斯坦那里,"意义"还存在吗? 我们能不能找到"意义"呢? 当维特根斯坦在《逻辑哲学论》的最后几个码段中警示我们把命题当作无意义的东西丢弃时,他是否根本就没想把"意义"给予我们?"意义"是虚幻的"不可及"? 表面看来答案是肯定的,"意义"虚掩着自身。就像罗素认为的那样,要想理解维特根斯坦的理论就必须将他的理论看作"无意义"才行;① 将"框架命题"看得十分重要的新维特根斯坦学派认为,《逻辑哲学论》中不包含任何理论或意义理论,只有理论的幻觉:维特根斯坦的目的不是提出理论,他在《逻辑哲学论》码段6.54中的悖论是一种"深张力",使他的形而上学的东西隐藏在澄清过程中——"逻辑分析让我们超越形而上学,而形而上学则穿着方法论的长袍"②。意义确实没有向我们实在地敞开它的"领地",无论是在维特根斯坦前期还是在他后期哲学中,"意义"都有如上嫌疑。

---

① Roger M. White. "Throwing the Baby Out with the Ladder—On 'Therapeutic' Readings of Wittgenstein's *Tractatus*"[A].*Beyond the Tractatus Wars—The New Wittgenstein Debate*. R.R.a.M.A. Lavery eds., New York:Routledge, 2011: 22-65.

② Oskari Kuusela. "The Dialectic of Interpretations—Reading Wittgenstein's *Tractatus*"[A]*Beyond the Tractatus Wars—The New Wittgenstein Debate*. R.R.a.M.A. Lavery eds., New York:Routledge, 2011: 121-148.

一、逻辑图像不提供意义

《逻辑哲学论》被学者们看作提供了一种意义的逻辑图像论,即一种依赖逻辑图像为命题对世界的映射关系进行精确定位的理论。那么,"逻辑图像"是否提供了命题意义确定性的"景观模型"呢?

当维特根斯坦说"如果我们设想一个命题记号是由一些空间对象(如桌子、椅子和书本)组成,而不是由一些书写记号组成,它的本质就会看得更清楚。于是这些东西的空间分布就表达出这个命题的意义"(TLP 3.1431)时,他是在让我们尝试将命题符号还原为世界中的实体,即命题的意义。此时我们便可以看出命题的意义就是世界中那些东西的空间分布,而这种空间分布也就是实体化了的命题的逻辑图像。他在此强调了命题的逻辑图像就是未经实体化搭建的命题的意义所在,并且为了使这种逻辑图像意义观得到更加充分的阐明,他将对由一个命题所对应的逻辑图像点位的性状描述扩大到对人类所有语言所对应的逻辑空间构造的性状描述:"一个命题虽然只能规定逻辑空间中的一个位置,然而整个逻辑空间也应该已经由它而给出……(围绕着一个图像的逻辑脚手架规定着逻辑空间。一个命题有贯通整个逻辑空间的力量。)"(TLP3.42)至此,关于逻辑图像对意义生成的结构主义作用,维特根斯坦做出从细至广的描述,从一个命题在逻辑空间中的专属"相位"可以用来确定该命题意义实体化形态,走向一个命题在逻辑空间中的专属"相位"可以用来确定全部命题(人类所有语言)的意义实体化形态——即实现对世界的确定描述。看起来,每个命题都有确定的逻辑坐标,因而人类全部语言的逻辑之网就确定下来,故而"世界的样子"就被确定下来。可是维特根斯坦似乎只是要表明与他所言相反的观点。

虽与他在《哲学研究》中多采用反问句的文体方式不同,维特根斯坦在《逻辑哲学论》采取的是码段排列的论述方式,可这些没有问号的码段潜藏着前后码段中"先肯定后否定"的趋势。逻辑图像所构造的确定的命题意义就是在"后否定"中被逐片拆解。"由一命题坐标定下全部命题坐标"逻辑图像空间所能产出的确定的意义被如下码段拆解了:"每个命题的真或假都在世界的一般构造中引起某种改变。而且基本命题的总体为世界的构造所留下的可能范围,正好就是所有的概括命题所界定的范围。"(TLP 5.5262)这个码段虽所言事关命题的真假,但实际上,"命题显示其意义。命题显示当它为真时事情是怎样的,而且宣称事情就是这样的"(TLP4.022)。为真或为假就是在说命题的意义,为真显示命题的"有意义"。而根据码段5.5262,一个命题所代表的逻辑图像中的坐标从"为真"变为"为假"时就会立即使世界的一般构造——整个逻辑空间的原有结构——发生改变。某一个命题在整个逻辑空间中只要有丝毫的变化就会对整个逻辑图像承载的世界图景构成"牵一发而动全身"的影响,那个发生变化的命题及其坐标就是"蝴蝶效应"的始作俑者,带动了整个"场面"的变化,于是原来确定的"命题—世界"关系被重新安排。"意义场"发生变革,那么每个坐标上的命题意义就会发生错位,原来为真的意义坐标因错位而为假,原来为假的意义坐标会在错位过程中又碰巧为真。在这个真假交错的过程中,也一定会有原有命题的"残余物"充当与新命题之旧性状的重叠部分存在而与新命题构成"家族相似性"关系。前期维特根斯坦意义哲学中这种命题意义在逻辑图像系统中的"蝴蝶效应"变迁与他后期哲学中"新旧城市交替"的比喻["……新符号就像我们语言的郊区。我们的语言可以被看作是一座老城,错综的小巷和广场,新旧房舍,以及在不同时期增建改建过的房舍。"(PI 18)]相似。语言处于变动中,语言的意义因为新旧语言游戏的更迭而显示出动态的面貌,自然语言中的逻辑不能将语言的意义固定化。

逻辑图像不提供获得确定命题的意义的保障,语言是处在变化中的,有一丝一毫的改变都会引起全局变化。图像只是在某个节点上提供确定性,但总体动态地来看逻辑图像,则可以说它对命题确定性意义的支持力甚微。《逻辑哲学论》中的逻辑图像是潜藏着"意义"的"无意义",图像只是一个比喻的说法,不能与一种意义理论有关。[1]"以图像来勾画的世界只是梦幻岛。"[2]逻辑图像不提供确定的意义,只提供可能的确定意义的动态背景。

二、规则和语法不提供意义

《哲学研究》中,维特根斯坦将人类语言的句子的各种类型比喻为种类繁多、各不相同的语言游戏。"比如:断言、疑问、命令?——这样的种类多到无数:我们称之为'符号''语词''句子'的,所有这些都有无数种不同的用法。这种多样性绝不是什么固定东西……新的语言类型,新的语言游戏,我们可以说,会产生出来,而另一些则会变得陈旧,被人遗忘。"(PI 23)对于各式各样的语言游戏,我们能否找到一条确定每种语言游戏中句子意义的规则呢? 就像我们用数学或物理公式来解题一般,借分析得出句子唯一确定的意义呢? 维特根斯坦似乎反对用任何科学主义的规则来揭开"意义之谜"。维特根斯坦列举了很多反例来引导人们逐渐认识他的意义观。

关于规则没法为语词赋予意义的思想,维特根斯坦论述道:

> 在我们的语言游戏(48)里,在多种不同的可能性下,在多种不同的情况下,我们会说一个符号在游戏里是某某颜色的方格的名称……而我们也可以设想,这样一张图表是语言使用的一种工具……可以说这里的图表代替了其他情况下记忆和联想所起的作用。(通常执行'给我拿朵红花来'这个命令时,我们并不是在颜色表上查出红色,然后对照着找出和它颜色相同的花送过去;不过,在选择或调配某一特定的红色时,我们有时的确也利用色样或图表。)如果我们把这个图表称为语言游戏里某种规则的表达,那可以说,我们称之为语言游戏

---

[1] 施太格缪勒.《当代哲学主流》[M].王炳文等译.北京:商务印书馆,1986年.第589页.

[2] George Henrik Von Wright. "Wittgenstein and the Twentieth Century"[A]. *Wittgenstein: Mind and Language*. R. Egidi. ed., Neitherlands:Kluwer Academic Publishers, 1995: 1–19.

规则的东西,在游戏里可能会扮演非常不同的角色。(PI 53)

图表是语言使用的工具,就是进行这个"语词—颜色"配对游戏的规则。然而人类做此类游戏时,时常根本就是抛开这个规则工具直接进行配对的。规则在语言游戏中有很多种状态,表格不能发挥那个将颜色的语词与颜色本身进行意义配对的功能,虽然有时候是可以的。如上的"语词和颜色的配对"是一种游戏,维特根斯坦借此来生动地展现"语词和它的意义的配对"。后者是和前者类似的游戏,日常生活中时时刻刻发生着的配对游戏。这个游戏中的规则是具有任意性的,"遵守规则"和"违反规则"之间发生着持续的转换,"一条规则不能确定任何行动方式,因为我们可以使任何一种行动方式和这条规则相符合。……要是可以使任何行动和规则相符合,那么也就可以使它和规则相矛盾。于是无所谓符合也无所谓矛盾"(PI 201)。因此,语言游戏的规则是没法为句子的意思提供确定性保障的,我们可以按照某种规则说"红"的意义是红色,但也可以说"红"的意义是某人的名字,我们似乎可以依照不同情形下各自的规则来"解释""红"的意义。然而正是因为规则是不确定的、是不断变幻着的,故此刻的"解释"可以马上因规则的多向性而即刻失效。"'但一条规则怎么能告诉我在这个地方必须做的是什么呢? 无论我怎么做,经过某种解说都和规则一致。'——不,不应这样说。而是:任何解说都像它所解说的东西一样悬在空中,不能为它提供支撑。 各种解说本身不决定含义。"(PI 198)

语言游戏的规则是变换着的,解释也没有用。那么,维特根斯坦说"我们的考察是语法性的考察"(PI 90)时,他是不是转而告诉我们进行"语法研究"对意义获得的重要性呢?

在维特根斯坦那里,语法规则也不是决定意义的确定性的圭臬。"可以把语法规则称作'任意的'。"(PI 497)"语法不说明语言必须怎样构造才能达到其目的,才能如此这般对人起作用。语法只描述符号的用法而不以任何方式定义符号的用法。"(PI 496)语法没法定义符号的用法进而没法确定符号的意义是因为"我们不能综观语词用法的全貌——我们的语法缺乏这种综观"(PI 122)。故而,语法的规则仅只是用来确定语词或句子意义的一种外围的"力场"。它以缺乏综观能力之姿态无处不在地围绕着意义,却又不能直接触及意义的核心,无法"直接"左右意义的形成。

那么,能不能靠语法规则的约束力,从意义的外围逐渐靠近唯一的意义核心呢? 我们虽然孜孜不倦地进行一种"语法性的考察。这种考察通过清除误解来澄清我们的问题;清除涉及话语用法的误解;……这里的某些误解可以通过表达形式的替换来消除;这可以称作对我们表达形式的一种'分析'"(PI 90),也就是说若我们不放弃一丝一毫的努力,想要从意义的外围借助"语法规则"对话语进行"拆解",我们似乎能达到"一种最终分析的东西,从而一个表达式就有唯一一种充分解析的形式……也可以这样说:把我们的表达弄得更加精确,就可以消除一些误解;现在我们却好像在追求一种特定的状态,完全精确的状态;似乎这就是我们进行探索的真正目的"(PI 91)。看到维特根斯坦在这个码段中使用了很多个"似乎",也就表面了他实际上是在用这个码段的文字反诘"追求唯一的意义核心"的"企图"。因为这种无限向下的"追问"或"分析"是一个意义解释的"黑洞",永远没有尽头。"我们追问到'红色''黑暗''甜'等语词,这些问题也一样没个尽头。——'但若一个解释不是最终的解释,它对我的理解有何补益? 那么解释就总没个了结;于是我就仍旧不理解而且永远不理解他的意思是什么!'——仿佛一个解释若没有另外一个解释的支持就悬在半空中似的。其实,一个解释虽可能依栖在已经给出的另一个解释之上,但什么解释都不需要另一个解释——除非我们为避免误解而要求一个。"(PI 87)这里维特根斯坦特别强调,沿着语法规则的外围路线向意义核心发起进攻的最终结果只能是"无穷后退的解释",解释本来不需要别的解释来解释,解释所意谓的东西是它本来的样子,"我们意谓的东西所对应的不折不扣是个事实:这件事情是如此这般的"(PI 95)。

因此,可以说,语法不能提供近端的直接意义,更不能提供从远端外围间接获得的意义,语法是为意义提供生存空间的"力场"。"'语言里唯一和自然必然性关联的东西是一种任意的规则。这种任意的规则是我们能从这种自然必然性抽出来注入一个句子的唯一的东西。'"(PI 372)从这个意义上来说,语言的意义是被"任意性规则"关涉着的"幻象"。

第二节　逃离意义的幻象

若维特根斯坦的意义理论仅是呈现让我们感到失望的"幻象",则他的意义理论也就没有语言哲学研究的最基础性的地位了。缺少了对"语词—意义"对应关系的回答,便不能被视作重要的语言哲学理论了。如果意义不能获得稳定性,那么维特根斯坦也就无法为《论确定性》一书中"命题的确实性不可怀疑"的观点提供保障,从而获得打消怀疑论,建立不同于传统认识论的整体主义认识论体系。那么维特根斯坦在他的前后期意义理论中是如何消除或逃脱前述的那种"意义的幻象"的呢?

一、逃离意义幻象的基础

人们可以逃离意义的幻象,进入意义的确定性中去。这里我们需要先考察一下那些使逃离意义的幻象成为可能的要素:时间性、逻辑空间和生活形式。我们之所以按上述的顺序来探讨这三个要素是基于以下的一些原因:首先谈到"时间性","时间性"在此是从欧陆现象学哲学的境地大跨步进入分析哲学境地的概念,在本书的语境下又带着来自萨特的存在主义特性。"时间性"这个概念对意义去幻作用最大,便特地让它首位出场。接下来谈到的"逻辑空间"和"生活形式"则分别是维特根斯坦《逻辑哲学论》与《哲学研究》中的重要术语之一,且它们分别与维特根斯坦前期哲学的人工语言和其后期哲学的日常语言的意义紧密相关。之所以将事关现象学存在主义的概念"时间性"置于分析哲学领域的概念"逻辑空间"和"生活形式"之前,是基于"时间性",在接下来的第五章中对于阐明维特根斯坦的意义理论具有存在主义特征的观点是一个极其重要的概念,并且有必要在本章就将其概念内涵提前澄清,因为它也是"逻辑空间"成为意义去幻的基础的基础。

(一)时间性——意义追捕意义幻影的媒介

胡塞尔通过将"所有意识都当前化"来理解意向性的时间特征,并用"当前化"这一术语来表征感官的感知,进而使我们认识到感官感知的"时间性"特征。[①] 海德格尔在胡塞尔时间性的基础上,将他的"生存论"建立在一种"借寻视考察而把周围的世界带进前来"的时间性态度中。时间,在维特根斯坦这位我们暂且称之为语言分析哲学家那里,也有重要的地位,尤其是在他为意义营造确定性时有重要的地位。

但在看清"时间性"概念在维特根斯坦语言哲学中的重要意义和地位之前,我们需要先回到一位对"时间性"概念进行深度描绘和解读的法国哲学家萨特那里,来认清"时间性"在存在主义现象学哲学家的世界里得到了怎样的规定。

在法国存在主义哲学家让·保罗·萨特那里,"时间"和"时间性"有着极为独特且重要的地位。鉴于下文多个章节的论述都将借用萨特存在主义哲学本体论中包括"时间性"在内的诸多概念和观点,本节将重点展开对萨特之"时间性"概念及其与本体论关系的铺展性深入阐述,以便将人们心中关于萨特存在主义哲学与英美分析哲学代表性哲学家观点之间存在怎样的联系这个问题上的诸多不解尽量降低。

"时间性"关系到萨特存在主义哲学本体论的核心议题——自为的存在,即意识,意识已经成为萨特现象学存在论的根基。[②]萨特哲学坚持一种非常纯粹的以意向性原则为根基的本体论构造,认为意识都必须是指向某物的被反思的意识,在指向某物对世界的位置性意识的构造中,同时并存着,或者说同时发生着指向意识自身的非位置性的反思意识,而处于

①胡塞尔.《纯粹现象学通论》[M].李幼蒸译.北京:商务印书馆,1995年.第363页.
② 朱耀平,冉然.萨特现象学存在论的生存论根基[J].《苏州大学学报(哲学社会科学版)》,2011(01):45—50.

反思意识和被反思意识之未分化状态的"反思前的我思",即"纯思",则是去除了"自我"等一切"意识产品"的第一等级的意识。①而这个位于将世界对象化之前的非正题意识状态,就是学者们所乐道的萨特存在论的本体论根基。②自为借自身的虚无化能力和超越性使否定性的虚无得以以"非存在的存在"的样子来到这个世界,也使"本身就是存在的"自在存在得以显现。可见自为的存在在萨特存在论哲学中的重要地位。然而,在进一步研究萨特的存在论现象学中的重要一环——关于时间性的探讨时,我们发现,要想真正把握萨特哲学的本体论结构和意义,真正搞清楚自为的特性,是不能抛开时间性来谈论自为的,而应将自为放在自为的一种存在方式——时间性中谈论,因为"正是在'时间'中,自为以'非存在'的方式成为其自身的可能性;正是在'时间'中,我的诸种可能性才由他者构造的我的世界中显现出来。 所以,如果人的实在本身被看作时间的,如果其超越的意义是它的时间性,那么,我们只能在描述和确定了时间性的重要性之后才能澄清自为的存在,才能着手研究那个我们关注的问题:即意识与存在的原始关系的问题"³¹。萨特的这段论述已经告诉我们时间性在意识结构里的重要地位,如果没有时间性,自为将无法成为它自身的存在,时间性不是本体论的,但时间性是具有本体论地位的自为存在的生存方式。

什么是"时间性"呢? 先来看看时间性的起源。

萨特是从对"反思"的思考中找到了时间性的起源的。萨特在"反思"与"被反思意识"之间的共生关系(symbiosis)中找到了两种时间性类型:"心理的时间性"和"原始的时间性"。前者是"[人们能感觉到的时间的流动,以及将自我作为一个连续性整体的把握所得到的时间性]。在这种情况下,我有对绵延的意识。这种意识是正题的,与知识极为相似,就正如在我的注视下被时间化的绵延与知识的对象大体相似是一样的道理"③。

---

① 贾江鸿.现代法国哲学视野下的我思与自我[J].《求是学刊》,2007(05):26—31.

② Rowlands, M.. "Jean-Paul Sartre's Being and Nothingness"[J]. *Topoi*. 30(2) 2011:175–80.

③ Sartre, J.P.. *Being and Nothingness*[M]. New York City: Philosophical Library, Inc.1958:150.

而后者则是从"自为以'对绵延的非正题意识'的形式绵延着"①的角度得到的时间性。之所以会有这二者,是因为萨特所建立的以自为为中心的本体论结构中始终离不开的"'信念'是'对信念的意识'"②——可以被解读为"'意识'是'对自身的意识'"——这样一种"绝对内在性"的结构,其中的"反思意识"与"被反思意识"构成的"不是包含二元性的统一,本身就是统一的二元性"③的共生结构触发了时间性的起源,使时间性成为一种被"反思意识"实现的"原始时间性"和被"被反思意识"实现的"心理时间性"共同构成的连贯聚合结构。

　　在《存在与虚无》中,萨特是从批评"将时间性看作瞬间的点的集合"的观点开始展开他对时间性概念的阐述的。萨特说:"过去、现在、将来这三个所谓的时间'要素'不应被看作有待我们去汇总的、被给定的'材料'的集合——例如,作为一个由某些还未到来的'现在'和另外一些已经不再的'现在'共同构成的'现在'的无限序列——而应被看作某种原始综合体中有结构的诸时刻。否则的话,将会遇到如下悖论:[过去已经不再,将来还未到来,而最小瞬间的现在是不存在的,那么是不是整个时间序列都消失了呢？]"④萨特提及的这个时间性悖论揭示的就是时间性的"不可分"和"非瞬时性"特点,时间不是无限可分的。萨特假设的时间性悖论可以从古希腊第一个将哲学的研究对象转向"存在"的爱丽亚学派中芝诺提出的悖论中找到相似的影子。"芝诺悖论"反对存在运动,揭示的是事物内部的稠密性和连续性之间的矛盾、无限可分和有限长度之间的矛盾;反对的是那种认为"空间是点的总和、时间是瞬间的总和"的概念。这和萨特反对"时间性由瞬间构成"的观点有很大的相似之处。然而萨特对时间性的阐述不是为了回答或呼应古代芝诺提出的时间性论题,而是要"借先本体论的和现象学的描述来澄清时间三维的常常是模糊的含义……以期达

① Sartre, J.P.. *Being and Nothingness*[M]. New York City: Philosophical Library, Inc.1958:150.
② Ibid., 75.
③ Ibid., 76.
④ Ibid., 107.

到对作为一个整体的时间性的直觉"①。那么,萨特是如何渐次进入他关于"时间性是一个原始综合中有结构的时刻的整体"的思路中的呢? 其最根本的理论来源是什么呢?

萨特的时间性概念汲取了柏格森"绵延"思想中"去瞬时性""时间要素穿插交互性"的特点。我们知道,柏格森的"绵延"是建立在这样一种论调之上:成为过去的事件并非不存在了,只是停止了动作,过去不断地被现在组织着,将来也不断地被现在组织着,人们通过"直觉"体验到的是过去、现在和未来连成一片不停流动着的时间之流——"绵延",在"绵延"中,没有各个瞬间的分明界限,现在总是包含了过去并带着过去走向未来,"过去总是紧紧咬住未来,逐渐膨胀,直至无限"②。柏格森的"绵延"摒弃了笛卡尔的瞬间性的"我思",将时间转变为时间构成要素相互交错、相互渗透而形成的"时间之流"。萨特与柏格森一样,都对"时间是由瞬间时间点的顺次接合而成的"这样的物理性时间观表示排斥;但萨特同时又对"绵延"中隐藏的缺陷表示深深的遗憾:"柏格森的这种过去,黏附于现在并深入其中,它只不过是些华丽的辞藻而已。"③ 在萨特看来,"绵延"中依然包含了混沌的过程性,绵延只是一种分不清楚过去、现在和未来的过程,是这三个时间元素交错渗透不断向前流动的过程,而萨特分门别类地阐述过去、现在和未来的"出神"状态,则是在用"自为的超越性"构造出的动态的"整体性"以取代"绵延的流动性"构造出的"混沌的一体"。

在构建其时间性概念时,无论是批判笛卡尔"我思"的瞬间性,还是反对莱布尼茨的"时间是单子的连续性",还是对柏格森的"绵延"中表现出的缺陷表示出担忧,萨特最终都是在强调时间要素之间的"内在关系"。瞬间时刻之间的关系是外在的,具有连续性的单子之间的关系也必然是外在的关系,"绵延"中已经停止动作的过去时存在与现在时存在之间也只不过是"混沌的绵延体"内部两个时间要素之间的外部关系。萨特明确

---

① Sartre, J.P.. *Being and Nothingness*[M]. New York City: Philosophical Library, Inc.1958:107.

② 柏格森.《创造进化论》[M]. 长沙:湖南人民出版社,1989年.第8页.

③ Sartre, J.P.. *Being and Nothingness*[M]. New York City: Philosophical Library, Inc.1958:135.

指出,他要追求的是时间性要素之间的内在关系:"如果说时间要素是分离态的,那至少是一种特别的分离态——一种再统一的分离。"① 对时间性的这种特殊的分离态,萨特分析道:"如果 A 是先于 B 的,那么 A 就必须在其自身的存在中以'A 的将来'的方式在 B 中存在。反过来,如果 B 是后于 A 的,那么 B 必须在 A 当中在 B 的自身之后徘徊,而这个 A 将赋予 B 以其'滞后性'的意义。如果我们将先验的'自在'赋予了 A 或 B,[那么我们便只是在 A 与 B 之间建立了一种纯粹的外部关系,只是为时间性要素搭建了一个'空中楼阁'],没有基质。在这样一种非时间性的虚无当中,既无力把握 A 也无力把握 B。"② 那么,萨特在极力反对时间性要素之间的外部关系之后是如何构建他的"内在性"关系的呢?

萨特借探讨"'前—后'连续性"的特性展开了他对时间性之内在连续性属性的论述。当萨特引述法国数学家庞加莱有关连续数列的理论来解释他所谓的"连续性的内聚力"的概念时,我们不得不承认萨特的时间性理论是有很深的"数列连续性"渊源的。萨特说:"要想解释时间的连续性到底是怎样的,不妨看看庞加莱对连续序列的著名定义:有一个由 a、b、c 组成的序列,如果人们可以把它写成'a=b、b=c、a÷c',那么这个序列就是连续的。这个理论太棒了,因为这个理论预示了一种存在——是其所不是,又不是其所是的存在。根据公理,a=c;根据连续性本身,a÷c。这样一来,a 是 c 却又不等于 c。b 既等于 a 又等于 c 却又与 b 自身不同,因为 a 不等于 c。"③ 可以看出,庞加莱的连续序列定义中包含着萨特的时间性中三个时间要素之间形成的内在性关系,a、b、c 分别暗示了后来萨特构建的时间性三个"出神"的状态,其内在的关联性由符号"÷"表达了出来,这个符号是古代文稿中的"存疑符号"。在 a÷c 中,"÷"的意思不是"做除法",而是"不同于…;与…相区别"的意思[6],表示了 a 与 c 之间"既是又不是"的关系,而执行这个"存疑"动作的主导者便是萨特所谓的"不是其所是又是其

---

① Sartre, J.P.. *Being and Nothingness*[M]. New York City: Philosophical Library, Inc.1958:131.

② Ibid., 132.

③ Ibid., 134-135.

所不是"的自为。

当庞加莱指出"任何持续的序列中,一个给定的数字都是无法和其之前或之后的数字分开的;将我生命中的任何一个瞬间与其之前或之后的一个瞬间分开都是不可能的事情,这是因为我所采取的任何行为都因为这个动作在未来的实现而找到它的意义"时,①他确实是为萨特的时间性内在连续性关系提供了一个生动的理论来源。但必须看到,庞加莱的数学模型没有为这个"存疑"符号的实现给出本体论根基——时间性中的自为,对此萨特表示些许不满,进而他对自为在时间性中的存在方式做出更具体透彻的阐释。

接下来我们来探讨一下时间性概念的内涵。

萨特在《存在与虚无》中并未对时间性的概念给出完整的定义。在对柏格森、胡塞尔和海德格尔等前人的时间概念的批判中,萨特渐次给出对时间性概念和性质的阐述,这种论述风格犹如他要展现给人们的他存在主义哲学的特点一样,使"时间性"的"存在"先于"时间性"被人们所理解而来的"时间性"的"本质"。

首先,柏格森的"时间的绵延"是将时间性看作一种时间之流,一种必然的变化的过程,而同时这个变化又必须指的是状态的连续性变化,这与萨特之"'过去'是'现在的过去'"所表示的具有超越性的连续变化是有所区别的,是萨特所批评的对时间的看法。萨特认为,柏格森的"让事件回到过去停止活动地存在"②是在将"过去时的存在"永远留在过去时,割裂了"过去时的存在"与"现时的存在"之间的连贯关系,就等同于又回到了柏格森所否定的"物理时间"的思路上来了。柏格森所推崇的"纯粹时间"概念才是他所谓的真正的时间,它是绵延的、超越空间性概念的时间;但其"绵延"的观点中又不乏停顿、断裂和非连贯的因素。

此外,胡塞尔的时间的"滞留"概念也是萨特极力批评的,萨特认为让

---

① Gingerich, J.. "Poincaré, Sartre, Continuity, and Temporality" [J]. *Journal of the British Society for Phenomenology*. 37(3) 2006:327-330.

② 柏格森.《创造进化论》[M].长沙:湖南人民出版社,1989年.第2页.

时间"滞留"的思路未能打破胡塞尔想要而未能克服的时间"瞬时性"所带来的困难。胡塞尔在他的内时间意识现象学中构建了这样一种时间性:从"纵意向性"角度看,时间便是由过去、现在和将来这三个维度构成;从"横意向性"角度看,时间点则由"滞留""印象"和"前摄"组成。"在我还把捉着已流逝时段的同时,我也贯穿地经验着当下的时段,我也'附加地'——借助于滞留——接受它,并且还朝向将来的东西(在一种前摄中)。"①可以看出,胡塞尔的"滞留"或"前摄"并未构造出真正时间性的现象学连贯,只不过是在"横意向性"的维度上将清晰的"纵意向性"的瞬时性时间点进行稍微"模糊化处理"而得到的东西。因而萨特说胡塞尔只是在"现时的意识中玩了一种'滞留'游戏,而这些滞留又将往昔的意识勾住,它们把意识维持在它们的时日中并且阻止意识的自我虚无化"②。

最后,对于海德格尔的时间性观点,萨特较为赞同。海德格尔将"此在"的存在分为"抛掷态""沉沦态"和"生存态"这三种状态,并使其分别对应时间性中的过去、现在和未来,但同时,每一种状态中又是同时包含这三种时间性要素的,这种时间性构造彻底地弥合了任何时间要素之间的裂缝,将时间的瞬时性转变为了一个作为"此在"的全部存在过程的动态整体,海德格尔用"先行于自身的——已经寓于的——在世之在"(ahead of itself in already-being in a world)③来描述那个动态的整体。萨特所赞同的便是海德格尔的"不能将'此在'局限于其纯粹的现在之中"④的思路,只有这样"现在"的存在才不能等同于"自在"。

萨特说:"时间性显然是一种有组织的结构。'过去''现在''将来'这三个所谓的时间'要素'不应被看作有待我们去汇总的、被给定的'材料'的集合,……而应被看作某种原始综合体中有结构的诸时刻。"⑤可以说,

① 胡塞尔.《内时间意识现象学》[M].《胡塞尔全集》第10卷,R.波姆(编).海牙.1966:118.

② Sartre, J.P.. *Being and Nothingness*.[M].New York City: Philosophical Library, Inc.1958:109.

③ Moi, S.. "Perplexity and Passion in Heidegger: A Study in the Continuity of His Thought"[J] *Gnosis*. 8(1) 2011:14–24.

④ Sartre, J.P.. *Being and Nothingness*[M].New York City: Philosophical Library, Inc.1958:125.

⑤ Ibid., 107.

时间性只是一种结构,一种包含着由我们可以命名为"过去""现在"和"未来"的无数个时间要素构成的综合体,这个综合体遵循着诸时间要素前问题化的阶段的原始结构,这个结构为本体论的自为存在提供了生存空间。

这样一来,我们就发现了自为与时间性的深刻关系,"时间性不存在……时间性一定具有自我的结构……时间性是一种'必须成为其自身之存在的存在'的内部结构而实存"①。萨特在此指出的"必须成为其自身之存在的存在"就是"自为存在",时间性是自为存在的一种内在结构,时间性本身不能被算作一种存在,其实存有赖于自为存在的意向性活动,在意识的虚无化举动中,时间性才达到了与自我性的圈子(the circuit of selfness)等量齐观的自我的结构。这里可以简要解释一下,自我性的圈子是《存在与虚无》中有关自为存在的重要术语之一,它是自为所追求的自我永远达不到的极限,也就是自为的人为性(the facticity of the for itself)所传达的内容。可以说,"意识作为那些还未被拥有的事物的总和和那些可以获得的东西的总和,意识只有在其自身被时间化后,意识才真正成为意识"②。

虽然时间性不是存在而自为存在是一种存在,"自为相对于时间性来讲也并非具有本体论的优先性,而应说,正因为自为以出神的方式成为它自身的存在,时间性就是自为的存在。时间性并不存在,但自为在实存的过程中将自身时间化"[4]136。可见,时间性不具有本体论地位,它的实存是自为"出神"的存在方式,自为存在是一种自觉朝向自身的超越运动,这种超越一刻不停息,时间性就一刻不停地陪伴着这个朝向自为的人为性超越的运动(此处的"一刻不停息"或后文会遇到诸如"每时每刻"之类的用语都只是为了行文论述的方便性而为,不能被理解为萨特时间性概念中具有任何可以用单位度量的"科学时间性"概念中的"分钟""瞬间""时刻"等概念,萨特是彻底反对将时间性拆分出"瞬间"或"时间原子"的),从这

---

① Sartre, J.P.. *Being and Nothingness*[M].New York City: Philosophical Library, Inc.1958:136.

② Yuasa, J.. "Temporality and I: From the Composer's Workshop"[J]*Perspectives of New Music.* 31(2) 1993: 216-28.

个意义上说,时间性是自为运动的"影子",体现着自为的存在方式,有自为的虚无化活动就必然有时间性,但这个"影子"却不具有"自在存在"那样的"不透明性"质地或者"自为存在"的"半透明"质地。总体来说,时间性不是包括了一切存在的宇宙的时间,也不是在尤其是人的实在中的宇宙性的时间;时间性不是被强加在来自外部的存在的发展法则,时间性本身也不是存在。时间性"是其自身虚无的存在"的内在化结构。也就是说,时间性是专属于自为存在的一种存在方式。①

那么,时间性这个概念有哪些独特的性状或特点呢? 我们从以下几个方面对它进行描述。

首先是时间性的"出神"状态。

"出神"(ekstasis)的概念在《存在与虚无》中多数是用来描述自为的存在状态。萨特说,自为是一种"出神"的存在,自为在朝向自在超越的过程中时常是处于"相对于'自我'的距离"当中,那么"出神"的意义就在于这个"距离",即自为总是处于一种想要缩小这个"距离"以达至"自我",却又同时永远是无法战胜"距离"的状态中,一种"出神"的存在状态。

既然时间性是自为存在的结构,伴随自为左右,那么"出神"的自为就必然使得时间性呈现出"出神"的状态:"过去""现在"和"未来"。

什么是过去的存在呢? 萨特批评了"大脑印象论"(theory of cerebral impressions),他认为将"过去"等同于"印象"或者"记忆"是不可行的,因为如果将过去看作记忆在脑细胞群上的印记,那么,"一切都是现在的:身体、现在的感知以及在身体中作为'现在'的轨迹的'过去';一切都在活动中:因为轨迹中并没有一种作为回忆的潜在的存在;它完全是现时的轨迹。……最近出现的'印记'概念除了用伪科学的术语美化这一理论外,并没有做什么更多的事情"②。萨特部分地赞同柏格森的"绵延"理论,但认为柏格森没有解释清楚"过去是如果才能'重生'以来纠缠我们,或者简

---

① O'Neill, J.."Situation and Temporality"[J]. *Philosophy and Phenomenological Research*. 28(3) 1968:413–22.

② Sartre, J.P.. *Being and Nothingness*[M].New York City: Philosophical Library, Inc.1958:108.

单地说,以来为了我们而存在的"①。萨特反对柏格森用"无意识"来充当推动过去"重生"的使者,因为在柏格森那里"无意识"是不活跃的因素。如果柏格森那种让过去"重生"而来到现在的进路在萨特看来不成立的话,那么胡塞尔让"现在"玩一个"滞留"(retention)的反向游戏以拉住对"往昔"的意识这种进路又如何呢? 萨特仍然觉得行不通。"胡塞尔的'我思'是瞬时性的,因而它就无法从中解脱出来。"②不但"滞留"没法勾住"过去","前摄"也没法拉住"未来"。胡塞尔的意识既不能朝"未来"超越也没法朝"过去"超越。

　　萨特认为,胡塞尔在时间性问题上产生的困境源于他将时间性要素"瞬间化"了,"原子化"了。"如果我们一开始就切断了'过去'与'现在'的一切联系,那么,无论是像柏格森或胡塞尔那样认为'过去'存在还是像笛卡尔那样认为'过去'不存在,都变得没有任何意义了。"③在萨特看来,笛卡尔、柏格森或胡塞尔是以不同的方式将"过去"与"现在"割裂开来,他们这样不将时间性现象放在整体中考虑的做法将会使"过去"失去意义。"过去不是乌有(nothing),现在也不是乌有;但就过去的本源处,它必将走向某个现在和某个未来,并且过去既属于现在也属于未来。"④ 这里的"乌有"(nothing)是与"虚无"(nothingness)完全不同的概念,萨特虽然没有给出"乌有"的定义,但可以从他的论述中发现,"乌有"是一种被对象化了的"虚无"。萨特将不能"片段化"和"瞬间化"的"过去与现在的关系"阐述为"过去从根本上来说是'现在的过去'"。

　　接下来,萨特借分析一个十分有趣的有关人格同一性的例子,揭示出了过去与现在是以什么样的方式联系起来的。萨特问道:"1920年,保罗曾是一名就读于综合理工学校的学生。那么,究竟是谁'曾是'呢?"⑤ 40

---

① Sartre, J.P.. *Being and Nothingness*[M].New York City: Philosophical Library, Inc.1958:109.

② Ibid.

③ Ibid., 110.

④ Ibid.

⑤ Ibid.

岁的保罗还是不是那位"曾是"的 1920 年时年轻的保罗呢？将过去与现在割裂开来而导致的人格分裂将意味着什么呢？萨特认为无论是"将时间性原子化"的做法还是寄希望于"变化中的永久"这样的命题都无法解决这种人格分裂的难题。要阻止"人格分裂"，就需要将过去与现在联系起来，其唯一途径在于"[过去式存在的实存着的'剩磁样残存物'，必须从我的实际现时中原始地涌现出来；昨天的我的过去，必须作为今天的我的现在之背后的超越物而实存。]"①。这样一来，将保罗的现在推向极限就可以得出 40 岁的保罗"曾是"那个综合理工学校的学生了。萨特正是以这种"'过去'是'现在的过去'，'现在'是'过去的现在'"的整体性联系解决了人格同一的问题，阐明了"过去"与"现时"的内连接性。

　　对于这种"过去—现在"内在关系，萨特说，不能说"拥有过去"（to have a past），因为"拥有"（have）这个字眼包含了"拥有者"是"被拥有物"的外在事物，是个外在性关系。因此，应该将"拥有"换成"是"（to be），这就把问题转变为了"过去—现在之间的时间性存在"上来了，从而只谈论过去与现在之间的内在关系；萨特也批判了柏格森的"'过去'给'现在'构造的绝对错综关系"（the absolute interpenetration of the present by the past），认为这也只是阐释了过去对现在的组织作用，最终只能说"现在"是来自"过去"的，寓于"过去"的。"过去可以不断纠缠着现在，但它不是现在，而是那个是其自身的过去的现在。"[4]113 这句话深刻婉转地道出了"过去—现在"的内纠缠关系，用萨特的话来说"过去是具有某种前途的'先—现在'"。②

　　沿着萨特的思路，从过去这种"先—现在"来到现在这种"后—过去"——现在的存在。"如果说'过去'是自在的，那么'现在'则是自为的。"③ "过去"代表着自为的人为性（facticity），是自为朝向自在的超越；"现在"则一直处于自为的超越性活动中："现在"既是"存在"——因为我

───────────────

① Sartre, J.P.. *Being and Nothingness*[M].New York City: Philosophical Library, Inc.1958:111.

② Ibid., 116.

③ Ibid., 120.

们习惯于用"过去不再存在了,将来还未到来,只剩现在还存在"的说法来解释"现在";"现在"又是"虚无"——因为我们又习惯用一种更严格的反向剔除法来分析"现在",即将时间性中离"现在"最近的"过去"和"未来"都剔除掉以得到"最纯粹的现在",到头来发现得到的"现在"只是作为"乌有"的短暂时刻,甚至连"时刻"这个词我们都不能用,因为这个"时刻"只是现在的"虚无"。"现在"就是这样一个"'二元合体'(dyad),[蕴含着不可分割的一对:存在与虚无。]"①。可以说,"现在"的存在是一个非常特殊的存在,既是"存在",又是"非存在","存在"与"非存在"集于一身。

"'现在'实存的东西是借其'在场'的性质而与其他所有实存相区别的。"②故而,现在的基本意义在于"面对……的在场"(Presence to……)。"面对……的在场"指示的是一种内在关系,一种"在场的存在"与"在场的存在所面对的存在"之间的内在关系。如同揭示"过去"与"现在"之间的内在关系一样,萨特在谈论"现在"时依然强调"面对……的在场"体现的是一种"内在关系"。他举例说明"什么是'我面对椅子的在场'"时强调,"只有当我在本体论的综合关系中与椅子合为一体时,只有当我以'不是那个椅子'的身份位于椅子的存在中时,我才能面对椅子在场"③。也就是说,"现在"的存在意义在于既是"存在"又是"虚无"的实存,是一种"存在"与"非存在"共生同在的动态绞合体。

之所以如此,是因为"现在"不同于"自在性"的"过去","现在"是"自为性"的,"现在只是自为面向自在的在场"④。可以说,现在的存在是以自为的双向超越性结构为基础的,一方面,现时自为"后滞"地面向自在超越自身,其结果是"不是自在的自身";另一方面,现时自为"前摄"地面向自在超越自身,其结果是"是自身所不是的自在"。因此,"'现在'是自为对存在的否定和逃逸,自为以逃逸的形式面对存在在场……在'现在',自

---

① Sartre, J.P.. *Being and Nothingness*[M].New York City: Philosophical Library, Inc.1958:120.

② Ibid., 121.

③ Ibid.

④ Ibid.

为不是它所是的(过去),自为是它所不是的(未来)"①。

　　萨特在进行一系列的分析之后,给"未来"做了一个简短的概括:"作为'未来'的未来不必须存在,它不是自在,也不是以自为存在的方式存在,因为它是自为的'意义'。未来不存在,它是被'可能化'出来的。"② 未来不是自在,自在中也不包含未来的任何部分,未来是借人的实在——自为的存在——而来到这个世上的,从这个意义上说,未来也是"自为性"的。"只有在自为对自身的原始的、先决关系的基础上,才能说自为'孕育着未来''期待着未来'或者说'有对未来的认知'。"③也就是说,没有自为的原始的、超越性结构,就没有未来的存在,未来是由自为在朝向"自我"的超越时构造出的诸多可能性构成的。"我必须成为的这个'未来'只是面向'存在之外的存在'的在场的我的'可能性'"……'过去'的存在则不同,它是我在我在我之外所是的存在,且是我不可能不是的存在。"④因此,萨特认为"未来"是自为对现时可能性的谋划,但同时应该指出,由于自为之"绝对自由"的属性,自为对未来的可能性的谋划也便是"自由"的,不是"预设"的,从这个意义上说,"未来"是可能性持续不断的"可能化"进程。正因为对未来可能性的谋划不是预设的,未来所充当的现时自为的意义也是持续地"悬而未决"的,是要彻底逃离现时自为的。这种思路正好反映出萨特"存在先于本质"的哲学理念,人的实在的本质不到"朝向未来可能性的谋划"被终结的那一刻——死亡之时——都不能定论,萨特说"死亡将生命变成命运"就是表达了这个意思。自为存在总是在朝向"自我"超越的过程中,不断地在未来的向度上自由地谋划各种可能性。现时自为永不是其所是的"人为性"——即自为的自在存在;同时现时自为也就是其不是的"自我性"——即自为面对自身的不在场的在场。直到死亡的那一刻,现时自为就全部地是自为的"人为性"而全部地不包含任何"可能

---

① Sartre, J.P.. *Being and Nothingness*[M].New York City: Philosophical Library, Inc.1958:123.

② Ibid., 129.

③ Ibid,. 125.

④ Ibid., 128.

性"了。

大多数学者认为,对于这三个时间性出神的状态,萨特更注重"未来",但其实他更加重视"现在"。在《存在与虚无》中,他明确指出:"时间性的三个维度中,没有哪一维较他者具有本体论上的优先性;没有哪一维能够脱离其他二者单独存在。尽管如此,我们还是最好将重点放在'现在的出神'维度上,而不是要像海德格尔那样放在'未来的出神'上……[因为虽然]'现在'并非在本体论上'先于'过去或者未来;'现在'受过去和未来的制约,同时也制约着过去和未来,但'现在'是为构成时间性整体综合形式而不可或缺的、'非存在'性质的模体(mould)。"模体即为用来铸造他物的模子。萨特在此用"模体"来描述"现在"相对于三个时间性"出神"态中的另外二者有更加根本的地位和源出性作用。①可以看出,现时的出神是萨特更加关注的,现时的出神存在正介于自为存在朝其"前摄"的"自我"与"后滞"的"人为性"超越的中间地带,它也正以"自为面向自身在场"的方式与具有本体论地位的自为存在的结构相吻合。从"'现在'是构成……的模体"这句话,也可以看出萨特将"现在"置于了一个重要的源出者的位置。

其次要探讨的是时间性中自为的存在方式。

时间性中自为的存在方式首先是"静力学时间性"的。

在此,不得不先提及萨特在论述自为的直接结构时举的一个生动的例子:"当我说这个月亮不是满月,它缺少了四分之一,我是基于对新月的完满态直觉而做出的判断。"②萨特将缺少了四分之一的新月称作"有所欠缺者"(the lacked),也就是实存物(the existing);将那未被看到的四分之一月亮称作"欠缺物"(the lacking);而人们通过直觉可以得到的新月完满态则被称作"完整体"(totality)。因为意识是"半透明"的,它是一种"存在"也是一种"欠缺",自为的结构中就蕴含着由"有所欠缺者""欠缺物"和

---

① Sartre, J.P.. *Being and Nothingness*[M].New York City: Philosophical Library, Inc.1958:142.
② Ibid., 186.

"完整体"组成的"三位一体"(trinity)的体系,其独特之处在于其"非封闭性"和"非预定性",也就是说,如果按照一般逻辑,"有所欠缺者"与"欠缺物"之和应该等于"完整体",但自为"半透明性"和"超越性"特点要求自为这种永远包含着"否定性"的存在永远无法把握和预定所有可能的"欠缺物"以完成"完整体",故而"完整体"也便成了一个永远无法实现的目标,一个开放的体系。

自为在时间性中是以一个三位一体的体系实现它"静力学时间性"的"出神"的存在。(1)不是其所是。自为在时间性中朝向其自身存在的第一维度的"出神"谈论的是自为与"过去时存在"的关系。"自为永远不是它所是。它所是的是在它之后的、作为永久被超越的东西。这种被超越的'人为性'被我们称作'过去'。'过去'因而是自为的必然性结构。"①也就是说,自为所是的"人为性"是一种永久被超越的东西,"人为性"就是那个因为自为的"超越性动作"或"虚无化活动"不断形成着的"过去",它等同于自为的直接结构中的那个"完整体",一个一旦生成就成为"自为所是的自在"但却又永无法生成完整态的"自为的自在";自为的虚无化活动不停止,自为就没法成为其所是的由"过去"构成的"人为性"的总体,所以,自为在其与"过去"时存在的关系上是"不是其所是"的。(2)是其所不是。自为在时间性中朝向其自身存在的第二维度的"出神"阐释的是自为与"将来时存在"的关系。"在虚无化的第二个维度里,自为将自身把握为一种'欠缺',同时也是一种'欠缺物',因为它要成为它所是的。"② 在此,萨特将自为在时间性里的第二维度的"出神"看作在寻求"自为所是"的路径中的"欠缺物"。"欠缺物"是自为之三位一体的体系中那个由各种可能性造成的"尚未"实存的"四分之一月亮"。"尚未"被自为的"自由"的虚无化活动纠葛着,自为可以自由地使"尚未"到来的可能性以各种可能的方式到来,那些可能性就是构成无法达及之"自我"(self)的"自我性"(selfness)

---

① Sartre, J.P.. *Being and Nothingness*[M].New York City: Philosophical Library, Inc.1958:138.
② Ibid., 141.

要素。如果说，"自为在虚无化的第一维中曾居于自身之先，现时则居于自身之后了。自为总是在自身之先或之后，但从来不能恰是其自身。这就是过去、未来两个出神状态的意义"①。总之，自为在不停追寻"尚未"的可能性以达到自身，可它总也无法达到，因而自为在其与"未来"时存在的关系上"是其所不是"的。(3)在一种永恒"指涉"(referring)的统一体中，是其所不是又不是其所是。自为在时间性中朝向其自身存在的第三维度的"出神"则道出了自为与"现在时存在"的关系。"在第三维里，已经消散在'反映—反映物'的绵绵不绝的游戏中的自为，就在同一个逃逸之统一中逃离自身。在此，存在处处皆在而又无一处可在：无论人们企图在哪里捕捉它，它都与人们相对而在，它都逃遁远离。正是自为内部的这种'交叉被逐'成为'面对存在的在场'。"②可见，"面对存在的在场"是一场远离自为本身朝向"其所是的'曾是'"的逃离和朝向"其所不是的'尚未'"的追逐，这两个朝向的运动都是无法达到自身的"面对存在的在场"，这正是"现时自为"的意义所在——不是其所是的"过去"又是其所不是的"未来"——因为在时间性中存在的自为从本质上来说是"不断虚无化自身"的。

最后要讨论的是时间性的整体性。

萨特在时间性问题上超越了笛卡尔和柏格森将"现在"与"过去"或与"未来"独立开来的做法。萨特认为时间性概念是自为自我时间化的产物，是自为的存在方式，因而自为的三位一体的直接结构必然就是时间性的整体结构。当萨特说"过去是具有某种前途的'先—现在'""现在[就是]过去的现在""将来是'不在场的在场'——即不在场的'现在'"时，我们很容易就将萨特的时间性理解为一种时间的"整体性"，当有的学者将萨特的时间性恰恰就理解为单纯的"整体性"时，我们应该保持更加谨慎的态度。

---

① Sartre, J.P.. *Being and Nothingness*[M].New York City: Philosophical Library, Inc.1958:141.
② Ibid., 142.

　　之所以这样说,是因为萨特在谈及时间性的本体论时,不但清晰地论述了"静态时间性"(static temporal),他更加重视"动态时间性"(dynamic temporal),〔虽然在《存在与虚无》中论述"动态时间性"概念时,萨特使用的大标题是"时间性的动力学"(The Dynamic of Temporality),但在论述"静态时间性"(the static temporality)时,使用的是"the dynamic temporal"来与"the static temporal"形成对照,因而,"时间性的动力学"这个标题实指的就是"动态时间性"。〕二者缺一不可。"······时间性是作为一个整体性结构组织着其自身内部的二级出神结构。但是这种新的研究应该从两种不同的观点出发进行。"①萨特所指的两种不同的观点即为:"静态时间性"——将时间性看作"先"与"后"的严格的、不涉及变化的顺序安排;"动态时间性"——将时间性看作时间的连续性事实,或者时间进程。后者阐释的便是"后"成为"先","现时"成为"过去","将来"成为"先—将来"的整体变化过程,即时间性的"动态"的"整体性"。萨特强调了"动态时间性"的重要性,说"我们当然是在动态时间性中来探索时间性的静态结构的奥秘"②。可见,我们可以从动态时间性中见证时间性的整体性,但是我们仍不能忽略静态时间性,因为那也是萨特要探究的时间性的一个方面和一个目的,他用了大量篇幅论述静态时间性——时间性的三种"出神"状态。因此,如果只说"时间性是整体性"就是忽略了"静态时间性",是违背萨特对"静态时间性"和"动态时间性"的共同关注的。

　　另外,在阐述静态时间性问题时,萨特一语中的地用古老犹太民族在世界上"颠沛流离(dispersion)同时又保持着民族内聚力(cohesion)"的这一特征——该特征被命名为"第亚斯波拉"(Diaspora)。(这个词源自希腊语διασπορά,指属于同一个小范围地理区域的人口向外区域广泛扩散而成的散居人口,也指从原始家族地或母国出发向外迁移的人口运动。Di-aspora一词可以被译为"离散族群"或"离散国"。萨特在此运用这个词来

①　Sartre, J.P.. *Being and Nothingness*[M].New York City: Philosophical Library, Inc.1958:130.
②　Ibid.

阐释自为"逃离自身却又朝向自身超越"的特点,是一种同时具备"分散性"和"聚合性"二重性的特点。)——来类比自为在时间性中的存在方式:即"当自为使'虚无'这种'被存在'来到存在的中心时,'虚无'的显现因使'自我'在自为的作用下以'本体论的幻影'的样子显现而让实存者的结构变得复杂起来。……'虚无'将'准多样性'引入了存在的中心"①。也就是说,自为是借"虚无"这种否定性的存在的方式实现了多样性,实现了自为存在的"散居";同时这种"准多样性"又要求被统一在自为向自我超越的整体性中,这就实现了自为的"内聚性"。"动态时间性"代表了前述自为的三位一体的体系中变化着的统一整体,这种整体性类似于萨特所言的"犹太民族的内聚力(cohesion)",但萨特说自为在时间性中的存在方式是"第亚斯波拉"的,它涵盖的内容既有犹太民族的内聚力也有他们的分散性,而分散性的特点即类似时间性中"静态时间性"所蕴含的意味。因此说,时间性不是单纯的"整体性"的或"内聚力"的,而应是"整体性"与"分散性"在一起的"离而不散"的,或称"第亚斯波拉"的,萨特说:"自为的存在是在时间性的'第亚斯波拉'的形式中必须成为自身的存在。"②

如果说时间性是"整体性"的,那就应该说"时间性出神是存在的一切复杂性之跨越分散态的整体"③。这正像萨特在《存在与虚无》中谈论研究时间性的唯一方法时所说的,"是将时间性当作一个统领着并给予一个下属二级结构以意义的整体来剖析"④。因此,对于时间性概念,不能只谈"整体性"而不谈"下属二级结构的'分散着的'意义",否则也就等同于忽视了自为中的"虚无"而只注重其"存在"了。

总之,时间性是自为的存在方式,一种"第亚斯波拉"的存在方式。自为在时间性中的三个维度的"出神"状态正体现着自为的直接结构——

---

① Sartre, J.P.. *Being and Nothingness*[M].New York City: Philosophical Library, Inc.1958:137.

② Ibid., 142.

③ O'Neill, J.. "Situation and Temporality"[J]. Philosophy and Phenomenological Research. 28(3) 1968:.413–22.

④ Sartre, J.P.. *Being and Nothingness*[M]. New York City: Philosophical Library, Inc.1958:107.

"有所欠缺者""欠缺物"和"由'有所欠缺者'与'欠缺物'合成的'完整体'"这三者的统一体。时间性的"第亚斯波拉"的特点既包含着具有"聚合"意味的"动态"的"整体性",同时也必须包含具有"分散"意味的"静态"的"时序性"。应指出,此"时序性"不是指单纯将时间"瞬间化"的时间顺序点,而是指"动态"的"整体性"前提下的"时序性"。

值得注意的是,在萨特时间性概念的前提下,当我们把时间描述成"过去""现在"和"未来"时,实际是在把"空间"观念借用到了"时间"的领域,即我们用划分物理空间的方法把"整体性"的"时间"拆分成了时间要素。如果说,海德格尔和萨特的任务是把"时间"从传统的"空间"观念中解脱出来,那么,法国所谓的"后现代"思潮在20世纪后半叶所进行的工作就是试图从"时间"的角度来看"空间",就是要在"时间"的变化的"整体性"中发掘"断裂"——"时间"中的"空间"。①这种萨特哲学的新的发展方向正好反映出学界对萨特时间性概念中"静态"的"时序性"的重视。"时间"中的"空间"是自为在时间性中进行"虚无化活动"所构造的三个"出神"状态,自为以"不是其所是""是其所不是"和"不是其所是又是其所是"的方式向自我不断超越着,自为的这三个"时间"中的"空间"因"自由"的自为不断寻求不同的"可能性"而被构造成一个开放的、非预定的体系,这与萨特"存在先于本质"的存在论说法,与后现代主义的"去中心化"论调所强调的思路有相似之处。就像德里达以其"延异"概念终结了语言的准确性和意义的确定性并彻底瓦解文本的明晰性一样,萨特的时间性概念为其本体论的框架设计了一个具有"反本质主义"特色的后现代基调,这也许是萨特哲学在当代欧美哲学舞台上再次发力兴盛的原因之一。

在对"时间性"的概念进行了清晰阐释后,我们来看看维特根斯坦语言哲学中与"时间性"有关的观点以及他是如何用这个"时间性"概念来帮

---

① 叶秀山."哲学""活在"法国——写在杜小真《遥远的目光》将出版之际[J].《哲学研究》.(3)2001:.29—34.

助意义逃离它的幻象的。

前期维特根斯坦不否认通常物理空间中人们所理解的"时间",但同时他更加重视的是那无限"绵延"的永恒时间对"意义"的影响。"死不是生活里的一件事情:人是没有经历过死的。 如果我们不把永恒性理解为时间的无限延续,而是理解为无时间性,那么此刻活着的人,也就永远地活着。"(TLP 6.4311)这个码段中,维特根斯坦不将人们世俗意义上的生命看作时间的长久延续,而是看作"永恒"本身,看作"非时间化"的生命,则人生的"意义"就产生了。人生的意义在于"非时间化"的生命中所显现的、不可能达到的完满整体。一旦达到了那个完满的整体,就是人死亡的一刻。因此,"时空之中的人生之谜的解答,在于时空之外"(TLP 6.4312)。可以说,这种将人生非时间化的态度飘扬着一种"存在主义"哲学家的气息,如第一章所论述的那样,维特根斯坦的"活在当下"的思想来自托尔斯泰的《福音书》。① 在战争中饱经磨难的维特根斯坦更加珍视对"意义"进行"向死而生"般的时间性解读,要看到"未来"才能明了"现在",要综观时间域的"远端"才能明了时间点的"近端"。

"可听见一个词说出一个词的时候,我们的确理解它的含义;我们一下子抓住它,而我们一下子抓住的东西当然不同于延展在时间之中的'使用'。"(PI 138)在这个码段中,维特根斯坦试图让我们对比一下"一下子抓住"的东西和"延展在时间中"的东西之间的不同。前者就是指时间点的"近端"的意义,而后者是指时间域"远端"的意义。这两种意义显然有差别。即维特根斯坦认为语词的意义在于我们对语词的用法与"我们在听到或说这个词时便理解了这个词的意义"这个事实之间的对立。当我听到一个词并理解它的意义时,这个词的整个用法能够出现在我的思维中吗? 立刻出现在我的思维中的东西如何才能与一个用法匹配呢? 这立刻成了一个非常普遍的问题。这个问题是关于现在的东西和非现在的东西之间的关系,关于在某时刻发生了什么与在那一刻没有发生什么之间

---

① James C. Klagge. *Wittgenstein in Exile* [M]. Cambridge: MIT Press, 2010: 5–18.

的关系、在某时刻某人的理智中现时的思维和非现时的思维之间的关系。维特根斯坦对此问题采取了一种整体主义的态度,即非现时发生的和现时发生的必须被放在一个平台上同时考虑,才能有助于捕捉"意义"。因为意义的生命力就在于它不断地迁移,在"发生死亡之前"的时间域中不断变化生成整体。"'一种语言游戏中的行动'是随着历史而变化的。因此'词的用法规则'必须这样表述:即连以前进行的对话也要考虑在内。……甚至会产生这样一种奇特的事态:未来也会参与现在的词义。"① "即使在维特根斯坦指实际行为的地方,作为标准的从来也不只是暂时的或'短期的'现在行为。更确切地说,除过去的行为之外,特别还有未来的行为也是重要的。"② 在维特根斯坦那里,现时陈述的意义包含着未来或过去的"时间域"的影响,这一点是很容易被我们忽视的重要方面。意义的确定性是在时间性的整体中得以生成的。

(二)逻辑空间——产生意义的无意义总体

维特根斯坦主要是在他的《逻辑哲学论》中阐述了"逻辑空间"的概念。什么是维特根斯坦想要表达的"逻辑空间"概念呢? 他并非十分集中地对这个概念进行阐述,他只是将"逻辑空间"与位于"逻辑空间"中的"事实"和"事态""逻辑位置"等以及由这些事实和事态组成的"逻辑图像"放在一起进行解释,但这些解释十分分散,相关码段不算太多,我们便将它们列举如下,以得到对"逻辑图像"这个概念的综合印象:

在逻辑空间中的诸事实就是世界。(TLP 1.13)

图像描述逻辑空间中的情况,即事态的存在或不存在。(TLP 2.11)

---

① 施太格缪勒.《当代哲学主流》[M]. 王炳文等译. 北京:商务印书馆,1986年.第579页.
② 同上,第618页。

图像表现逻辑空间中的一种可能状况。(TLP 2.202)

一个命题规定逻辑空间中的一个位置。命题的各组成部分的存在——有意义的命题的存在——，即保证了该逻辑空间的存在。(TLP 3.4)

一个命题虽然只能规定逻辑空间中的一个位置，然而整个逻辑空间也应该已经由它而给出。

（不然的话，通过否定、逻辑和、逻辑积等等就会在坐标上不断引入新的要素。）

（围绕着一个图像的逻辑脚手架规定着逻辑空间。一个命题有贯通整个逻辑空间的力量。）(TLP 3.42)

命题的真值条件规定它给事实留出的范围。

（一个命题，一个图像或者一个模型，在否定的意义上就像一个固体，限制着其他物体的活动自由；在肯定的意义上就像用固体物质围住的一片空间，其中有一个物体活动的场所。

重言式为实在留出了全部——整个无限的——逻辑空间；矛盾式则占满了全部逻辑空间，一点也没有留给实在。因而二者都不以任何方式规定实在。）(TLP 4.463)

依照上述码段的内容，维特根斯坦那里"逻辑空间"是一个怎样的概念呢？关于逻辑空间，让我们来一一考察上面列举的陈述了"逻辑空间"的各个命题，尝试找到关于这个概念的合理解释。

维特根斯坦在《逻辑哲学论》中写下码段1.13，"在逻辑空间中的诸事实就是世界"，规定了"逻辑空间"与"世界"的关系。他早在之前的码段1.1中就提到过"世界是事实的总体，而不是事物的总体"，那么由事实构成的总体必须是以某种方式或某种形态构成了这个世界，于是在论述"事实"和"世界"之间的关系时,便引入了"逻辑空间"来讲清楚"事实"是在逻辑空间中存在着的,"事实"也必然符合某种"合逻辑性"布局,这是他在整本书开始时便为之定下的"逻辑分析"的基调,是让人们认识到世界是因"逻辑空间"的逻辑规定性而应具有认识论上的真理前途。

《逻辑哲学论》中以号码1和2开头的码段总地来讲都是论述"世界"的,因此在上述码段1.13后出现的码段2.11和2.202是对"逻辑空间"与"世界"之间的关系进一步阐释。事态的排列和布局形成了一种图像,即逻辑图像。逻辑图像以宏观的角度呈现出事态的真与假,但逻辑空间中存在着的事态可以有多重排列和构造,也便形成多种图像面貌。可见,"逻辑空间"中存在着多重逻辑图像的构造,因为"逻辑空间"中的事态的位置并非固定不变。"逻辑空间"是以变化的逻辑图像为表现形式的事态的"居所"。

《逻辑哲学论》中以号码3和4开头的码段总地来讲都是论述"思想"的,因此在上述列举的第3.4和第3.42码段是两个连续的渐次深入地论述用来表达"思想"的主要载体"命题"与"逻辑空间"的关系。"命题"是由语词组成的表达式,是人们用来传达思想的,每个命题都在"逻辑空间"中占据着一个位置,为真的命题被规定为存在着的命题,在"逻辑空间"中存在着的每个为真命题搭建出为真的思想的整体。当然,这些命题之所以在"逻辑空间"中以为真的思想的形式出现,是由于它们所在的"空间"是属于"逻辑性"的"空间"。 这个"逻辑性"的"空间"里布满了逻辑的"脚手架",一个既隐秘在各命题之间,又仅能靠命题的组连显示自身的逻辑体系。在这个"逻辑脚手架"的每一个单一位置上都布置着唯一的一个为真命题,一旦这个命题的位置被变化到"脚手架"的其他位置,那么整个"脚手架"的逻辑形态或称为"逻辑图像"将会发生相应的变化,但"逻辑空间"总体的为真特性却不会改变,因此维特根斯坦让单一命题的位置来规定"整个逻辑空间",不过我们必须认识到"整个逻辑空间"呈现的"逻辑图像"不是固定不变的,它会因为单一命题的位置的变换而呈现不同的样式。那么,我们可以说,命题的位置规定了"逻辑空间"呈现出的"逻辑图像"的形态。

接下来看一看维特根斯坦在《逻辑哲学论》第4.463码段中对"逻辑空间"又做出了哪些说明。再一次,我们注意到该码段继续对作为"思想"的载体的"命题"与"逻辑空间"的关系做出分析。一个命题由于具有它自己的逻辑位置和本身的逻辑意义而呈现为一个图像或者说是一个模型,这个图像或模型便是人们可以以图像化的形式想象出来的命题所代表的思想。如果这个思想是关于某对象的否定的观点,那么这个思想是由矛盾式命题来表达的,矛盾式命题恒为错地占据着"逻辑空间"的全部底盘,没有给实在物体在"逻辑空间"中留有任何余地;如果这个思想是关于某个对象的肯定的观点,那么这个思想是由重言式命题来表达的,重言式命题恒为对地为实在的物体开拓出全部的"逻辑空间",将"逻辑空间"的全部底盘都留给了这个实在的物体,其他物体不得进入。可以说,"逻辑空间"中由可能为真也可能为假的一般命题、恒为真的重言式命题和恒为假的矛盾式命题构成,它们的位置此消彼长不断变化。也可以把"逻辑空间"中一般命题、重言式命题与矛盾式命题之间的关系看作一个横竖坐标轴,横坐标为重言式命题,纵坐标为矛盾式命题,而可能为真也可能为假的一般命题便是在两个坐标轴之间的象限中变动的点。当这个由一般命题代表的点逐渐靠近横坐标时,它的为真性就越大,为假性就越小,当它无限靠近横坐标而远离纵坐标时,它就成了恒为真的重言式命题;相反,这个由一般命题代表的点逐渐靠近纵坐标时,它的为假性就越大,为真性就越小,当它无限靠近纵坐标而远离横坐标时,它就成了恒为假的矛盾式命题。因而在"逻辑空间"中,恒为真或恒为假的命题之间是滑动变换的,呈现出"逻辑图像",也即"思想"的多样。

综合上面的分析,我们可以以给"逻辑空间"概念的主要内容给出综合的描述。"逻辑空间"是承载用来构造"世界"的事实的"空间",代表"思想"的"命题"以其独特的在"逻辑空间"中的位置设定了"逻辑空间"的全部面貌,形成一幅"逻辑图像","逻辑空间"中的命题位置的动态状态决定了其中命题所代表的"思想"的动态性,但从更加宏观的角度来看这个动态的

"逻辑空间"则总地来讲具有以命题位置逻辑性决定着的确定性。

　　在了解了"逻辑空间"的特性之后,我们来看看它是何以可能担任意义去幻的基础的。

　　依照上文列举的《逻辑哲学论》中涉及"逻辑空间"的第2和第5个码段,分别为"图像描述逻辑空间中的情况,即事态的存在或不存在"和"一个命题虽然只能规定逻辑空间中的一个位置,然而整个逻辑空间也应该已经由它而给出……(围绕着一个图像的逻辑脚手架规定着逻辑空间。一个命题有贯通整个逻辑空间的力量。)"。我们可以得出,逻辑空间是因命题的一个确定的逻辑位置给定了全部,全部的逻辑空间布满了诸多由命题定位的坐标点,让我看到世界中所发生的事态的位置和没有发生的事态的位置,让我们看清楚世界的面貌。看上去,维特根斯坦是在告诉我们,命题的意义是被这张"逻辑大网"所确定的,在逻辑空间中的每一个坐标点上的命题都是有意义的。再根据上文列举的《逻辑哲学论》中涉及"逻辑空间"的第4个码段"一个命题规定逻辑空间中的一个位置。命题的各组成部分的存在——有意义的命题的存在,即保证了这种逻辑位置的存在",我们可以看出,有意义的命题肯定占有"逻辑空间"中的一个逻辑位置,维特根斯坦似乎靠这种由逻辑之网编织起来的命题意义的定位工具建立起一种无懈可击的人工语言体系,使这个体系具有严格的条理性。在此基础上,为了突出"逻辑空间"的变动性当中包含着可以去除意义幻象的合规律性和必然性,我们不妨探索一下维特根斯坦在后面以标号5和6开头的码段。"逻辑的探究就是对所有符合规律性的东西的探究。逻辑之外的一切都是偶然的。"(TLP 6.3)他似乎在告诉我们,在这张逻辑之网中,有意义的都是合规律性的自然科学的命题,而那些不合规律性的、偶然性的东西是理想的人工语言体系之外的东西,因其在逻辑之外也就不能被言说了,是无意义的。这果真是维特根斯坦真正要告诉我们的观点吗?

　　其实不是。

　　逻辑空间之外的偶然性世界总体才是意义确定性的家园。维特根斯坦提醒人们注意到理想人工语言体系的弊端。他在后来的一些码段中暗示人们注意命题是实在的图像并非仅就可以完全分析的命题而言,必须注意到人工语言体系与日常语言体系之间不可分割的关系。"事实上,我们日常语言中的所有的命题,正如它们本来的那样,在逻辑上是完全有条理的。——我们必须在这里提及的最简单的东西,不是类似于真,而是完整的真本身。(我们的问题不是抽象的,而且也许是所有问题中最为具体的。)"(TLP 5.5563)这个码段说明维特根斯坦并非一心想构造理想语言,逻辑在那些非常具体、简单、富于变化的日常语言中也有相当有条理的显现,那种条理性是不同于上述逻辑空间中包含严格数学运算特点的逻辑的,充满偶然性的日常语言也是逻辑显示自身的领地。这里他已经暗示了他是从人们对语言的实际使用入手来构造其命题学说的,他认为:"逻辑的应用决定有什么样的基本命题。逻辑不能预期属于其应用的东西。显然,逻辑不能与其应用冲突。"(TLP 5.557)这些码段都暗示了理想语言不可能独立于我们的日常语言的本质特点,理想语言是日常语言的影子——"幻象",这样为他在"框架命题"中将所有被人们理解为建构理想语言的"无意义"命题彻底丢弃而进行了必要的铺垫。

我们必须把本章第一节所提到的"逻辑图像不生成意义"的观点和本章第二节中"时间性是意义形成的媒介"的观点拿过来一起考虑,从中能发现:逻辑空间中的命题只是"无意义"的个体,因为语言是不断变化着的,语言逻辑空间的一个点发生变动,则整个逻辑空间的相位发生变动,使"意义"不断错位;但时间性的参与是"无意义"转化为"意义"的必要媒介。"无意义"在逻辑空间中不断进行"时间性勾连"而生成了"意义",但"意义"必须在所有"无意义"的总体里,在逻辑空间之外的不可言说端。因此,当我们动态化地看待逻辑空间时,逻辑空间依然是"作为总体的'意义'"的栖息之所。

逻辑空间中符合规律性的、有意义的命题总体上来说都是应该抛弃的"无意义";真正有意义的是在逻辑空间之外的、属于偶然性的事物的总体。单个的偶然性命题是可以言说的"无意义",而偶然性命题的全体因归纳的不可完全性而变得不可言说,进而成为维特根斯坦所谓的"真正有意义的东西"。

(三)生活形式——包容语言游戏规则的公度性范式

在前面的章节中已经提到过维特根斯坦在《哲学研究》中提及的"生活形式"这一概念,但首先我们仍有必要退回到对这一概念进行深度澄清的步骤上,使得"生活形式"作为清楚语言意义的幻象可能的基石显得尤为坚实。

《哲学研究》中维特根斯坦提到"想象一种语言就是现象一种生活形式"(PI 19)。这里似乎传达了维特根斯坦的一个基本哲学洞见,即一种语言代表了一种生活形式,生活形式是语言的居所。对此,诺尔曼·马尔康姆(Norman Malcolm)及其追随者都强调了上述维特根斯坦哲学洞见的重要性,并将这一洞见看作维特根斯坦后期语言哲学的重要立场之一。鲁道夫·哈勒(Rudolf Haller)发现了维特根斯坦在很多时候是使用了"生活形式"的复数形式,进而认为维特根斯坦是在"人类学—社会学"意义上使用的该词。① 在上述观点的铺垫下,人们形成了对"生活形式"的比较普遍的解释:"生活形式"指不同文化、不同文明阶段或者不同生活社会性的独特方式。②当我们深入理解这句话时,我们会发现上述对"生活形式"的标准解释是有其合理性的。生活形式是语言发生的背景场,语言的活动在维特根斯坦看来是一种"语言游戏",是运用语词进行多维多面的言语交往以完成一个既充满偶然性又充满确定性的具有"游戏性"的活动。进而"生活形式"与"语言游戏"这两个概念就成了相依而立的孪生概念,"语言游戏"与镶嵌着"语言游戏"的"生活形式"紧密相连,二者取得了在维特根斯坦后期语言哲学体系中同等重要的地位。用维特根斯坦的话来说,

---

① Haller, R.. "Lebensform oder Lebensformen? Eine Bemerkung zu N. Garvers , Die Lebensform in Wittgensteins' Philosophischen Untersuchungen"[J].*Grazer Philosophische Studien*, vol. 21, 1984:57.

② Schulte, J.. "Die Hinnahme von Sprachspielen und Lebensformen"[A]. in *Der Konflikt der Lebensformen in Wittgensteins Philosophie der Sprache*. Lütterfelds and Roser eds., Suhrkamp.1999:160.

"'语言游戏'……是某种生活形式的一部分"(PI 23),也即"生活形式"是具有文化和人类学特性的语言使用者进行着的各种"语言游戏"的总和。

那么,据此来讲,一般认为维特根斯坦在他后期哲学中传达出的关于"生活形式"的定义可以表达为"生活形式是镶嵌着各类语言游戏的背景或场所"。似乎"语言游戏"是怎样的,那么与之对应的"生活形式"就是怎样的。

但当我们仔细阅读《哲学研究》的第19码段起的其他包含"生活形式"概念的码段后,我们会发现维特根斯坦并没有清楚地对"语言游戏"或"生活形式"这两个概念及二者之间的关系进行十分清楚的界定,其"意义并不清楚"①,有的时候只是模糊地提及了"生活形式"这一个概念,也并不总是关联着"语言游戏"概念来阐述"生活形式"是什么。以下列举了维特根斯坦在《哲学研究》中包含了上面提到的第19码段和第23码段在内的所有提及"生活形式"概念的码段:

> 我们不难想象一种只包括战场上的命令和报告的语言。——或一种只有问句以及表达是与否的语言。——以及无数其他种类的语言。——而想象一种语言就叫作想象一种生活形式。……(PI 19)

> 但是句子的种类有多少种呢?比如:断言、疑问、命令?——这样的种类多到无数:我们称之为"符号""语词""句子"的,所有这些都有无数种不同的用法。这种多样性绝不是什么固定的东西,一旦给定就一成不变;新的语言类型,新的语言游戏,我们可以说,会产生出来,而另一些则会变得陈旧,被人遗忘。(对这一点,数学的演变可以为我们提供一幅粗略的图画。)

> "语言游戏"这个用语在这里是要强调,用语言游戏来说话是某

---

① Beerling, R. F.. *Sprachspiele und Weltbilder. Reflexionen zu Wittgenstein*[M]. Karl Alber, 1980:165.

种行为举止的一部分,或某种生活形式的一部分。

请从下面的例子及其他例子来看一看语言游戏的多样性:

……

——把多种多样的语言工具及对语言工具的多种多样的用法,把语词和句子的多种多样的种类同逻辑学家们对语言结构所说的比较一下,那是很有意思的(包括《逻辑哲学论》的作者在内)。(PI 23)

"那么你是说,人们的一致决定什么是对的,什么是错?"——人们所说的内容有对有错;就所用的语言来说,人们是一致的。这不是意见的一致,而是生活形式的一致。(PI 241)

我们可以想象一个动物生气、害怕、伤心、快乐、吃惊。但能够想象它满怀希望吗? 为什么不能?

一只狗相信他的主人就在门口。但它也能够相信它的主人后天回来吗? ——它在这里无法做到的是什么? ——那我又是怎样做到的? ——我该怎样回答这个问题呢?

唯能讲话者才能够希望吗? 只有掌握了一种语言的用法者。也就是说,希望的诸种现象是从这种复杂的生活形式中产生出来的某些样式。(如果一个概念的靶子是人的书写的特征,它就用不到不写字的生物身上。)(PI II i 1)

须得接受下来的东西,给定的东西——可以说——是生活形式。(PI II xi 233)

从上述提及"生活形式"的码段中,我们并没有找到维特根斯坦对"生活形式"这个概念的准确清晰的定义,只是能从零散的对"生活形式"与"语言""生活""语言游戏"和"现象"等相关用词的比较性描述中获得一些关于"什么是'生活形式'"的灵感:依照《哲学研究》第一部分的第19码段,"生活形式"是以不同语言种类做标记的东西;而接下来的第23码段所表达的意思是说,"生活形式"是由"语言游戏"构成的,是潜藏在语言游戏背后的总域;第241码段则强调了这个总域的作用,它统领人类语言活动以达成共识;依照《哲学研究》第二部分第一小节的码段1,"生活形式"似乎是指人区别于其他自然界动物——例如狗——的因语言能力的加持而具有的多种语言样式的现象综合;接下来,依照《哲学研究》第二部分第十一小节的第233码段的内容,上述被看作"生活形式"的多语言样式的现象综合是一种"被给予"的综合,是无需论证的先天自在。

如果上述分析是合理的话,这些零散的分析又能够阐明维特根斯坦对"生活形式"概念所注入的怎样的观点呢?"生活形式"在维特根斯坦那里是否指的是"镶嵌了各种'语言游戏'的背景或总和"?让我们来借助维特根斯坦后期哲学其他手稿中的论述来支撑这个问题的答案。维特根斯坦在《关于心理学哲学的评论》和《字条集》中谈及了将"人类生活"视作判断语词意义背景的观点:人类生活便是嵌入了所有语词概念的背景,人类生活可以被描述为各色人等混合在一起的多种个体行为的复杂总体,"看待一个行为的背景不是一个人正在做的事情,而是作为整体的世事的喧嚣,这个背景决定了我们的判断、我们的概念以及我们的反应"[1]。在此,维特根斯坦用"人类生活"的概念表达一种意义整体主义观点。也就是说,我们如何看待一个语词或概念的意义是取决于我们使用这个语词时发生在这个语言使用动作周遭的多角度人类活动形式,而人类活动形式是由多个体构造的立体网群,它不是某一个人或某一组人形成的语言活动群团,它色彩丰富,形态各异,交错纵横,甚至暧昧离奇而令人捉摸不定,这个混沌的整体是一个表面上看来令人费解却在"无形间"隐藏着定律的混沌体系。在人类生活的混沌体系中,人类的活动展现为多种多样的生活形式,比如维特根斯坦经常提到的"希望"就是其中的一种生活形

---

[1] Wittgenstein, L.. *Remarks on the Philosophy of Psychology*. Vol. II, Blackwell,1998:§ 629/Ludwig Wittgenstein.*Zettel*[M]. G. E. M. Anscombe and G. H. von Wright. eds., Oxford: Blackwell, 2004: § 567.

式。"'希望这个现象'——我们以语言的或非语言的言说所表达出的有希望的态度——是'这个复杂的生活形式的各种样式',也就是,掌握了一门语言的生物体的生活形式。"①可以见得,"希望"这个概念是属于人类这种掌握了一种语言的生物体的生活形式,其他的生物体大概会有别的语言,也是人类所不得知的。"希望的现象"则可以解读为表现为"希望"这个"生活形式"的各种各样的态度,这些态度有些是以语言的形式传达,有些是以非语言的形式传达,进而推断出"希望的现象"的数量和复杂程度远远大于"希望"这个"生活形式"本身,"希望的现象"所展现的各种样态或样式的立体总和便是"希望"这个"生活形式"。如果把"人类生活"比作一个"蔬菜杂货店"的话,那么,包含卷心菜、油菜、鸡毛菜等的绿叶菜就是"生活形式之一",包括土豆、山药、红薯等的根茎菜就是"生活形式之二",包括大葱、生姜、大蒜在内的辛辣蔬菜可以算是"生活形式之三"。当然,在此我们也不必列举蔬菜杂货店中所有的"生活形式"。我们通过收集人们对这些"生活形式"惯常的保存和食用方法(这些方法是我们与这些蔬菜对话的方式,也是蔬菜向人类传达它们自身语言的主要形式)便知道"生活形式之一"有很高浓度的叶绿素,在干燥和常温环境下暴露时间超过一天就可能失去诱人的绿色,烹饪它们的手法以大火快炒或生切凉拌为宜;"生活形式之二"取材于植物叶绿素较少的部分,烹饪时间可长可短,煮炖无碍。虽然看上去不那么鲜嫩诱人,却像种子一样蕴含着强大的生命爆发力,遇到水、泥土和光照就有可能长出叶子,延伸出新生命,所以保存方法以干燥避光为宜;"生活形式之三"是蔬菜中最常用的辛辣味来源,以它们作为主要食材的菜品很少,它们无需量大即可为菜肴增添画龙点睛的醒味感受,能长期和较好地保鲜它们的方法是将其栽入泥土。现在我们再回过头来看看这间杂货铺,绿叶菜、根茎菜、辛辣菜分别是不同的"生活形式",而"叶绿素""快炒""凉拌""避光""煮炖""辛辣""栽入泥

---

① Schulte, Joachim. "Die Hinnahme von Sprachspielen und Lebensformen"[A].*Der Konflikt der Lebensformen in Wittgensteins Philosophie der Sprache*. Lütterfelds, Wilhelm & Roser, Andreas. Hrsg., Frankfurt am Main: Suhrkamp Verlag. 1999: 156–170.

土"等的这些语言概念则是其不同"生活形式"各自的"现象"。这些"现象"并不与生活形式——对应,存在着交织和重合,但却是构造出各种"生活形式"的必备秉性与特质,再退一步,我们将看到由各种蔬菜类别构成的"生活形式"充满了整个蔬菜杂货店,拿走或增加哪一种蔬菜都不对杂货店的总体特性构成毁灭性的威胁,因为杂货店中全然就是靠这个蔬菜代表的"生活形式"的复杂集合本身,而人们在烹饪和保存这些蔬菜时使用的各种不同概念,或称之为"生活形式的现象",则是合乎人们业已达成的共识而实施于不同的"生活形式"之上的,虽然有时候这些概念会偶尔跳出共识圈。除了"蔬菜杂货店"这个例子外,我们也可以给出一个更为简单易懂的例子来说明"生活形式"是什么? 维特根斯坦常常在他的论述中谈到"希望"。"希望"这个概念是"生活形式"本身,而人们说"希望""hope""espoire""hoffen"或做出"双手合十,紧闭双眼在生日蛋糕前许愿的动作""签约双方握手并用微笑示意未来的顺利合作"等的非语言举止便可以说是"生活形式的多样化现象",现象构成立体交错的总和体呈现出"生活形式"本身。"人类生活"中则遍布各种类似于"希望"这个"生活形式"的"花毯子","生活形式"以语言或非语言的形式点缀着这个"花样"繁多的"人类生活"之毯。

维特根斯坦认为,人们讲话或做事的生活背景可以等同于一张由各种生活形式或样态构造的精致复杂的网。① 这张网里有单个的简单样式也有复杂的复合样式,"生活形式"在维特根斯坦那里并不是充当人们通常所解释的"镶嵌了诸多语言游戏的背景或场所",是"人类生活"代替"生活形式"执行那个"背景或场所的功能"。"人类生活"中出现生活形式或单独展现,或与他者勾连并列,总有一些生活形式与其他一些生活形式的某些样式得以重合,多次习惯性地重合的部分便是使人类生活中的合规律性展现出来的方式,而"生活形式"具有的这个合规律性的特性便是"生活形式"得以成为逃离意义幻象之基础的缘由。

---

① Wittgenstein, L.. *Remarks on the Philosophy of Psychology*[M]. Vol. II, Blackwell,1998:§ 624.

　　进入"人类生活"这张大网的内部,让我们仔细地观察一下"生活形式"具有怎样的合规律性,或者我们也可以把它称作公度性(commensurability)。

　　维特根斯坦列举了一些类似如下的例子来说明语言游戏规则多样性之下隐藏着某种具有公度性的东西。我们先来看一下维特根斯坦解释语言游戏规则特点时所举的一个生动的例子:

　　　　语言和游戏的类比这时不是为我们投下一道光线吗? 我们很可以设想一群人以这样的方式来打球娱乐:他们开始时玩的是各式各样现有的游戏,但有些游戏却不进行到底,而是在中间把球漫无目标地扔到空中,笑着闹着拿球扔这个砸那个,等等。而现在有人说:这些人这段时间一直在玩一种球类游戏,是按照某些确定的规则来扔每一个球的。我们不是也有"边玩边制定规则"这样的情况吗? 而且也有我们边玩边修改规则的情况。(PI 83)

　　这里我们明显看到了语言游戏规则的多变性和偶然性。遵守游戏规则似乎没有任何可能帮助我们获得确定的语言意义,因为语言游戏的变化会引起规则的变化,从而使"遵守规则的举动"发生调整来适应新的语言游戏。那么,似乎规则为语言游戏提供的不是一条通往确定意义之路,而是一台制造多种当前"无意义"的"发动机"。"你有没有现成的规则来说明这类情况——说明这时我们还该不该把它称作'椅子'? 但我们在使用'椅子'一词时是否觉得缺少了这些规则? 我们是否要说:我们其实没有把任何含义和这个词连在一起,因为我们没有就一切可能的情况为使用这个词配备好规则?"(PI 800)我们为语言游戏制定规则,又被语言游戏牵制着不断改变着规则,当下"椅子"的意义在游戏过程中变化着而呈现出不确定性,而这种变化着的语词意义相对于时间错置的语言游戏就更显得"无意义"了。

　　意义被规则的相对性推动着,似乎成为虚幻的"无意义"。倘然如此的话，全然只以"幻象"的形式存在着的语言意义是否还能成为我们探求的目标？若规则都是相对性和流动性主导着的，那我们的日常语言游戏还如何能顺利进行呢？显然，游戏规则之间存在某种具有可公度性功能的东西。"我用到一个我不知其含义的词，就该说我在胡说吗？——随便你怎么说，只要它不妨碍你看到事情是怎么回事情。(你要是看到了，有些话你就不会说了。)"(PI 79)确定性是存在的，即便那个名称的意义是模糊的。遵守规则所获得的词的含义被称为"胡说"，但被称为"胡说"的语词或语句其实真的不是"胡说"。"有意义"的东西就隐藏在流动的生活形式的总体当中，因为语词意义的确定性是在被"给予"的生活形式中存在着的，是一种先天的确定性。一句话，"必须得接受下来的东西，给定的东西——可以说——是生活形式"(PI II 233)。生活形式之所以有很强的包容性，能够将不同语言游戏的变化统一起来，使语言游戏在主体间形成可理解、可操作的活动，是因为生活形式早已被"给定"。人们需接受生活形式的"被给定"，尽管主体间接受它是需要时间的。承认生活形式的"被给予性"也就必然承认靠生活形式支撑的语词意义确定性的"被给予性"。这样一来便使得"生活形式"以先在的"被给予"的身份成为消除语言意义幻象的基础。

另外，在维特根斯坦看来，语言是运作于不同的语言游戏当中的。不同的语言游戏是处于不同的语言体系中的，"……我们不难想象一种只包括战场上的命令和报告的语言。——或一种只有问句以及表达是与否的语言。——以及无数其他种类的语言"(PI 19)。其次，不同的语言体系就其自身与其他语言体系相比较来讲代表的是不同的生活形式。"——而想象一种语言就叫作想象一种生活形式。"(PI 19)哲学家有哲学家的语言，电影制片人有他们所使用的术语。精密仪器仪表修理工人之间只要说"需要'频谱仪'"，彼此就明白应该去取哪台仪器；只有中国古瓷器鉴定家才明白"官窑龙五爪，民窑龙三爪或四爪"这句话可以作为却又不能绝对作为中国古代官窑和民窑瓷器作品的鉴定标准；16岁高中生之间谈论的网络竞技游戏在他们母亲的眼里或许等同于外星人的语言。人类生

活方方面面各有特点,不同的从业者有各自不同的工作面,语言与生活场
景的不同构成了不同的生活形式。但若综观所有语言体系之和构成的世
界总体,整体看待所有生活形式的总体,则可以发现不同的生活场景和不
同的生活形式间有互通性,相互能够包容与获得公度,不同的学科从某种
程度上可以达到相互理解。"科学定义的摆动:我们今天当作现象 A 的副
现象经验到的东西,明天会被用作现象 A 的定义。"(PI 79)现象 A 的副现
象可以被公度为现象 A 的定义,也就是说,现象 A 本身和它本身的周遭现
象有可以融合和转化的潜能,并且在某种程度上,现象 A 的周遭现象会替
换掉现象 A 本身并成为现象 A。现象 A 之所以有向现象 A 的周遭现象转
化的潜能,是因为现象 A 与现象 A 的周遭现象处于相似的"家族"中。现
象 A 和现象 A 的副现象之间关系的可公度性的形成条件,就是它们全部
位于作为一个整体的生活形式综合网络这个巨大的语言全景范式之中。

　　现象和副现象之间有如此复杂的腾挪变化关系,那么人们之间关于
某种事物的对话是不是就没法达成一致了呢? 在维特根斯坦看来,情况
并非如此。恰恰相反,正是因为人类个体间有"生活形式"的存在,才使得
人们之间得以达成言语共识。不同语言游戏中人们的具体话语可以不
同,但人们本身是可以达成相互理解的。例如,以前并不理解网络术语的
中老年人也在当前来势汹汹的电子信息时代语言游戏中逐渐熟悉"微信
体""淘宝体"语言。可以说,越来越多的老年人加入了网络时代的语言游
戏,与青年人的生活形式达成了一致,形成一个作为整体的新生活形式网
群。如果用维特根斯坦的视角来评价这些新生活形式网群中所具有的统
一性的话,维特根斯坦说:"'那么你是说,人们一致决定什么是对,什么是
错?'——人们所说的内容有对有错;就所用的语言来说,人们是一致的。
这不是意见的一致,而是生活形式的一致。"(PI 241)那么,在维特根斯坦
看来,人们对某些事物或对语词的意义达成的共识不是判断对错的理由,
更不是获得真理的标准。人们之所以能够对某物或某语词给出对与错的
评判,是因为有能力使用某种语言的复数人类个体能够依照其一致的"生
活形式"(即对该事物或该语词的意义实施的某类由多样现象所代表的

"现象总和体"概念)来为该事物或该语词的意义给出"共识性的"答复,这个共识性答复的基础便是"生活形式"本身。"生活形式"本身也便借此而具有了公度性。

二、逃离意义的幻象

如果按照维特根斯坦正统解释者的观点,维特根斯坦前期哲学中命题的意义是依照命题中名称之间的逻辑关系所构造的逻辑图像而确定的;而维特根斯坦的后期哲学中语言的意义则是依靠语词在语言游戏中"语词的语法"决定的。[①] 根据前文的论述,我们已经发现,其实维特根斯坦的前期哲学中逻辑图像并不能确定意义,而其后期哲学中语言游戏规则或语法都是不能为意义下定义的。 然而,维特根斯坦的意义却绝不可能处于被"任意性规则"架空的状态中,否则维特根斯坦意义哲学中所有的言说都成了"无意义"的东西而应该统统被抛弃。应该说,在他那里,语言的意义是可以找到逃离"意义的虚幻国度"的"出口"的。

"意义"不是海市蜃楼的幻象,我们踏入维特根斯坦的"无意义"是因为我们必定会发现他提供给我们的"意义实景",和他提供给我们的进入"意义实景"的途径。

维特根斯坦的"无意义"命题是产生"意义"的前奏。为了获得"意义"必须经历"无意义"。[②] 即便可以将《逻辑哲学论》中的句子当作采取某种"自否"策略的途径,我们也不能说《逻辑哲学论》中的所有码段都是"无意义"的,而只能说它们是通向"有意义"的必经之路。"无意义"是认识形而上学的梯子,对"无意义"句子的运用正是为了衬垫出"意义"来。维特根斯坦在"框架命题"以外的命题中似乎借所有说出的命题建立了一种"树

---

① Alice Crary. "Introduction"[A]. *The New Wittgenstein*. A.C.a.R. Read. eds., London and New York:Routledge, 2000: 1-18.

② Roger M. White. "Throwing the Baby Out with the Ladder—On 'Therapeutic' Readings of Wittgenstein's *Tractatus*"[A]. *Beyond the Tractatus Wars—The New Wittgenstein Debate*. R.R.a.M.A. Lavery eds., New York:Routledge, 2011: 22-65.

式"的命题意义逻辑体系,然而这棵"大树"并不能表明命题全部的"意义"。"大树"的树根和树干都是表面上固定不变的部分,有着清晰的等级序列,然而树冠上密密层层的枝条和那些不断凋零生长着的叶子则是大树最广阔、变迁最多、却又最不可或缺的主要部分。树冠的变化充满着诸多的可能性,这棵"大树"最完整确定的样子便因树冠的不断变化而"未曾且永不会"被人类捕捉到,完整确定的"大树自身"在"大树"之外,因"大树"的可以显现的诸多规定性而永远不是它自身,却又靠"大树"而显现自身。上述这种"'大树自身'在'大树'之外,且'大树'显现的诸多现象性规定永远不会是'大树自身'却一直在无限接近'大树自身'"的逻辑便很贴切地符合了存在主义哲学家萨特那句对人类本质的描述:"存在先于本质。"这里我们对照一下萨特这句描述的内涵。萨特认为人的最真实的本质只有到"朝向未来可能性的谋划"被终结的那一刻才能被"盖棺定论"。如果把从生到死的人生旅程看作一个线段,线段左边的端点是出生的时刻,线段右边的端点并不能马上画出来,因为人出生后就开始了以左端点为起点的旅程,一直向右行进,行进的过程便是"朝向未来可能性的谋划",这个行进过程仅可被称作射线。朝向未来的可能性很多且或长或短,只要人还在这场向右行进的人生旅途上行走着,我们就没法总结出他的人生是怎样的或什么性质的人生。因为那条射线因死亡没有到来,朝向未来的谋划就没有终止,射线的右侧就没法被画上一个点,一个使射线变为线段的点。只有当这个人的人生旅程因死亡的到来,而终结了所有面向未来的可能性时,人生才结束,射线才变成了线段,这个人的特性和本质才得以被线段的长度和样态固定下来,此时我们才能去评价这个人是怎样的人。因而当萨特说"死亡将生命变成命运"时,就是表达了上述的意思。对比萨特所讲的"存在先于本质",如果这里我们将《逻辑哲学论》中所传达的完整确定的意义比作完整确定的"大树自身"的话,那么关于"意义"可以说,我们无法追求那个确定不变的意义,因为本质性的意义或者说确定性的意义只有在获得所有全部真值函项式构成的逻辑图像后才能得到,但我们能否获得由语言构成的全部逻辑图像? 不,我们只能无限地靠近它而不能真正获取全部的图像,那棵由命题构造的《逻辑哲学论》的"大树"在不断生长的过程中,只有在命题"树冠"延伸到结尾处时,似乎命题的意义就出现了,但所出现的总体的意义却是在这棵命题之"树"以外,伦理、宗教等等不属于命题的领地,也是我们无限靠近却永无法达至的领地。意义的确定性犹如"实在本身地远离实在"①。也就是说,实在而确定意义既是实在的意义本身又时时刻刻不是实在的意义本身,实在而确定的意义在不断追逐实在的意义本身的过程中保持恒常持续的追逐而远远达不到自身的状态,处于追逐其自身的变化中的实在而确定的意义(变化中的意义即无意义)将在变化的总体中达到自身(获得总体性的意义即意义本身)。总体来讲,"不变"生于"变化","意义"生于"无意义"。

其实,维特根斯坦的后期意义哲学中也表达着一种"不能靠表达而言出的意义正反两极互现"的洞见。

如下的论述表明了无意义的东西又可以有意义:"我说'把糖拿给我'和'把牛奶拿给我'这些命令有意义而'牛奶我糖'这种组合没有意义,但这不是说:说出这串语词毫无效果。如果说它的效果是别人对着我目瞪口呆,我却并不因此把它称作请对我目瞪口呆的命令,即使这正是我要造成的效果。"(PI 498)维特根斯坦在这个码段中举例了由两个日常语言的句子——"把糖拿给我"和"把牛奶糖拿给我"——拆转而来的短语"牛奶我糖"。似乎"牛奶我糖"是毫无意义的句子,但这四个字却能让听到这句话的人做出惊异和目瞪口呆的动作,因此并不可以说"牛奶我糖"是毫无意义的句子,它们的背后隐藏着某种有意义的指令,"让听到它们的人做出目瞪口呆的举动"便是这四个字的意义所在。而且我们必须察觉到,"牛奶我糖"的意义是隐藏在它表面无意义的词语组合背后的,需要综合考察才能得以发现。就这一码段我们还可以反向思考一下"把糖拿给我"和"把牛奶糖拿给我"这两个表面看来有意义的日常语言的句子。它们是

---

① Daniel D. Hutto. *Wittgenstein and the End of Philosophy——Neither Theory nor Therapy* [M]. NY: Palgrave Macmillan, 2003:9.

有意义的吗？在日常的常见场景中它们是有意义的,它们表达的意义在于把糖或某糖从他人处传递到主体身边。但在非常见场景中,例如一个低血糖的患者晕倒在地等待医护的时候,用微弱的声音向路人说了上面两句话,则这两句话对路人的意义便是将日常用法无意义化的效果,即它们传达的意思是:救命啊。因而,可以说表面看起来没有意义的句子在其背后隐藏着有意义的效能,而表面看起来有意义的句子转换用法或转换语法后便失去原有意义变成无意义,但这样转换而来的无意义也能回归有意义的效能。但无论怎样,当我们"远观"这些"无意义"的句子后,"无意义"总归汇聚于"意义"。

"无意义"能汇聚于"意义"的缘由首先在于具有"任意性"的语法规则。上述这种"意义"和"无意义"之间的转换似乎具有某种任意性,维特根斯坦承认语法规则是"任意的",他说过:"可以把语法规则称作'任意的',如果这说的是:语法的目的无非是语言的目的罢了。"(PI 497)具有"任意性"的语法规则便具有了实现"无意义"与"意义"转换的能动性。"我们的研究是一种语法研究。这种研究是通过消除误解来澄清我们的问题。与词的使用有关的误解,除了别的原因以外,还来自语言的不同领域的表达形式之间有某些类似之处。——这里的某些误解可以通过表达形式的替换来消除;这可以称作对我们表达形式的一种'分析',因为这一过程有时候像是拆解一样东西。"(PI 90)可以见得,维特根斯坦把语法研究当作表达式中混乱的"无意义"得以拆解转化的工具,语法规则这个工具所具有的"任意性"表现在,它可以帮助"无意义"的表达形式被属于不同领域的其他表达形式替换,从而达到疏解"无意义",消除误解,达到"意义"的目的。

"无意义"能汇聚于"意义"的缘由其次在于"划界"的二重效应。

其一,界线左边的"有意义"并非全然"有意义",但在界线右边属于一种生活形式的"无意义"在另一种生活形式中则为"有意义"。维特根斯坦的"划界"活动不仅仅是大范围地对语言和非语言或世界之内和世界之外进行划界,他的"划界"也可以发生在不同的生活形式上。"……但划一条界可以有各式各样的缘由。我用篱笆用一道粉笔线或用随便什么围起一块地方,其目的可能是不让人出去,或不让人进来;但它也可能是游戏的一部分,例如,这条界线是要让玩游戏的人跳过去的;缘由还可能是提示某人的地皮到此为止而另一个人的从此开始。所以,我划了一条界线,这还没有说明我划这条界线为的是什么。"(PI 499)这里我们可以看出,划界可以用来圈地皮、做游戏、标志势力范围等等,这些划界所处的生活形式完全不同,那么在第一种生活形式"圈地皮"中属于"有意义"的表达式,若以第二种生活形式"做游戏"的角度去理解就会变为"无意义",这时的"无意义"被放入界线的右侧,但当这些在"做游戏"视角看出的"圈地皮"的"无意义"在得到综合审视后可以发现,"圈地皮"亦为人们在人类生活世界中所做的某种"游戏",进而回归到"有意义"上来。

其二,"无意义"的属于界线右边,但右边的"无意义"是"有意义"的。维特根斯坦提道:"说'这种语词组合没有意义',就把它排除在语言的领域之外并由此界定了语言的范围。"(PI 499)也就是说,在语言和语言之外画一条界线,假定属于语言的一边是左边,属于语言之外的一边是右边,那么左边是全然的"有意义",左边出现的任何解释不清的混乱都归类进入右边成为"无意义"。这样一来,凡是语言可以表达的东西都是有意义的,不可用语言表达的就是无意义的胡说。从某种程度上讲,这似乎是重申《逻辑哲学论》中的"划界"思想,即语言就是世界的范围,凡是不可说清楚的都属于右边一侧的"无意义"。但维特根斯坦在后期哲学中一定不想推翻他在前期思想中最重要的观点"世界的意义必定在世界之外"(TLP 6.41),世界之外存在着神秘不可说却很有意义的东西。在《哲学研究》中,维特根斯坦并没有抛弃与上述《逻辑哲学论》中所表达的类似的观点,即"在世界之外的'无意义'实际上是'有意义'的",他说:"说一个句子没有意义,却不是仿佛说它的意义是没有意义的。而是某种语词组合被排除在语言之外,停止了流通。"(PI 500)。这里可以看出,属于界线右侧"无意义"区域的东西本身是具有"意义"的,并且它们的"意义不是没有意义的",也便是说"'无意义'的表达式的'意义'是'有意义'的",其"意义"

在于不可言说的"意义总体"，而之所以处于界线左侧的"无意义"是"无意义"，仅只因为某种语词组合的不恰当使用。

《哲学研究》中关于"鸭兔头"的码段也表明了"无意义"的东西又可以"有意义"。

　　我从 Jastrow 那里摘来下面这个图形。我将把它叫作"兔鸭头"。可以把它看作兔子头或鸭子头。

　　我必须对"持续地看到"某种面相和某种面相的"闪现"作出区别。

　　把这幅图画拿给我看了，我可能始终只把它看作兔子而不是别的什么。(PI II xi 8)

由于"面相"的"闪现"，鸭兔头的图画让我们没法知道是鸭子还是兔子；但是确定的事情是我们不会将它看作一头熊，幻象在一定的界限内存在，超出了这个界限便只剩下确定的意义。

"鸭兔头"这个图画背后的确定的意义来自观看这个图画的人共有的生活形式。如果我们能够理解本节中关于"生活形式"的解读，我们便可以察觉统领这个"鸭兔头"图画确定性意义的那一种生活形式。让我们对这个生活形式对"有意义"的统领作用加以简要分析。

有的看到"鸭兔头"图画的人会仅只发觉它的一个"面相"——兔子。

　　所以我也可能一上来就把这个兔鸭头简简单单看作图画兔子。即，你若问"这是什么"或"你在这儿看见了什么"，我就答："一只图画兔子。"如果你继续问这是什么，我为了解释就指给你看各种各样的兔子图画，也许还会指出真的兔子来，谈论一番这种动物的生活习性，或模仿兔子的样子。(PI II xi 10)

　　对"你在这儿看见了什么?"这个问题,我不会回答:"我现在把这看作一个图画兔子。"我会简简单单描述我的知觉;就和我刚才说的是"我在那儿看见一个红色的圆圈"没什么两样。

　　但别人仍然可以这样说到我:"他把那个图形看作为图画兔子。"(PI II xi 11)

　　上述两个连续的码段都是在讲述某些人看到"鸭兔头"时仅只会看到一种"兔子面相"时的状况,这个人很镇定也很肯定他看到的图是有意义的一幅图画兔子,即便看出该图其他形态的他人追问他在这儿看到了什么,他仍然确定十足地回答他看到的是兔子,暗示性的追问只会让他觉得追问者想知道什么是兔子,并且他会气定神闲地回答兔子是怎样一种野生动物,完全没有注意到他一开始看到的"兔子面相"在追问者眼中是"无意义"的。然而在追问者眼中"无意义"的"兔子面相"却可以以"有意义"的"鸭子面相"的样子出现。"无意义"转换为"有意义"。回答"兔子面相"的人之所以执着地认为这个图画是有意义的"图画兔子"和追问者认为这个图画是有意义的"图画鸭子",都是因为他们进入了人类一个共同的生活形式,即知觉,就像这两个码段中提到的"我会简简单单描述我的知觉"所强调的。维特根斯坦接下来也强调了以这个生活形式为根据而形成的对"意义"的统领作用,他说道:

　　我看见两幅图画:一幅上面的兔鸭头被兔子围绕着,另一幅上面被鸭子围绕着。我没有看出它们是一样的。由此可以说在这两幅图画上我看见的有所不同吗? ——我们有某种根据在这里使用这个表达式。(PI II xi 15)

　　这里,人们看见不同的两幅图画,一种鸭子的图画和一种兔子的图画都各自拥有不同的"意义",并且人们因看到一种图画的"意义"在看到另一种图画的角度上成了"无意义"而将二者严格区别开来,称它们为不同的图画。人们之所以能将一个图形看成不同的图画并区别它们的"意义"，是基于维特根斯坦在上面码段中所说的"某种根据"。这个根据将两幅图区别开来，又在一瞬间回归到一个"鸭兔头"的图形上来，使两种面相所代表的双向"无意义"汇总为"鸭兔头"本身的"意义"上来，这个根据就是人们的生活形式——知觉/感知。它具有汇总"无意义"以统领"意义"的本领。

> "我看见的完全是另一个样子了，我再也认不出来了！"这是个感叹。这样感叹也有某种道理。(PI II xi 16)
>
> 我再也想不到把这兔子头和这鸭子头这样叠到一起，这样来比较它们。因为它们提示的是另一种比较方式。
>
> 而且这个头这么看和这个头那么看一点儿都不像——虽然这两个头完全重叠。(PI II xi 17)

上述两个码段都表达了将"鸭兔头"图画看成"鸭头图"或看成"兔头图"，难以将两种面相合起来看待的情形，因为码段中的"我"再也无法不区分两个不同动物的头样，两个动物的样子在"我"眼中不一样，但"我"感知到这两个动物头样实际上仍然是完全重叠的一个头样时，"我"似乎也不清楚它的"意义"了。"我"知觉到"鸭头图"，"我"也知觉到"兔头图"，"我"有时候似乎又什么都没有知觉到，仅仅是一个曲线画出的某种相似动物的轮廓画，"我"迷失在曲线的界域里，但这种感知又可以明确地将图画的"意义"返还给"我"，因为维特根斯坦接下来说：

> 给我看一幅画上的兔子，问我这是什么；我说"这是只兔子"。并非"这现在是只兔子"。我讲出的是感知。——给我看兔鸭头，问我这是什么；这时我可能说"这是个兔鸭头"。但我对这个问题也可能作出完全不同的反应。——兔鸭头这个回答所讲的还是感知；"这现在是只兔子"却不是。假使我说"这是只兔子"，那我就没有注意到

这里有模棱两可之处,我报道的就是感知了。(PI II xi 18)

这个码段中,维特根斯坦强调当"我"说"这是只兔子"(谈论图画上一种动物面相)或"这是个兔鸭头"(谈论这幅画的重叠面相的名称),都是"我"这个主体作为人的一种生活形式——感知——的表现形式,同时呈现给我们的另一个意思是"感知"是一种带来确定性"意义"的途径,因为感知到的是"我"对提问者的一个明确的回答,即便这个回答是"兔子"还是"兔鸭头",都是一个确定唯一的回答。而当"我"回答"这现在是只兔子"时,在维特根斯坦看来便不是"感知"的表现了,因为回答"这现在是只兔子"便包含了某种"转换"的可能性,现在这个图画是一只兔子,也许下一刻将不再是只兔子,"现在是只兔子"的回答包含了存在主义者萨特所谓的"朝向未来可能性的谋划",是处于"时间性"过程中的一种回答,因而是变动不居的,其本质性的"意义"将在感知在某一刻锁定一种确定的明确回答时得以回归。请再次注意一下此码段的最后一句话,"假使我说'这是只兔子',那我就没有注意到这里有模棱两可之处,我报道的就是感知了",维特根斯坦在这句话中再次强调了"感知"是一种将一切模棱两可的东西刨除掉的生活形式,是"感知"这种生活形式将诸多变化多端的"无意义"整合呈现为"有意义"。

与"鸭兔头"图画这个例子类似,同样能帮助我们看到生活形式可以统领"意义"的例子如下:

可以想象在一本书里,例如在一本教科书里,多次出现下面这个图示。

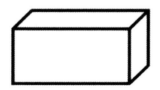

　　和这个图示相关的课文所涉的课题则每次都有所不同:一次是玻璃立方体,一次是敞口倒置的盒子,一次是围成这个形状的铁丝架子,又一次是直角拼接的三片板子。每一处课文都为这个图示提供解释。

　　但我们也可以这次把这个图示看作这个东西,另一次看作另一个东西。——那么,我们这样解释它,并且像我们所解说的那样看它。(PI II xi 6)

在这个码段中,维特根斯坦要告诉我们的是,一个像是立方体的图形在课本对它进行语言解释的情况下可以表现为立方体、盒子、铁丝架子或三片板子等不同的东西。语言的表达式使同一个事物表现为多种样貌,样貌一在样貌二、三或其他样貌的角度下显然是"无意义"的,同样地,其他任何一种样貌在样貌一、二或样貌三的视角下也是"无意义"的,它们之间形成"无意义"对冲,"无意义"之网,"无意义"联合体。那么,它们仅只停留在"无意义"层面吗? 如果这诸多的样貌都全然是各自的"无意义"载体,那么,这个像是立方体的图形就全然没有任何意义了吗? 显然不是的。我们是认识它的,认识这个像是个立方体的图形,甚至还知道它的一些含义和意义。我们是怎么做到的呢? 维特根斯坦在接下来的码段中,为我们揭示了这个用来消除"无意义"的东西。

　　有人也许要回答说:借助某种解释来描述直接经验、描述视觉经验,那是一种间接的描述。"我把这图形看作一个盒子"是说:我有特定的视觉经验,无论我把这图形解释为盒子或我直观一个盒子,从经验上说,这种视觉经验都会相伴而来。要真是这样,那我必定知道这一点。我必定能直接地而不只是间接地指涉这种经验。(就像我必定能谈论红色而不必把它作为血的颜色来谈。)(PI II xi 6)

在这个码段中,维特根斯坦将语言构成的描述或语言的解释看作一种有可能误解所描述对象本身(即那个像是一个长方体的图形)的路径,即一种可能产生"无意义"的缘由,他认为语言解释是对对象的间接描述,会产生某些错误并导致对象的意义失去根基。而消除这些错误和逃离由语言描述而形成的多种"无意义"样貌的最后保障来自视觉经验这个人们必定相伴而来的生活形式,视觉经验是人们普遍拥有和掌握的生活形式,它直接地而非间接地统领着看到这个对象(即那个像是一个长方体的图形)时而形成的对象的"意义",一种统一的、确定的"有意义",因为维特根斯坦强调"人们必定能谈论红色这个对象而不必把它作为血的颜色来谈",人们能够以视觉经验的一致性找到"红色"的意义,任何过多的间接描述都是"无意义"产生的源头,而视觉经验这个生活形式帮助人们逃离意义的幻象。

让我们再从正面重申一下我们是如何逃离意义的幻象以获得确定的意义的。

意义的确定性来自"自显的逻辑"——"坚不可摧的逻辑必然性"(PI 437)。需指出的是,这种"自显的必然逻辑"是与前期维特根斯坦意义论中的数学逻辑有所不同的,它更多地体现为一种深藏在语言游戏活动中的"生活的逻辑","前景有一幅图画,意义却远远在背景里;即:不容易综观图画的应用"(PI 422)。维特根斯坦这样将意义潜藏在背景里的做法实际上是意义的一种整体主义观点,前景的图画不是确凿意义的居所而只是意义呈现在人们面前的林林总总的现象,当人们退后到图画的远端去观察这幅图画时,这些现象的意义就夹杂在整体的背景中呈现出来。站在远端去观察并综合地感知图画整体的做法就是维特根斯坦在他后期著作中间或强调的"综观"。

在维特根斯坦后期的意义理论中,形而上学没有被彻底地取消,而是体现在后期意义哲学中关于"无意义"的碎片化案例分析的总体中。维特根斯坦说:"我们所做的一切事情都不可能得到绝对的、最终的辩护。然而,只有参照其他的事物,这才是无疑问的……也许,无法表达的(我感到神秘、又不能表达的)是提供了与我所能表达的有意义的东西相对立的背景。"①维特根斯坦大致想要告诉我们的是,人类生活世界中发生的事情总有某些方面是无法用语言辩护的"无意义"之物,然而这些无法澄清"无意义"之物既然是现象界的一部分,就必然是存在其存在的"意义"的,如果"意义"一定是存在的,其必然存在于"无意义"的整体构成的背景中,我们无法描述这些单独的"无意义"之物,一旦描述,也便必然陷入困境,然而"我"可以感知到这"无意义"的总体构成的背景,"我"感觉它是神秘之物,我不能用语言来描述它,但我可以综观到它。只有认识到该"无意义"的总体构成的背景的存在,那些相较于它而存在的可以用语言表达的东西才成为"有意义"的表达。必须将"无意义"当作"背景音乐",才能让属于"主旋律"的"意义"凸显出来、清晰起来。进而我们可以说,作为背景存在的"无意义"的总体是比现象界的诸多可表达的"有意义"之物更加强大的"意义"。

　　另外,维特根斯坦在《战时笔记(1914—1917)》中关于艺术的看法也表达了类似的观点,他认为艺术品就是从永恒的方面所看到的事物。"艺术品是在永恒的形式下观察的对象;美好的生活是在永恒的形式之下观察的世界。"② 可见,艺术品的价值是在永恒的视角下才得以呈现;而人类美好生活的价值则是一种因为我们逃离规定性,来到永恒的不可说的视域里才能发觉得到的东西。"永恒的视角"是有限性视角的背景。必须"持续地"进入有限性视角,将有限性视角延长至无限和永恒,才能得到价值和意义。这里"永恒的方面"表达出维特根斯坦对于"意义的生成"的看法:"意义"是"无意义"不断堆积"升华"而来的。我们不能说某个艺术品是无意义的、不美的,但要把它看作有意义的、美的,就必须"持续不断"地"看"那些线条、那些色斑以及那些局部构造。不可说的东西是他可以表达的部分实现意义的背景,不可说的东西以"不可被说出"的方式被包含在说出的东西中。"意义"是"无意义"的一幅画所传达出来的

① 维特根斯坦.《文化与价值》[M].黄正东、唐少杰译.南京:译林出版社,2011年.第21页.
② 维特根斯坦.《战时笔记(1914—1917)》[M].北京:商务印书馆,2005年.第239页.

"风景的总体"。

可以言说的东西既包含"意义"又包含"无意义",二者复杂却"纯粹地"纠缠彼此。逃离意义的幻象必须纯然依靠"意义"与"无意义"之间"纯粹的"绞合。苏里文(Peter Sullivan)认为,存在着不经由解释而可以抓住语言游戏规则的方法,我们在感知判断中借以说清楚经验的那些概念已经在那些经验中"先在"着了。① 那些"先在"的概念是无需说出的东西,是为"意义"在"无意义"的表象中显现自身而必须存在的。用意义实在论者的说法就是:意义的实在必须是"纯粹的实在"³²。这种实在不是传统的实在论,它要求从内部视角来回答关于意义的哲学问题,是一种不将"意义"对象化之前的实在的状态。基于这种"纯粹的实在"的意义状态,我们便不能说维特根斯坦的意义哲学中纯然只是一些"无意义"的碎片。应当说,我们正在捡起那些代表"意义"的"无意义"的碎片。

第三节　意义的形而上学

卡茨早就提出对维特根斯坦和奎因的自然主义意义理论的批判,提出了他自己认为很有生命力的"原型理论"(Proto-theory),其主要意图是批判乔姆斯基、弗雷格和前期维特根斯坦等人的非自然主义意义观对数学模型的过度重视,同时批判主要由后期维特根斯坦和奎因等主导的自然主义语言意义观,在此基础上建立自己介于二者之间的非弗雷格式的非自然主义意义模型。在"原型理论"的意义模型中,卡茨将意义的本体论置于一种二元论的模态中,即"非常重视恰当地对待科学知识,接受抽象对象以便恰当地对待数学科学,同时,拒绝笛卡尔式的心灵和超自然精神,以便恰当地对待自然科学(即一贯地坚持因果关系概念)"②,这种模

① Peter Sullivan. "Synthesizing Without Concepts" [A]. *Beyond the Tractatus Wars—The New Wittgenstein Debate*. R.R.a.M.A. Lavery eds., New York:Routledge, 2011: 171–189.

② 卡茨.《意义的形而上学》[M].苏德超、张离海译.上海:上海译文出版社,2010年.第331页.

型将意义的本体论拉回到一种折中路线上来,它兼具自然主义与非自然主义路线的特点,同时照顾前期维特根斯坦以数学逻辑营造的非自然主义语义分析模式[33]和后期维特根斯坦以自然语言语法规则所营造的自然主义语义分析模式。这种二元模态的"原型理论"企图避免非自然主义语义观由于不顾自然语言的实际使用而根基不稳的缺陷,同时企图构造一种足以说明自然语言所有抽象事实和具体事实的新学说。[1] 然而,这种二元论模态的理论尝试并没有像它野心那样宏大完美无懈可击,既然它既接受抽象的非自然主义要素又不否定具体的自然主义要素在语义构造中的作用,就足以说明,它与它期望批评的"将理念论辖区的非自然主义要素与经验论辖区的自然主义要素统合在一个'科学场'中"的奎因自然主义整体论语义观没有本质上的不同。"原型理论"认为理想的语义观应该在将非自然主义的东西与自然主义的东西之间划清界限的前提下一股脑地通通接受;而"奎因的自然主义"则是取消非自然主义的数学分析与自然主义的经验归纳之间的界限而将它们看作一个整体。

这里我们简单梳理一下奎因的自然主义整体语义观的内涵,以期更清楚地看到与卡茨的"原型理论"不同的关于意义的形而上学的形态。

"科学是一个力场,它的边界条件就是经验。在场的周围同经验的冲突引起内部的再调整,要给我们的某些陈述重新分配真值。"[2] 在此,奎因清楚地表达了他所承认的以"科学场"的整体为主要面貌的整体主义语义观的形态。这样的整体主义语义观中蕴含着一种与传统的经验主义或理性主义完全不同的关于意义的形而上学。

之所以形成这样一种将经验主义和理性主义重新整合为统一的整体主义语义观,是基于奎因早期逻辑哲学研究时对经验主义两个教条的批判。"现代经验论大部分是受两个教条制约的。其一是相信在分析的、或以意义为根据而不依赖于事实的真理与综合的、或以事实为根据的真理

---

① 李国山.第三次语言学转向——评杰罗德·卡茨的意义形而上学[J].《世界哲学》,2005(6):84—94.

② 涂纪亮编.《当代美国哲学论著选译》[M].北京:商务印书馆,1991年.第30页.

之间有根本的区别。另一个教条是还原论：相信每一个有意义的陈述都等值于某种以指称直接经验的名词为基础的逻辑构造。我将要论证：这两个教条都是没有根据的。正像我们将要见到的，抛弃它们的一个后果是模糊了思辨形而上学与自然科学之间的假定分界线。另一个后果就是转向实用主义。"① 这段话表达了奎因反对经验主义两个教条的重要观点，并由此开创了将分析哲学与实用主义相结合的新型哲学形式——逻辑实用主义哲学。

奎因是这样对第一个教条发出反对的。奎因认为全然属于分析的命题和全然属于经验的命题都是不存在的，即由逻辑分析或语言的意义为基础的分析式判断行进到恒真的重言式判断时，总会因缺少与经验命题的链接而无法成为完整正确的判断，也就是说仅依赖强逻辑性的人工语言，我们无法对分析性的概念做出完全的说明；同样地，经验命题的准确性在奎因看来也值得怀疑。经验命题是用语言对事实做出的经验性判断，这种判断是以事实为根据的综合判断，它的准确性依赖于全息归纳。当我们依照事实进行了足够多的归纳，想要做出我们认为正确的综合判断时，我们立即会发现"足够多"永远达不到"全部数量"，我们便会意识到经验性判断确实是可疑的。故而奎因想要提醒人们的是，正确有意义的命题不可能是单纯来自逻辑分析，也不可能单纯来自经验归纳，一定是二者混合起来得出的整体性判断。他再次强调："显而易见，真理一般地依赖于语言和语言之外的事实两者……因此人们一般就倾向于假定一个陈述的真理性可以分拆为一个语言成分和一个事实成分。有了这个假定，接着认为在某些陈述中，事实成分该等于零，就似乎是合理的了：而这些就是分析陈述。但是，尽管有这一切先天的合理性，分析陈述和综合陈述间的分界线却一直根本没有划出来。认为有这样一条界线可划，这是经验论者的一个非经验的教条，一个形而上学的信条。"② 奎因在此明确地

---

① 奎因.《从逻辑的观点看》[M].江天骥等译.上海：上海译文出版社，1987年.第19页.
② 同上，第34—35页.

指出,人们常犯的错误在于,认为可以将某些命题中的事实成分或经验成分彻底清除出去而得到正确有意义的分析陈述。殊不知,先天分析的命题尽管具有一定的先天性,却仍然无法完全脱离经验综合命题的干系,经验综合性命题也无法在先天分析命题逻辑性缺席的情况下依靠自身而成为合理的命题。在奎因看来,人们常常把先天分析命题与经验综合命题之间画出一条清晰的界线是一种非常错误的形而上学信条。

　　奎因是这样对第二个教条发出反对的。奎因认为经验主义者常犯的另一个主要错误是:认为每一个有意义的陈述都可以被还原为由与直接经验等值的名称以一定逻辑次序形成的结构,即类似于维特根斯坦在他的《逻辑哲学论》中论述到的"名称代表对象,命题代表事实"这样的,可将属于语言界的分析陈述依照一定的逻辑次序对等或还原为属于语言之外的经验世界的东西,逻辑图像是完全可以对等还原为事实样态的。暂且不讨论维特根斯坦是否在其前期哲学中将这样的还原论加以否定,我们先探讨一下奎因对此类经验主义还原论的厌恶。奎因认为:"我们关于外在世界的陈述不是个别地,而是仅作为一个整体来面对感觉经验的法庭的。"①也即说,分析的命题是无法以逻辑图像的形式去还原经验世界中对象的位置和关系的,分析命题中的名称无法像数学符号一样对等于或被还原为对象,因为名称无法与直接经验等值,名称无法脱离它所可能指称的全部经验对象而成为有意义的名称。然而,全部经验对象是不切实际的"神秘"综合,人们无法获得。因此,在奎因看来,"还原论之路"是行不通的,会导致错误的命题意义形态;真正能行得通的意义的形而上学之路在于将命题的意义看作一个整体,他提出了"没有教条的经验论",这样的经验论是将知识体系或者说有意义命题体系看作一个整体,中心位置是逻辑命题和科学理论,围绕在逻辑命题周围的是经验陈述。在这样一个体系中,外围世界同经验的冲突将导致其体系内部的调整,逻辑分析命题会适时去调整和适应其周围的经验陈述发生的变化,这样一来,整个体

---

① 奎因.《从逻辑的观点看》[M].江天骥等译.上海:上海译文出版社,1987年.第38—39页.

系便能协调一致地保证其总体是"有意义"的命题集团。当我们不将分析的命题和经验的命题清晰地分裂开来,而是将二者当作混合起来的整体看待时,便不会产生"分析的命题因无法得到彻底的分析"和"经验的命题因无法将所有经验的事物统统归纳"而进入的尴尬境地了。在奎因那里,意义的形而上学是一种全然不必进行"经验—分析"区分的整体主义形态。我们同时需要看到,上述奎因的"没有教条的经验论"(或有时也被称为"开明的经验论")。它拒绝将每个科学陈述都还原为观察语句的做法,并主张把科学的论题限制在对认识论发生过程的具体观察和研究上,即重视描述人类认识实际发生的自然的过程,是对人们的学习行为的科学考察。这种自然化的认识论失去了分析命题的规范性而具有一定的实用主义意味。虽然表面上看来,奎因的"没有教条的经验论"是一个对分析命题和经验命题具有整体包容性的认识论形态,但在对哲学认识论的改造过程中则似乎更多地重视了直接经验的作用,呈现出自然主义特点。

卡茨批判奎因"否定'经验—分析'的区分"的自然主义整体意义观,但他自己的"原型理论"实际上是在将奎因已经抹去的二元区分重拾回来罢了。所不同的是,卡茨既不会"得罪"非自然主义的科学界要素,也不会"得罪"自然主义的经验界要素,他选择接受二者。卡茨同样批判后期维特根斯坦的自然主义语义理论,认为后期维特根斯坦的日常语言哲学存在着与摩尔所谓的"自然主义谬误"[34]同样道理的谬误。卡茨对维特根斯坦的意义理论进行批判所达成的四个主要结论之一是:"维特根斯坦对意义理论范围的划分太窄了,所以,他对诸意义理论的批判,尽管在特定情况下——在他在《哲学研究》中的论证中所直接针对的那些理论方面——是正确的,但总的来说,是错的。这个批判未能消除关于意义的所有理论概念。我们可以举出那种意义理论,针对它,维特根斯坦的批判是失败的。"[①] 可以看出,卡茨误解了维特根斯坦的意义观。卡茨认为,期望将在

---

① 卡茨.《意义的形而上学》[M].苏德超,张离海译.上海:上海译文出版社,2010年.第11—12页.

日常语言情形中不成立的所有传统意义理论的形式统统消灭掉的那个后期维特根斯坦根本就没有获得成功;维特根斯坦列举了那么多事实命题都总不能达到全面,卡茨认为自己可以轻易列举出"反例"(一个可以不被维特根斯坦的"治疗"消灭的意义理论)来将后期维特根斯坦哲学想要表明的自然主义意义理论一举推翻,以此来证明维特根斯坦犯了一种摩尔所谓的"自然主义谬误"。也就是说,在卡茨看来,维特根斯坦后期哲学中试图列举传统意义理论在日常语言情形中的不同表现形式,来定义传统意义理论或为传统意义理论划出范围,而即便在《哲学研究》全部论述中列举了传统意义理论在日常语言使用中诸多的失败形态,依然无法全面覆盖某种维特根斯坦没有提到的某种形式的成功的意义理论,因为"意义理论"概念与日常语言的自然形态之间不存在因果对等关系,这个原理犹如摩尔所强调的价值判断与自然客体之间是具有鸿沟的一样。抓住上述可证伪的角度,卡茨竭力要找到批判维特根斯坦后期意义理论形而上学形态的"突破口",反驳维特根斯坦对全部传统意义理论的失败开出的"治疗方案",认为即使维特根斯坦一再企图将全部"传统意义理论"的表现形式都归为"无意思的胡说",也一定存在某种维特根斯坦无法"击破"的那种意义形态,从而来批评后期维特根斯坦的自然主义意义形态。

那么,维特根斯坦的意义理论中是否存在被卡茨所批评的那种意义理论的形态呢? 维特根斯坦的意义理论中总地来讲隐含着怎样的意义的形而上学呢?

在回答这些问题之前,我们需要强调的一点是,维特根斯坦是一个反对建立任何形而上学的哲学家,他反对任何形式的基础主义,他是一个"基础的破坏者"。他在前期《逻辑哲学论》中将他自己一手"建造"起来的逻辑图像和世界的对应关系统统抛弃,让人们保持沉默,不再言说任何无意义的东西;而在后期《哲学研究》中,则是用碎片化日常语言构成的反诘不断地"敲打""提醒"和"治疗"我们总要去建立"基础"的企图。他不断地"破坏""破坏"和"再破坏"。形而上学的、理论的东西在维特根斯坦那里没有生存的空间。但当我们要去理解他上述的"破坏"意图时,我们必须看清他的思路,我们不得不谈论那不可以被称作"理论"的理论,我们不得不去犯那个他不许我们去犯的错误——"言说"理论或探讨形而上学的东西。尤其是当我们要把我们理解到的维特根斯坦的意义理论与他者分享和探讨时,就更无法回避"言说"这个"疾病"了。因此,我们在谈论维特根斯坦意义理论和意义理论中徜徉着的那种形而上学的东西之前,必须先在"形而上学"四个字后面加上一个大大的问号,以提醒人们,维特根斯坦不是一个"形而上学家",而是一个"形而上学破坏家"。

接下来,我们冒着受到维特根斯坦批评的风险继续进行我们对他的意义理论特点的诠释。

维特根斯坦的意义理论的"基质"(即他的意义理论的形而上学的存在),是一种将非自然主义巧妙地与自然主义耦合的意义理论。在前期维特根斯坦意义理论中,带有非自然主义特点的由数学科学组织起来的命题意义是一种最终被"框架命题"否定掉的幻象。他最终让我们来到"梯子的顶端",来到"扔掉梯子之后空幻的云端"来寻找伦理价值和世界的意义。显然他想让我们在自然主义的领地里发现意义的存在,可以说没有游历过"非自然主义的意义幻象之村落"就没法来到"自然主义国度中的意义之殿堂"。

在后期维特根斯坦的意义理论中,维特根斯坦是在向我们昭示大多数日常语言游戏中语词指称的失败和句子意义的不确定性构成的"幻象"。然而在这一个个自然主义语言场景背后,总会有那个非自然主义的语法规则(语法规则的非自然性不是数理逻辑的运算关系能衡量的,而是靠人类生活共同体的境遇所规定)正在发挥作用,将看似不具有确定性的自然主义语言使用化作可以被"综观"到的确定的意义。

维特根斯坦这种将"意义的幻象"转化成"意义的清晰存在"的哲学思路中隐含着"是—否""一—多""静—动"等一系列有机的整体性关系。如果说当今的英美分析哲学有与大陆哲学合流的趋势的话,我们未尝不可对维特根斯坦的意义理论展开一场富有创新价值的"存在主义批判"。

第五章　存在主义特征的意义理论

　　以存在主义的思想为工具来阐释维特根斯坦意义哲学的特点是可能的,尤其是进行一场萨特存在主义思想观照下的新批评是可能的,主要是基于如下一些考虑。

　　首先,当代西方哲学流派中能够与分析哲学形成对峙的哲学形态当属现象学,而这两个貌似截然相反的哲学思潮却在20世纪末和21世纪初逐步走向融合,即便这种融合的趋势并非采取了一方将另一方消化吞并以取消各自独特性的方式,但这两个学派确实是在相互弱化各自原则的基础上试图吸收对方的一些观点,[①]这使得诸多的现当代维特根斯坦研究者将维特根斯坦哲学放在胡塞尔、海德格尔或尼采等人的哲学思想背景下进行一种全新的对比性研究成为可能。

　　其次,现象学哲学领域的代表人物当属胡塞尔,然而我们并不想用胡塞尔的现象学与维特根斯坦的"现象学问题"进行一次不恰当的类比,因为维特根斯坦哲学中袒露的"现象学问题"仅与胡塞尔的"现象学"有气质上的相通,维特根斯坦终归没有坚定地使用"现象学直观"来解决他的哲学问题。[②]并且,我们必须承认,维特根斯坦只是在他的中期哲学中对现象学问题产生研究兴趣,并未在他的前期或后期哲学中提及"现象学"。受到过现象学影响的维特根斯坦在他的前后期著作中不谈论现象学,但却不可避免地谈论了某些具有"现象学特点的问题"。

　　再次,如果我们认同存在主义是现象学流派的一个重要分支,那么选

---

　　① 洪汉鼎.《当代西方哲学两大思潮》(上)[M].北京:商务印书馆,2011年.第1页.
　　② 徐英瑾.维特根斯坦关于分析判断与综合判断之间"第三种可能性"的思考[J].《复旦学报》(社会科学版),2006(5):49—56.

取存在主义作为维特根斯坦意义哲学的现象学新批评的突破口并不为过。毕竟，为数不少的国外学者也曾以重要的存在主义代表人物海德格尔的思想为参照物来评价维特根斯坦的思想，并得出诸如"'语言和世界的对应关系是不可说的'是维特根斯坦和海德格尔的共同点"的观点。那么，我们在此选取存在主义就必须提到除海德格尔以外存在主义的另一重要代表人物萨特。以萨特的存在主义思想为参照背景，做一番不同于前述学者们在海德格尔和维特根斯坦之间进行的对比研究显得十分新颖和有意义。

存在主义，尤其是萨特的存在主义，是和维特根斯坦的自然主义意义理论中对"人生的问题""生活形式"的强调一样，都是面向"人"的，重视"人性"的积极作用。再次，在20世纪中叶，早有斯坦利·卡维尔将分析哲学和存在主义进行了一番比较，这种比较之所以是可能的，大抵因为语言哲学，尤其是所谓的"日常语言哲学"，不完全是"实证主义"的。[1]

最后一个可以选取存在主义的理论对维特根斯坦的意义理论进行解读的重要原因是，维特根斯坦在他的人们所谓的"第三阶段"的重要著作——也即他生前最后的作品——《论确定性》中，郑重地表示出对语言游戏的"存在性"的关注。维特根斯坦说："你必须记住，可以这么说，语言游戏是那种不可预测的东西。我的意思是：语言游戏没有基质，既不是可推理的也不是不可推理的。它就这样地存在着——就像我们的生活。"[2]语言游戏中有不可以推理的任意性的东西，同时又有可以推理的确定性的东西，语言的本质只能是一种存在，就像我们那充满变动不居的无限可能性的生活一样，是一种"'先—本质'的存在"。

存在主义是一种怎样的人本哲学呢？存在主义与理念论或经验论一样，都属于人类理智长河中的一个重要术语。法国哲学家以这个术语描绘自己哲学的风格；二战后，这个术语在文学界得到广泛传播；萨特及其

---

① Stanley Cavell. "Existentialism and Analytical Philosophy" [J]. *Daedalus*, 1964, 93(3): 946-974.

② Wittgenstein. *On Certainty* [M]. G.E.M.Anscombe & G.H.von Wright eds. 1969:§559.

同僚们(西蒙娜·德·波伏瓦、莫里斯·梅洛-庞蒂和阿尔贝·加缪等)对此术语进行了哲学的阐述。存在主义甚或成为20世纪四五十年代一场十分时髦的文化运动。如果说存在主义仅仅作为历史长河中一场文化运动,那么它的重要性和哲学功能就屡弱了。"作为一场哲学诉求,存在主义引进了一种新的哲学范式——本真性(authenticity)——来帮助人们理解作为'人'的意义。这个新的范式是一种独特的、将'自我'看作一种实践的'在世之在'的'后—笛卡尔自我概念'来理解"①,本真性的"人的存在"使得存在主义逃脱了单纯文化运动的范畴而进入哲学批评领域,"它对无论是当代大陆哲学还是英美分析哲学思想都产生着重要的影响"②。由于维特根斯坦哲学肇始的年代早于萨特存在主义风靡的年代,我们无从去说萨特存在主义对维特根斯坦有什么影响,但就维特根斯坦本人曾经受到叔本华和魏宁格等人本主义序列哲学家们在"自我"问题上的影响以及维特根斯坦哲学及其意义理论中流淌的关乎"人"和"人类世界"的倾向,就足以将维特根斯坦的意义哲学放在存在主义框架下探讨。我们可以很有信心地将存在主义用作考量维特根斯坦意义理论的新工具。

在存在主义看来,人类的存在不是具有固定属性的物质,也不是与世界中的客体形成互动关系的主体。存在主义反对经院哲学的老套路,具有反对"体系"的敏感,尽力逃脱那禁锢"人性"的"理性铁笼"。③ 维特根斯坦的意义哲学(我们不敢轻易称维特根斯坦的写作是一种意义理论,但又因逃脱不了我们撰写任何哲学批评时要使用"理论"二字的理智本能)不正是一直展示着那种"反哲学"姿态的哲学吗?

被称为存在主义哲学家的包括德国的卡尔·特奥多尔·雅斯培(Karl Jaspers)、马丁·海德格尔(Martin Heidegger)和马丁·布伯(Martin Buber),法国的加布里埃尔·马塞尔(Gabriel Marcel)和加缪(Albert Camus)等人[35]。

---

① Steven Crowell. "Existentialism" [Z/OL]. *The Stanford Encyclopedia of Philosophy*. 2015-03-09 [2015-08-20]<http://plato.stanford.edu/archives/spr2015/entries/existentialism/>.

② Ibid.

③ Ibid.

在这些哲学存在主义巨匠之前也早就有克尔凯郭尔和尼采被人们奉为存在主义在19世纪的先驱。萨特的存在主义思想在存在主义哲学序列里是十分显眼的,萨特不拒绝人们赋予他"存在主义"这个时髦的标签,他用《恶心》(*Nausea*)和《没有出路》(*No Exit*)两部文学作品充分表现他的存在主义,并用《存在与虚无》(*Being and Nothingness*)和《辩证理性批判》(*Critique of Dialectical Reason*)为存在主义奠定了坚实的哲学基础。因此,我们未尝不可用属于存在主义的显性学者之一萨特存在主义的几个关键用语作为切入点,研讨维特根斯坦意义理论中的同类思路,发现维特根斯坦意义理论的存在主义特色。

本书重点考察的是维特根斯坦的语言哲学中的意义理论,不直接关注维特根斯坦哲学中的伦理、宗教或美学等这些存在主义哲学家反复思量的论题。之所以采取这样的思路,一方面在于维特根斯坦是在借助他所言说的意义理论来"映照"他想要"说出"的、最想说却不能说的伦理价值等问题。终归在维特根斯坦那里,伦理是"不可说"的东西。我们不能直接"说出"维特根斯坦的伦理观与存在主义者们的伦理价值观的对比。语言的意义理论是达至伦理、宗教等价值哲学的显性"踏板";另一方面在于维特根斯坦的伦理、宗教等的思想太重要了,重要到等同于除了"无意义的言说"之外唯一"有意义"的东西,这唯一有意义的东西"不是摩尔教授的'伦理学是对什么是善的一般的研究',而是对生活的意义、什么使我们感到生活是值得的和生活的正确方式的研究",① 以维特根斯坦的意义理论为切入点最终回归到他的"最大的意义",也就是"人的意义、人类生活的意义"——这也正契合了存在主义哲学家们替维特根斯坦所"说出"的东西。

下面的讨论将阐明,维特根斯坦在意义理论中所采用的哲学思路在诸多方面与萨特在其存在主义哲学中所使用的哲学思路类似。必须指出,如下的讨论并非将维特根斯坦的意义理论等同于现象学存在主义哲

---

① Ludwig Wittgenstein. "Lecture on Ethics" [J]. *Moral Discourse and Practice*. Stephen L. Darwall et. al. eds., Oxford: Oxford University Press. 1997: 65–70.

学本身,这二者在所讨论的主攻论题上当然有明显的差异。前者注重探讨语言的意义、语言与世界的关系;后者注重探讨人的存在、人与世界的关系、伦理价值等命题。因此对比的重点不放在论题的一致性上,而放在二者所具有的类似的"做哲学"的方式上——都是力图取消传统哲学形而上学二元论的痕迹。

第一节　进入存在主义框架的可能性

一、派别的融合

　　分析哲学与大陆哲学的二元对立由来已久,呈现相互批评的态势。英美分析哲学家认为欧洲哲学家头脑糊涂、缺乏逻辑,是缺乏职业水准的冒牌心理治疗师,只会谈论关于"存在""焦虑"和"恐惧"之类的无意义的傻话;而欧洲存在主义者则认为英美分析哲学家是狭隘、没有活力的逻辑学家,偏好细碎的分析,对不重要的普通语词和句子做出一副挑剔的样子。① 但近二十年来我们却不得不承认,这二者之间默默地展现出相互融合的姿态。

　　牛津大学资深教授艾德里安·摩尔(A. W. Moore)曾在 2008 年到中国访问交流。其间,他提及反对将"分析哲学"与"大陆哲学"的区分制度化,并借德里达这位哲学风格明显看上去与"分析哲学"格格不入的当代哲学家的话"我是一名分析哲学家,同时也是一名概念哲学家……我的'风格'中某些东西与人们在分析哲学或概念哲学中的发现从根本上讲是有关的。因此,从这一观点看,这里并不存在战斗阵营"② 加强了艾

---

　　① Justin Leiber. "Linguistic Analysis and Existentialism"[J]. *Philosophy and Phenomenological Research*, 1971, 32(1): 47–56.

　　② Derrida Jacques. "Response to Moore"[A]. *Arguing With Derrida*. S. Glendinning ed., Oxford: Basil Blackwell, 2001: 83–84.

德里安所维护的"使分析哲学回到/融汇到更广阔的大陆哲学方法的领地中"的观点。

那么我们是否可能追随艾德里安的这种看法,将分析哲学纳入欧陆哲学的框架下呢?我觉得完全有可能。况且,这种"分析"与"欧陆"的对立并非属于同一类系的区分法,"'分析的'描述的是一种哲学风格;'大陆的'描述的是一个地域"①,这种区分充其量只能被换一种说法的"'英语世界'的和'非英语世界'的区分"所取代时才看起来稍显均衡。可是,按照语言类别来区分的哲学派系也并非可靠,维特根斯坦和弗雷格其实都是用德语来写作的所谓"分析哲学"的重要人物。

过去二十多年间,大陆哲学在英国的增长也足以让我们相信,"两个哲学阵营"的僵化区分应该被打破,分析哲学可以很好地在所谓"大陆哲学"的土地里持续生长,而且长势良好。"二十多年间,《国际哲学家名录里》列举了四十位英国哲学家,他们自认为有大陆哲学的专业背景"②,就是消除制度化的哲学阵营二元论的很好的证明。分析哲学应该更多地受益于与其他哲学的混合亮相才更加富有生命力。③ 这种生命力表现为语言分析和概念研究背后泛化在日常人类生活每个情节中的那个恰恰被所谓的"逻辑实证主义"所反对的"形而上学"的再次兴起,比如说斯特劳森以"描述的形而上学"的方式让传统形而上学改头换面再登语言哲学的舞台。几十年前分析哲学流派作为起始特点所奉行的反形而上学传统被逐渐淡化;在分析哲学家那里被当作"肮脏物"的"形而上学"像经过霉化处理的中国徽州毛豆腐,正因为发霉变质而不能被丢掉,它焕发出别样生机和独特味道。在哲学的领域里,那种味道就是诗歌一般"存在着"的激情。"诗化哲学"就是这种包含别样味道的形而上学的领地,"融化在'描述'中的'分析'"。"哲学只能以诗的形式被写出,走向生疏的日常语言哲学,诗

---

① 摩尔.哲学在西方的近期发展[J].陈常燊译.哲学研究,2008(08):77—81+127—128.

② 同上.

③ Barry Stocker. "Introduction"[A]. *Post-Analytic Tractatus*. B. Stocker. ed., Aldershot:Ashgate, 2004: 244.

化哲学"① 两大哲学阵营有很多相通之处,它们之间的缝隙是可以缩小的,之间的差别只是因为,用维特根斯坦的话来讲,其使用的"语言游戏"不同。

二、与存在主义者们共轴

维特根斯坦的意义理论中有关于"存在"的内容。他说:"世界是怎样的这一点并不神秘,而世界存在着,这一点是神秘的。"(TLP 6.44)而世界的"存在"正是维特根斯坦费尽周折用《逻辑哲学论》几乎全部篇幅后剩余下来的"最重要的""神秘之物",它也便是语言意义的最终归属,是"不可说界"内的东西。对于用不可说的语言的意义所标示的世界的"存在",维特根斯坦给出了一种带有大陆哲学特点的获取方法:"用永恒的观点来观察世界,就是把它看作一个整体——一个有限的整体。把世界看作一个有限的整体的感觉是神秘的。"(TLP 6.45)在这里,我们的世界是一个未完成、不完满的有限世界,只有用"永恒的观点"来看它才能看明白这一点。而那种将世界看作有限的整体的感觉是属于"价值和意义界"的"神秘之物"。标示这个有限世界的是被维特根斯坦当作"无意义"而否定掉的带有太多规定性的诸命题,而标示那个被用"永恒的观点"看到的世界的整体便是"存在着"的意义。

这种用"永恒的观点"来看的手法印有大陆理性主义传统的影子。斯宾诺莎认为我们观看事物有两种方法,"或者就事物存在于一定的时间和地点的关系中去加以认识——则看到的事物是只有偶然性;另一种方法是将事物包含在神内,从神圣的自然之必然性去加以认识——则看到的事物是'从永恒观点来看'的事物的必然性"②。这里,事物神圣的自然之必然性就是它所不受制于语言表达的事物的意义,用现象学学派大师胡塞尔的话来讲就是:"含义不是'现实的',就是说,它们是不变的和永恒

① Marjorie Perloff. *Wittgenstein's Ladder:Peotic Language and the Stangeness of the Ordinary*[M]. Chicago and London:The University of Chicago Press,1996:306.
② 斯宾诺莎.《伦理学》[M]. 贺麟译.北京:商务印书馆,1959年.第239页.

的,与其他对象没有因果交往,而且它们的存在不依赖于我们对它们的表达或对它们的理解。"① 若是将维特根斯坦所受到的叔本华或托尔斯泰的影响联系起来看的话,我们就更能深切领悟维特根斯坦那里意义完满而神秘的"存在"。

《哲学研究》的写作是"去理论化"的。但失去了理论的写作常常让习惯了传统的人们不知所措,迷失在碎片化的对话当中,就犹如人们常常迷失在人类生活的市井百态中找不到价值的方向一样。但这或许正是维特根斯坦哲学的独特魅力所在。他让读者"存在"于"对话"中,深陷于欲罢不能的"本质体验"中,让人们体验到"意义"的"存在"。这种构造意义的新颖手法是"用语言分析的四肢迈向了叙事的呈现"。在当代哲学家斯坦利·卡维尔(Stanley Cavell)看来,那就是一种存在主义的哲学手法。卡维尔首先洞察了分析哲学和现象学的存在主义之间的姻盟关系,看似水火不容的两种哲学类型其实只是不信赖对方做哲学的方式,并非不明白对方的立意。一个希望从迷信中恢复理性,另一个希望从理性中恢复自我。二者都是现代哲学,都是从传统哲学中逃脱出来的,分析哲学认为传统哲学中的陈述都是没有意义或者无用的;而存在主义则认为传统哲学使得生活变得没有意义。② 而作为现代存在主义创始人的克尔凯郭尔的"否定基督教王国的存在,肯定人类在真实生活中的'先于本质'的存在"的做法,就是存在主义者用来消解传统哲学中对完满性和普遍性追求的方式。这和维特根斯坦"要求我们回到日常人的存在中来""击碎'语言的可理解性有赖于完美逻辑'的幻象"的做法有很大的相似之处。

可以说,大陆的和分析的两种哲学风格都是要将传统哲学拆解掉,而维特根斯坦拆解传统哲学对意义本质的理论化追求的方式是《哲学研究》中几乎七百个码段的对话或反诘。我们不知道维特根斯坦到底是在和谁对话,但那些对话的口吻恰恰就是人们在生活世界中存在的方式,而对话

---

① 迈克尔·达米特.《分析哲学的起源》[M].王路译.上海:上海译文出版社,2005年.第48页.

② Stanley Cavell. "Existentialism and Analytical Philosophy"[J]. *Daedalus*, 1964, 93(3): 946-974.

中语言的意义便以"流动的对话"的方式"生长"在对话中了,"维特根斯坦在《哲学研究》中以日常语言语境或所举出的语言游戏的种种例子给出了语言意义'本真存在'的力量",① 语言的意义在对话中得到了"本真"的回答。

再来看看维特根斯坦的意义理论和另一位存在主义大师加缪的对比。虽然表面上,存在主义者和日常语言学派的术语与风格不同,但二者在方法和目的上存在相当大的相似点,这种相似点在二战后表现得尤为明显。加缪所发现的生命是荒谬的,如果不"超越"就没有"活"的意义。这个"超越"过程的结果是什么? 就是清晰:绝不会是形而上学的产物。② 用维特根斯坦著名的比喻来说就是:给苍蝇指出飞出捕蝇瓶的出路。加缪和维特根斯坦都是在试图用自己的方式消除人类所受到的形而上学困惑的不安。加缪善于采用的方法是使用二元对立的主题,例如荒诞和理性、生与死、有罪和无辜、堕落和拯救等,但这些成对出现的对立二分概念却是互不取消、相反相成的。这也便是加缪构造他那"荒诞哲学"的独特手段,正因为这些对立体相反相成地把持着生活,人作为一种存在才体验到必然的混乱和荒谬。故此,加缪消解了追求世界中绝对完满的形而上学的诉求。

同样,维特根斯坦的意义理论中也有类似的"互反而立"的意义对立面。《逻辑哲学论》中说:"设想白纸上有一个黑斑块,通过指明这纸上的每一点是黑的还是白的,就可以描述这个斑块的形状。一个点是黑的事实,相应于一个肯定的事实,一个点是白(非黑)的事实,则相应于一个否定的事实。"(TLP 4.063)这个有关于黑点和白点被肯定或否定命题标示的论述旨在说明,肯定和否定这对儿对立概念是在同一个世界中存在着的。但是它们二者的界限并不清楚,人们常常无法以某种科学主义的方法将对立体彻底分开,"为了能够说出一个点是黑的或者白的,我必须首先知

---

① Stanley Cavell. "Existentialism and Analytical Philosophy"[J]. *Daedalus*, 1964, 93(3): 946–974.

② Justin Leiber. "Linguistic Analysis and Existentialism"[J]. *Philosophy and Phenomenological Research*, 1971, 32(1): 47–56.

道一个点在什么情况下称为黑的和在什么情况下称为白的……这一比喻的不足之处在于：即使我们不知道什么是黑的和白的，我们也可以指出纸上的一点"（TLP 4.063）。也就是说判断"黑"和"白"的意义不是靠某种弗雷格式的真值条件，而是靠人处在世界中存在的状态。我们无需知道那个用来确定"规矩方圆"的标准，就可以得到意义了，因为我们可以对存在于这个"荒诞"世界中的对立体进行"超越"，超越到不用言说的一面，从而允许对立的东西"相对相成"。维特根斯坦在《哲学研究》中列举的很多面相转换的例子中也包含着"对立面转换而不相消灭"的思想，比如那个同时可以被看成"白十字放在黑色背景上"或"黑十字放在白色背景上"的"双十字形"（PI II 101）就是典型的将对立体放在一起，使意义在"互现"中"存在"的做法。

　　最后我们注意到的是维特根斯坦意义理论和存在主义哲学家萨特哲学的相似之处。萨特写了一本厚若青砖的哲学著作《存在与虚无》，用以当作他其他文学作品的存在主义哲学基石。他让他的存在主义在文学天地绽放，而文学天地也恰恰是使他的存在主义哲学表现得更丰满的场所。维特根斯坦的《哲学研究》中也荡漾着那样一种文学叙事的风格。维特根斯坦和萨特都是那类认为科学史和人性的核心关涉不搭界的哲学家。[1]维特根斯坦将科学主义定义的世界当作"无意义"而抛弃，要人们回到"有意义"的伦理和人性价值上来；萨特则是否定科学主义，或者说是否定类似上帝或其他带有绝对完满本质的东西，要求我们回到"人'自由'的存在"上来。维特根斯坦的"意义"就是在"无意义"中"存在"着，只有无限靠近但永远不是"意义"的"无意义"才是语言本真的状态。这就犹如萨特那里的"存在"和"虚无"之间的关系，"自为的存在"在无限靠近"自在存在"的路线上与"虚无"构成一个"离而不散"的"整体"。维特根斯坦也将"意义"和"无意义"勾画成这种"离而不散"的"整体"，只不过他把"有意义"的

---

　　① 王浩.《超越分析哲学：尽显我们所知领域的本相》[M].杭州：浙江大学出版社,2010年.第270页.

部分"沉默地保存起来"了。如果可能的话,维特根斯坦大概会用"像是个拼命挣扎的搁浅了的鱼"[①] 这样的话来评价萨特了。也就是说,其实萨特用不着挣扎着说那么多话来表达"意义"。这便是二人做哲学的方式上的主要不同。

　　总而言之,基于当代哲学的学派融合的趋势和维特根斯坦哲学表现出的与现象学存在主义哲学之间的相通之处,笔者认为完全能够将维特根斯坦的意义理论———一种传统上看起来十足属于语言分析哲学的意义理论———放在存在主义哲学的框架下重新考量。就如同把社会学中计量和定性研究之间的对比概括为客观主义和主观主义之间的区别是不对的。因为对于人类处境的任何一种系统化研究,都不得不设法将主观视角和客观视角糅合在一起———普遍的视角和特殊的视角以及它们之间的相互作用。在如何抵达这种相互关联的方法上,辩证法可以说是一种被滥用的方法或指南。准确地讲,可以不把那种方法叫作辩证法而叫作"直观"。哲学或语言分析哲学也需要这样一种直观性,[②] 让"虚无"的和"存在"的东西在一个"存在"的整体性中被"沉默地直观"或"综观"。

第二节　"有穷"与"无穷"

一、存在的现象和现象的存在

　　萨特在《存在与虚无》的导言中论述了他写这本书的目的———消除近代哲学的某种二元论视角。但当萨特说"近代思想是把存在物还原为一系列的显象,这是一个很大的进步。这样做的目的是消除某些使哲学家

---

① Stig Stenholm.*The Quest for Reality: Bohr and Wittgenstein———Two Complementary Views*[M]. Oxford:oxford University Press,2011:147-148.

② 王浩.《超越分析哲学:尽显我们所知领域的本相》[M].杭州:浙江大学出版社,2010年.第290页.

们陷入困惑的二元论,并用现象的一元论来取代它们。这种尝试成功了吗?"时,① 我们便被他的问题引向了一种对新的二元论的关注,而这个新的二元论也正是萨特想要用他崭新的存在主义哲学力图消除的东西——有限和无限之间的二元论。

"力"不是隐藏在它的各种效应(如速度,偏差值等)背后的未知的形而上学的东西,而是这些效应的总体;"电流"则同样不能被看作形而上学的共相的名称,它无非是显露它的多种物理化学作用(如电解、电流指针的移动等)的总体。② 在这样的论述中,萨特想要告诉我们诉诸"显象"的名称来消除其他的二元论(如身心二元、心物二元等)将会陷入"显象—存在物"二元的新困境,因为"电流的那些作用中的任何一个都不足以解释电流本身,但是它也不表明它自己背后有什么东西:它只是表明它自身和整个系列。显象——存在物的二元论不具有任何合法地位"③。"显象—存在物"的二元对立是失败的,它没能正确地展现实存物的特征,一种将显象和存在包含在一体之中的特征。

"显象—存在物"二元对立本质上就是萨特所反对的"有限—无限"二元对立。萨特对这个"有限—无限"的二元对立进行了如下的阐述和批驳:"存在物不可能还原为显露的一个有限系列,因为任何显露都是对一个处在经常变动之中的主体的关系。尽管一个对象只是通过一个单一的渐次显现揭示自身,然而只要有一个主体存在,这一事实便意味着可能出现对这个渐次显现的多种看法。这就足以把被考察的间次显现的数目增多到无限。"④ 主体的引入在暗示我们萨特意欲用"意识"来终结"有限—无限"的二元对立。是"意识"使得存在物本身的特性既不是属于有限的系列的"显象",又不是那个属于无限系列"存在物的存在"。后者是因主

---

① Jean-Paul Sartre. *Being and Nothingness*[M]. New York City: Philosophical Library, Inc., 1958:xlv.

② Ibid., xlvi.

③ Ibid.

④ Ibid.

体的视角变换而拥有"渐次增多到多得无法实现的无限多个'显象'"的特点。这样一来,"显象"是有限的,而"存在物"所包含的"显象"却是无限的。如果将"显象"与"存在物"对立起来,就是将存在物本身分裂掉了。萨特明显反对这种分裂存在物本身的做法,他更愿意用一个具有主体特性的东西来为存在物本身实现统一。"事实上,我们的现象理论以现象的客观性取代了事物的实在性,并且是求助于无限性来建立这种客观性。……如果现象必须显示为超越的,那么主体本身就必须超越显现而趋向显现所属的整个系列。主体应该通过他对红色的印象去把握红本身。红本身就是所说的系列原则;还应当通过电解等去把握电流本身。"① 这里带有主体性的东西就是萨特在他存在主义中反复强调的重要概念之一——自为。自为使得有限的"显象"持续不断地渐次显现,从而超越"显象"成为属于无限系列的"存在物"本身。自为使得这个新的二元对立——"有限—无限"——被转变为一种统和关系——"有限中的无限",以取代"显象—存在物"的二元论:"显现的东西,其实只是对象的一个侧面,而且对象整个地在这个侧面之中,又整个地在这个侧面之外。所谓整个地在其中是指它在这个侧面中将自己显露出来,它表明自身是显现的结构,这结构同时是那系列的原则。对象整个地在,是因为这个系列本身永远不显现,也不可能显现。"②

　　萨特为了更清楚地阐明他对这种新的二元对立——"有限—无限"——的批驳,并确立他以一元论的"存在"为依托的哲学立场,将上述新的二元论进一步展现为"存在的现象"和"现象的存在"之间的对立,并力图澄清这二者的对立是在类似海德格尔所宣称的"本体状—本体论"的"人的实在"的协助下取得了一元论的胜利。

　　在萨特看来,存在的现象是"本体论的",是对存在的呼唤,对现象的存在的呼唤。存在的现象是有限性的现象,它要求一种超现象的基础,存

---

① Jean-Paul Sartre. *Being and Nothingness*[M]. New York City: Philosophical Library, Inc., 1958: xlvii.

② Ibid.

在的现象要求存在的超现象性来作为支撑依据,这个具有超现象性的东西就是代表着无限性的"现象的存在"。"现象的存在"虽然是超现象的,但这"并不意味着存在是隐藏在现象背后的,也不意味着现象是一种返回到独特的存在的显象"①。存在的现象和现象的存在之间的关系犹如胡塞尔在"强调本质还原如何始终是可能的"时所说的"我们始终能够超越具体的现象而走向现象的本质"中所表明的,有限、具体的现象和具有无限性的、并作为我们不断"朝向"着的现象的本质之间的关系。依照如上的逻辑,我们通常所认为的"对象—本质"之间的关系应该被理解为:"本质不在对象中,而是对象的意义,是把它揭示出来的那个显现系列的原则。……'对象—本质'总体构成一个有机的整体。"② 这个"有机"的整体不是将对象代表的有限性现象与本质所代表的无限性存在一分为二,位列人类理智探索的目的地两岸,而是让它们二者同时存在于一个存在物中、互不揭示也互不掩盖、形成相对立而生的统一体(Dyad)³⁶。 总之,现象的存在是存在的现象的基质,代表着无限性和不可达及性;存在的现象则是现象的存在的"包裹物"或"外衣",代表着有限性和非完满性。现象的存在没法脱离存在的现象而存在,因为存在的现象的"超越性"整体总是指向现象的存在;而存在的现象也没法脱离现象的存在而显现自身,因为现象的存在在存在的现象"背后"对那件"外衣"的"风格""面貌"等作出了一系列的"控制"和"指导"。但最后应该指出的是,存在的现象是与现象的存在"勾结着"的"'本体状—本体论'总体"。

二、有限性和无限性

维特根斯坦对表达"无限性"的命题的意义和表达"有限性"的命题的意义之间的关系所流露出的观点中,暗含了某种与萨特阐释"现象的存在"和"存在的现象"之间关系时所使用的类似思路。他曾举出一个关于

---

① Jean-Paul Sartre.*Being and Nothingness*[M].New York City:Philosophical Library, Inc.,1958:l.
② Ibid, xlix.

圆周率 p 的数值意义的例子来说明这一点。

> 如果我们通过一系列经验的圆来测定圆周与直径的比率,那么,我们将会得到一些近似于 p 的数值。p 这个数不是实际测量的结果。如果测量产生了一个与这个比率不同的值,那么我们不会说,p 这个数等于某个不同的值,但是我们会说,我们的测量是不精确的。也就是说,我们坚持 p 这个数,并把它当作是判别我们的观测质量的一种标准。欧几里得几何依赖某种假定。p 这个数描绘一种无限的规律,这种规律贯穿在我们实际观测中。无论我们如何精确地测量,p 这个数的精确度总是与我们的测量相并行。在此,我们正在谈论的是无限的可能性,而不是无限的实在。①

维特根斯坦在这个例子中想要强调的是,通名 p 的意义是在于它代表着一种无限性的规律。这个规律是经验观测之有限性走向无限性、到达无限性的结果时的状态描述。正是因为 p 的意义是在经验世界中进行意欲无限次却终归只能进行有限次的测量的过程中产生的,它永远追求精确却永不会是精确的,其精确度总是与我们的测量并行却不会相交。因为,我们可以说,我们在经验世界所进行的无数的有限次的测量就是"存在的现象"——"存在"的持续不断的偶然性的堆积。而 p 这个通名的意义在维特根斯坦看来就是那个"现象的存在"——不断呈现偶然性表象的"存在的现象"朝向必然性迈进却永远也到达不了的形而上学"大本营"。"存在的现象"与"现象的存在"之间展现了有限性要素与必然性要素之间的动态关系。有限性的经验测量值无限靠近却永远不能达到无限性的最终结果。故此,无限性的最终结果是形而上学的,但若将其与朝向无限性结果运动的有限性经验事物看作一个整体,则便取消了那个形而上

---

① 维特根斯坦.《维特根斯坦与维也纳学派》[M]. 徐为民译. 上海:同济大学出版社,2004 年. 第 190 页.

学的东西,取而代之的是"存在"。在这个"存在"中,"存在的现象"与"现象的存在"之间的裂隙被"存在"这个一元论方案填平。对 p 的意义的理解必须综合考虑在经验世界中测量圆周时的无限可能性和这些可能性所趋向的"形而上学的精确度",从而使 p 的意义实存。对此,维特根斯坦继续的解释如下:

> 几何学命题与测量精度的无限可能性相关。它们没有描述实际的测量;它们说明的只是我们怎样判别实际的测量。
>
> 如果我们谈论无限多的恒星,那么,这意味着我们在说明一种无限的规律,我们根据这种规律来描述我们的实际经验。这条规律是一个假定,而不是一个陈述。我们假定我们怎样去解释实际经验。这条规律对于任何可想象的测量的精确度来说都是可行的,而这就是这条规律的无限可能性之所在。①

可见,在维特根斯坦那里,有限次数的实际测量并非因为它不能达到无限的准确而失去意义。恰恰相反,只能作为一个假定而存在的有限性规律正是因为它对任何可能的实际测量都是可行的而有意义。有限性的东西的意义就在于它本身就位于无限性的东西之中。

三、偶然性和必然性

存在的现象代表的有限性即经验世界中的偶然性的体现,现象的存在所代表的无限性也是经验世界背后的必然性的体现。萨特那里的"存在的现象"和"现象的存在"之间的绞合关系在维特根斯坦对偶然性的和必然性的对比关系的关注中有所体现。

《逻辑哲学论》中表达了偶然性和必然性的对比关系:命题必须表现

---

① 维特根斯坦.《维特根斯坦与维也纳学派》[M].徐为民译.上海:同济大学出版社,2004年.第190—191页.

出一种对比,而这种对比是源于对偶然性的特殊信念:"命题是事实的图像,事实是偶然性的";"意义"与"能证实句子的经验的配置"相一致;因为经验的配置是偶然性的,故句子的意义则也是偶然性的,真正必然性的意义在经验的配置之外。维特根斯坦对偶然性与必然性(意义界、价值界)的相关论述是:

> 世界的意义必定在世界之外.世界中一切事情就如它们之所是而是,如它们之所发生而发生;世界中不存在价值——如果存在价值,那它也会是无价值的。如果存在任何有价值的价值,那么它必定处在一切发生的和既存的东西之外。因为一切发生的和既存的东西都是偶然的。使它们成为非偶然的那种东西,不可能在世界之中,因为如果在世界之中,它本身就是偶然的了。它必定在世界之外。
> (TLP 6.41)

此外,维特根斯坦发表《逻辑哲学论》之前所写的一些笔记中也表达了这种对偶然性的关注:命题的意义是由正误两极决定的;命题的形式是一条直线,将平面分割为左和右。此两极对比的观点是内化于维特根斯坦之于意义、沟通和思维的看法中的。[1] 若非要说有什么东西将码段6.54之前的内容和这个码段之后的与伦理有关的内容相联系的话,那一定是对必然性命题的拒绝,因为伦理的命题并不宣称世界中的偶然性事实。[2] 在此可以看出,命题的正误两级就犹如被码段6.54分开的"海峡两岸"的"同胞","看上去有意义"的命题的正极是经验世界中很多个但却是有限个数的偶然性事实所表示着的"存在的现象";"真正有意义"的命

---

① Warren Goldfarb. "Das Ubervinden—Anti-Metaphysical Readings of the *Tractatus*"[A]. *Beyond the Tractatus Wars—The New Wittgenstein Debate*. R. R. a. M. A. Lavery eds., New York:Routledge, 2011: 6–21.

② Roger M. White. "Throwing the Baby Out with the Ladder—On 'Therapeutic' Readings of Wittgenstein's *Tractatus*"[A]. *Beyond the Tractatus Wars—The New Wittgenstein Debate*. R. R. a. M. A. Lavery eds., New York:Routledge, 2011: 22–65.

题的负极则是经验世界之外、由永远无法达到的无限多个数量的必然价值界的"现象的存在"。看上去有意义的命题的每一个命题都不是真正有意义的命题的一个部分个体,但看上去有意义的命题有限数量的复数体总和却与必然真正有意义的命题一起构成"本体状—本体论"的"作为'一'的二元体"。

《哲学研究》中,维特根斯坦借助对语言游戏规则特点的阐释,也研究了类似的偶然性与必然性之间的绞合存在关系。他说:"可以把语法规则称作'任意的',如果这样说的是:语法的目的无非是语言的目的了。"(PI 497)维特根斯坦坚信,没有什么基础的东西用来帮我们考察整个风景,比如在《哲学研究》的码段 125 中他说道:"我们为一个游戏定下规则———一项技巧——,而当我们跟从规则的时候,发生的事情却与我们原来设想的不一样,于是我们就像被我们自己的规则绊住了。"(PI 125)这些码段中关于语言规则的论述就是在试图告诉我们,我们生活世界中各项语言游戏貌似受到由必然性约定制约的规则的控制,但是当所发生的事情中携带着的偶然性参与到语言游戏中时,属于必然界的形而上学规则就跑到了不可言说的经验世界背后。这个过程用鲍尔斯(M. J. Bowles)的话来讲就是:"我们可以为语言游戏设定作为基础的规则,但是若真是遵守了规则,事情却又不按规则出牌。"① 也就是说,语言游戏表面上以有确定意义的规则为舵,却又无法摆脱使用语言游戏的人类生活中变幻莫测的惊涛骇浪——那些偶然性的事实——的摆布,最终由规则约定了的有限次数的语言游戏以"存在的现象"的面貌邀请以无限次语言使用构成的整体作为以"现象的存在"的面貌出现的日常生活形式本身充当实现意义必然性的"依傍"。换句话说,我们不能为语言游戏订立唯一确定的规则,我们没有为语言游戏做出选择的权利,我们不能选择这样或那样的语言说法,我

---

① M. J. Bowles. "The Practice of Meaning in Nietzsche and Wittgenstein"[J]. *Journal of Nietzsche Studies*, 2003(26): 12−24.

们被语言游戏强加了某种东西，我们被"抛入"了语言游戏中。① 鲍尔斯使用的"抛入"一词是存在主义者们的最大爱好之一，它表达了偶然性与必然性之间的一种"超越性"关系："规则"不能给语言游戏带来必然性，但不断发生的事情的偶然性也不会将语言游戏的必然性搅打得支离破碎，否则，我们哪能兴致勃勃地成功下完一盘象棋呢？

四、语境论和构造论

此外，《逻辑哲学论》中同时包容语境论和构造论两种构造意义之方法的做法，也反映了维特根斯坦意义哲学中表现出了整合"现象的存在"和"存在的现象"这对矛盾体的存在主义特征。《逻辑哲学论》的 5.4733 码段中，维特根斯坦称："弗雷格说：每一个合法则地构造的命题都应当具有意义；而我说：每一个可能的命题都是合法则地构造的，而且，如果它没有意义，那只能是因为我们未能给予它的某些组成部分以指谓。"（TLP 5.4733）这里，我们暂且不考虑命题中名称是否被赋予指谓的问题，单说"每一个可能的命题都是合法则地构造的"这一句就足以说明，在维特根斯坦看来，命题具有在语境中的生命力优先于命题被合乎法则地构造出来的样子。也就是说命题先是在语境中"存在"着，这种"存在"表现为命题的可能性，接下来才可以说这样"存在"着的命题的构造是具有合理性和法则性的。

以下列举一些《逻辑哲学论》中含有语境论特点的命题：

> 2.0122 事情就其能够出现在一切可能的状况中而言是独立的，但是这种独立性的形式是一种与事态相联系的形式，即一种依赖的形式。（词以两种不同的方式——单独地和在命题中——出现是不可能的。）

---

① M. J. Bowles. "The Practice of Meaning in Nietzsche and Wittgenstein"[J]. *Journal of Nietzsche Studies*, 2003(26): 12-24.

3.141 命题不是词的混合。——（就像音乐的主旋律不是音调的混合一样。）

3.3 只有命题才有意义；只有在命题的联系关系中名称才有指谓。

3.314 表达式只有在命题中才有指谓。所有变项都可以理解为命题变项。

4.027 命题能够传达新的意义，这一点属于命题的本质。

以下再列举一些《逻辑哲学论》中含有构造论特点的命题：

3.318 就像弗雷格和罗素一样，我把命题看成其中包含表达式的函项。

4.024 理解一个命题意味着知道若命题为真事情该是怎样的。（因此，不知道一个命题是否为真也可以理解它。）理解一个命题的组成部分也就理解这个命题。

4.025 把一种语言翻译为另一种语言时，我们并不是把一种语言的每一个命题翻译为另一种语言的命题，而是只翻译命题的组成部分。

5.5261 一个完全概括的命题，像每个其他命题一样，是组合的。……组合符号的标志是：它和别的符号有某种共同的东西。

这样看来，维特根斯坦在他的意义理论中同时包容了语境论和构造主义意义观。① "存在"于语境中的命题先于我们将要为命题构造的符合规则的"本质"，没有"存在"着的具有诸多可能性的命题在语境中的动态生存也便无从谈论这些命题是否具有合乎法则的意义"本质"。在语境中"存在"着的句子相当于饱含各种可能性的"存在的现象"，而合乎法则的

---

① Silver Bronzo. "Context, Compositionality, and Nonsense in Wittgenstein's *Tractatus*"[A]. *Beyond the Tractatus Wars—The New Wittgenstein Debate*. R. R. a. M. A. Lavery eds., New York: Routledge, 2011: 84–111.

意义"本质"则是藏在语言现象背后的"现象的存在",而这二者却是被有机地结合起来的。用麦克道威尔的话来讲,《逻辑哲学论》的目的是让我们获得对于"作为混沌整体的命题的神奇理解"。① 这种"混沌的整体",在我看来包含了以"存在的现象"为特征的命题的语境"存在"态和以"现象的存在"为特征的命题的合理构造。而把握这样的"整体"又必须不能将以上二者分开来看,却只能将它们"离而不散"地看待,这样的视角不失为一种"神奇的理解"。

另一位赞同《逻辑哲学论》中同时包含语境论与构造论的学者是格洛克(Hans-Johann Glock)。他认为《逻辑哲学论》中既有语境论又有构成论的要素:站在维特根斯坦的立场上的话,"语言的使用者是一个双头鸟,一只头用来讲话(讲话者知道语词的意义),即使另一只头(此头的拥有者知道如何使用语词来表达思想)保持沉默,第二只头虽然保持沉默,但是它必须是在第一只头的后面'在场'"②。这里,格洛克毫不客气地使用了现象学存在主义的术语"在场"来点明这两只"头"的本体状关系,说话的那只头说出的都是具有各种可能性的语言意义之"存在的现象"——构造论指导下的语词的各种指谓,而保持沉默的那只头是藏在语言表达背后的具有整体性本体状的"现象的存在"——语境论指导下的命题整体所产生的、不同于组合符号之意义的全新的意义。后者是更加重要的意义,但没有前者的渐次呈现,对后者整体的"神奇理解"也是无法实现的。

因而,我们可以认为,既包容了语境论又包容了构造论的《逻辑哲学论》本身体现的是一种同时优越于语境论和构造论的意义方略。这一方略具有将语境论和构造论二者和解于一个"对立而生的统一体"中的能力。

---

① Silver Bronzo. "Context, Compositionality, and Nonsense in Wittgenstein's *Tractatus*"[A]. *Beyond the Tractatus Wars—The New Wittgenstein Debate*. R. R. a. M. A. Lavery eds., New York: Routledge, 2011: 84-111.

② Ibid.

第三节 "否定"与"肯定"

一、存在和非存在

萨特在《存在与虚无》里区分了由意识带到世界中的两种存在：存在和虚无。萨特先是在研究"否定"的起源时对笛卡尔将"思想实体，即'心'，和广延实体，即'身'，拆开来再试图将二者统一起来"的做法进行了批判。萨特说笛卡尔凭借想象去尝试将身心进行统一的做法是不妥当的，"值得考虑的是：不应当先把两个关系项分开，随后再把它们结合起来：关系即综合"①。萨特所要进行的工作是阻止这种"画蛇添足"的"先分裂，再汇合"。萨特认为若是先将二者抽象出来成为二者（被"二分"过）就永远无法回到具体了（无法回到原初的"一"）。②他认为以上二者在"存在"这个"实体"中具有"分而不裂"的特色，因为实现这一点的是具有"本体状—本体论"性质的"意识"。③为了说明意识为何具有"本体状—本体论"性质，并具有使"可能被二分的东西"实现"分而不裂"的能力，萨特分析了主体的意识。意识被分为"意识的意识"和"被反思的意识"。④其中"被反思的意识"是位置性意识，而"意识的意识"是对"被反思的意识"的意识，具有非位置性，因而是具有意识未分化前的"纯思"性地位、是一种更加根本的纯粹的意识。故萨特只重点探讨纯粹的"意识的意识"的功能和特点。"意识的意识"就是自为的存在，它区别于自在存在。自为存在是非位置性的、半透明的存在，它不是其自身，它是其所不是；而自在的存在则是不透明的存在，它是存在，它是其自身，它是其所是。

---

① Jean-Paul Sartre.*Being and Nothingness*[M].New York City:Philosophical Library, Inc.,1958:3.
② Ibid., 4.
③ Ibid., lxiii.
④ Ibid., lxv.

搞清楚了"自在存在"和"自为存在"的差别之后,萨特便展开讨论"存在"和存在的反面事物"非存在"——也即"虚无"——之间的关系,以及此二者与"自为存在"之间的关系。当萨特问"有没有什么行为能向我揭示人与世界之间的关系?"时,他认为对这个问题的回答必然会有"有"或者"没有"两种,他进而得出:"对这个问题的两种回答将意味着'存在'与'非存在'都是可能的。"① 当对此问题的回答是否定的"没有"时,就意味着我们面对着"行为的非存在"这样一个"超越性"事实。"非存在"是实存的,对"非存在"的回答是实存的,所以"实在"的新成分"非存在"(Nothingness)——或称"虚无"——就来到了世上,是自为使它来到世上。皮埃尔到底在不在咖啡馆里呢? 如果我们回答是肯定的,那将意味着,如果发现了皮埃尔在咖啡馆里是因为"在场物"形成的基质而生成了肯定的答案;如果答案是否定的,那将意味着,如果皮埃尔确实不在咖啡馆里则是因为"在场物"形成的基质的"消灭""幻灭"或"虚无化"而生成了否定的答案。因而可以说否定和肯定是在一个基质生成界面里的,存在和虚无都是在自为作用下同时存在的实存。我们既期待着存在的显现也同时期待着非存在的显现。存在和虚无是"在场物"的两种内在可能性,不能被分开,因为萨特强调道:"存在与非存在是对立的,虚无因自为而来到世上,自为后于存在而先于虚无。虚无包围着存在,又被存在驱逐出来,虚无刻画着世界。"② 存在与非存在及其对应的肯定与否定是由主体的意识也即自为存在发现的两种"在场物"的可能性。存在和虚无各自都是一种"存在",它们是相反的,却又是因自为而混为一体的两种"存在"。

二、否定命题与肯定命题

维特根斯坦处理肯定命题和否定命题之间关系的方式,以及他看待肯定和否定的转化关系的方式中,体现出他的意义哲学中某种类似于萨

① Jean-Paul Sartre.*Being and Nothingness*[M].New York City:Philosophical Library, Inc.,1958:5.
② Ibid., 18.

特处理"存在"与"虚无"的关系时所持的态度。

1930年1月，维特根斯坦在石里克家中与魏斯曼的对话揭示了他所认为的肯定命题与否定命题在逻辑空间中具有的"相反相成性"。

> 否定命题比肯定命题少些意义吗？是，但又不是。
>
> 是，如果所指的是下面的情形：如果我能从p推出q，而不是从q推出p，那么，q比p少些意义。于是，如果我说："这朵杜鹃花是红色的"和"这朵杜鹃花不是蓝色的"，那么，我能从前一个命题推出后一个命题，而不是相反。在这一意义上，你可以说否定命题比肯定命题少些意义。
>
> 不是，如果所指的是下面的情形（这是我的主要看法）：否定命题和肯定命题一样赋予了实在同样多的多样性。如果我说，"我没有胃痛"，那么，与我说"我有胃痛"时一样，赋予了实在同样多的多样性。因为，如果我说"我有胃痛"，那么，仅仅通过这一命题，我预设了一个肯定命题的存在，我预设了胃痛的可能性，而且，我的命题在胃痛空间中确定了一个位置。并不是好像我目前的状况与胃痛没有一点关系。如果我说："我没有胃痛"，那么，可以说，"我处在胃痛空间中的零位"。但是，我的命题预设了整个逻辑空间。
>
> 同样，"那两个物体之间不存在距离"与命题"那两个物体之间相互保持着某某距离"是同一种类的命题，这两种情形有着同样的多样性。
>
> 当我说肯定命题并不比否定命题多一些意义时，我指的是后面这种情形，关于实在，两者都赋予了实在同样的多样性。①

以上观点属于维特根斯坦前、中期哲学的命题观，在一般学者看来带

---

① 维特根斯坦.《维特根斯坦与维也纳学派》[M].徐为民译.上海：同济大学出版社,2004年.第50—51页.

有明显的《逻辑哲学论》中"逻辑图像论意义观"的痕迹。但细读便可发现,否定命题正萦绕在与其"同轴"的肯定命题周围,而肯定命题也同样萦绕在与其"同轴"的否定命题周围,肯定命题与否定命题之间的关系犹如音响师手中按着的一只可以左右滑动的音量均衡按钮,向左滑动音量减小,直至最小——静音——就是矛盾式命题的"都为假";向右滑动音量增大,直至最大——沸音——就是重言式命题的"都为真"。也就是说,将命题向左推就是否定性多一些,向右推就是肯定性多一些。而推动的过程中不能断定"命题均衡器按钮"所处的位置是肯定还是否定的,因为这一动态的过程中的每个点都是既包含着肯定也包含着否定,否定和肯定处于同一个逻辑空间中,它们密不可分,在"均衡器"的一个点上由于同时为实在布置着无数多的可能性而应被看作一个整体的"存在"。

　　对这种存在主义的态度,魏斯曼提出了反对意见:"与肯定命题相比,否定命题给予实在更多的余地。例如,如果我说,'这朵杜鹃花不是蓝色的',那么,我仍然不知道它是什么颜色。"① 对此,维特根斯坦回应道:"当然,在这一意义上,否定命题比肯定命题少说了一些东西。"② 但是我们可以看出,维特根斯坦在这里对魏斯曼的勉强赞同,是包含了他对魏斯曼只注重表层语法上所看到的"否定命题为实在留下更多余地"的批驳。他在紧接下来的论述中借强调他是如何判定一个命题的意义来实现那种批驳,他说:"我曾经写道:'如果我知道一个命题为真和为假的情形,那么,我也知道了这个命题的意义。'据此,我认为,如果我知道什么时候它是真的,那么,同样地,我也知道什么时候它是假的。如果我说'这朵杜鹃花不是蓝色的',那么,我也知道了它什么时候是蓝色的。为了认知它不是蓝色的,我必须把它与实在进行比较。"③ 也就是说,否定命题和肯定命题是相互比较,互为背景而共同"存在着"的,就犹如维特根斯坦在《哲学研究》

---

① 维特根斯坦.《维特根斯坦与维也纳学派》[M].徐为民译.上海:同济大学出版社,2004年.第51页.
　　② 同上。
　　③ 同上。

中以黑白两色的"双十字章"所呈现给我们的"面相学"那样包含着两种因相反、相对照才能呈现在我们面前的实在的、整体的画面。同样地,在《逻辑哲学论》中维特根斯坦也给出了一个"白纸上的黑斑块儿"(TLP4.063)的例子,来证明分别对应肯定命题与否定命题的黑斑与白斑必须相反、相对照才能实现命题的意义。没有白斑,我们便看不到黑斑;没有黑斑,我们便看不到白斑。当我们强调黑斑所代表的肯定命题时,必须包含白斑所代表的否定命题作为与黑斑紧紧齿合着的背景;反之亦然。

无论我们说某个命题是个否定命题还是个肯定命题都是没有意义的,因为当我们把这个命题说出来了,就等同于留下大片没有被说出来的"余地"或"背景"。说出来的是不完整的,因而不能被当作完整的意义。真正完整的意义存在于当我们用放大镜将黑斑和白斑无限放大而看到的那个交汇的边界上——它非黑非白,亦黑亦白——可既然是"无限放大"就是一种永远无法达及的状态,否则又怎么能被称作"无限"呢?故而,我们在那张白纸上可以说的命题或可以用黑斑白斑写下的命题都是没有意义的,可同时意义却又就是在这"黑与白的'二共体'中'存在着'"。

用维特根斯坦的话来总结一下上面肯定命题与否定命题之间的相反相生的关系就是:"肯定命题和否定命题处于同一层面。当我用一把标尺来测量某物时,我不仅知道某物有多少长,而且也知道它没有多少长。为了证明一个肯定命题,我也要证伪它的否定命题。无论何时,当我知道这朵杜鹃花是红色的,那么我也知道它不是蓝色的。这两种情形是不可分的。命题的'真值—条件'预设了它的'假值—条件',并且,反之亦然。"①

三、遵守规则的悖论

维特根斯坦在《哲学研究》中论述了关于规则和遵守规则的重要论题,并形成了为人们广为争论的"遵守规则的悖论"。

---

① 维特根斯坦.《维特根斯坦与维也纳学派》[M].徐为民译.上海:同济大学出版社,2004年.第52页.

　　我们刚才的悖论是这样的：一条规则不能确定任何行动方式是因为我们可以使任何一种行动方式和这条规则相符合。要是可以使任何行动和规则相符合，那么也就可以使它和规则相矛盾。于是无所谓符合也无所谓矛盾了。

　　我们依照这条思路提出一个接一个解释，这就已经表明这里的解释有误；就仿佛每一个解释让我们至少满意了一会儿，可不久我们又想到了它后面跟着的另一个解释。我们由此要表明的是，对规则的掌握不尽是[对规则的]解说；这种掌握从一例又一例的应用表现在我们称之为"遵从规则"和"违反规则"的情况中。（PI 201）

　　我们看出，在维特根斯坦看来，代表"肯定命题"的"遵守规则"与代表"否定命题"的"违反规则"之间仅有很少的差别，或者说根本没有差别，它们是一体的，因为行动方式可以去迎合"规则"而进行任意方向的调整从而变得合乎规则，进而模糊了"与规则相符"和"规则相悖"之间的界限；我们对规则所作出的解释可以是一连串的、不间断的，直至我们对某个规则作出的解释是符合当前的行为的。这样一来"不遵守规则"的行为也会因为对规则的解释发生了改变而变成了"遵守规则"的行为。这样一来，"遵守规则的行为"和"违反规则的行为"之间的界限也就消失了。一句话，每一个行为举动都可以被弄得符合规则，于是规则也就不成为制约行为举动的"逻各斯"了。

　　如上的悖论难以解决，于是在克里普克的眼里形成了一种"彻底的怀疑主义"，使他认为在维特根斯坦那里无法保证任何所发生的事实的确定性。在克里普克眼里，维特根斯坦的语言游戏和规则之间存在着"规则解释无限后退"的困境，即一个不符合规则的语言游戏可以因对规则的解释而获得匹配，但怀疑论在新的平面上又会继续进行，但这个过程终将停下来，而停下来的终点就是"规则在黑暗中的'一跃'"——即"我盲目地应用这条规则"。①克里普克似乎看到并过于强调维特根斯坦在"当我遵守规则时,我并不选择。我盲目地遵守规则"(PI 219)中所表达的观点,并追随了维特根斯坦的"盲目"二字,将之阐述为那神秘的"一跃"。这种解读曾引起很多后续讨论,并相继提出与克里普克不同的方式来尝试解决这个悖论。学者们尝试使用"解释主义""向性论"或"还原主义和柏拉图主义"来击败克里普克那样解读的怀疑论的维特根斯坦。但实际上,无论是怀疑主义还是以上三种解读思路的任何一种都是维特根斯坦所反对的,因为它们都是试图将语词拆分成"声音/笔记"与"意义"这两种东西,然后再想办法试图将这两种东西进行整合,以期形成二元综合。②这是一种基础主义的"遗毒",是维特根斯坦最为反对的做法。"先拆开再综合"的做法简直是多此一举,因为词语是"性感的、立体的",将它拆成两个被对象化了的抽象的事物本来就已经破坏了语词在具体的语言游戏中的模样。接下来又尝试将它们再度综合起来,就更加使词语本来的具体模样变得面目全非了。

不可否认,维特根斯坦确实在《哲学研究》中提到了"我盲目地遵守规则"(PI 219),但他在后来的《数学基础评论》中对此的回应是:"遵守规则就是遵守命令,然而有时候遵守规则是盲目的,因为我按照命令去做只是因为我收到了那样的命令……人们只是机械地遵守规则,'机械地'意味着不用思考,但是彻底地不用思考了吗? 连反思都不用了吗?"③维特根斯坦在此试图将我们引向对"反思"的关注,"反思"也是萨特借以证明"存在"的有力工具。

因此,我们可以为维特根斯坦借助遵守规则的悖论所要阐明的观点做一番全新的存在主义特点的解读。维特根斯坦所论述的遵守规则和违

---

① Saul A. Kripke. *Wittgenstein on Rules and Private Language: an Elementary Exposition*[M]. Harvard University Press, 1982: 17.

② David H. Finkelstein. "Wittgenstein on Rules and Platonism"[A]. *The New Wittgensitein*. A.C. a.R. Read. eds., London and New York: Routledge, 2000: 53-73.

③ Ludwig Wittgenstein. *Remarks on the Foundations of Mathematics*[M]. Oxford: Basil Blackwell, 1978. Pt VII: 60.

反规则的问题中包含着"正向"的"遵守规则"和"反向"的"违反规则"(或者我们完全可以将之称作"发明规则")两个连续的论题。它们二者犹如一场语言游戏中每一个时间点上同时共存的"两种存在"———一个是"自在存在"性质的"遵守规则",另一个是由"自为存在"———即游戏主体的意识———带到游戏中的"违反规则"。这二者之间没有明显的界限,这是由于萨特那里的"存在"和"虚无"是相互包围、相互转化的关系,如果缺少了任何一方都无法描述世界。"遵守规则"代表的是"自在存在"的语言游戏,"违反规则"代表的是由"自为存在"性的作为语言游戏参与者的"人"带给语言游戏的"非存在性"。此"非存在"性质的"违反规则"是语言游戏中多种可能性的"敞口"。它通向语言游戏的未来,在语言游戏中又是与"自在存在"性质的"遵守规则"在同一个时点上构成语言游戏的"存在"。正因为语言游戏中有作为"虚无"存在的"违反规则"为语言游戏带来诸多的可能性,才使得我们获得了作为"整体"的生活形式的面貌,其中包含着抑或必然、抑或随机的可能性。这样的生活形式符合维特根斯坦的思路———无所谓与规则相符合也无所谓与规则相矛盾,因为生活形式是被给予的,"必须接受下来的东西、给予我们的东西———可以说———是生活形式"(PI 272)。这一"被给予"的生活形式就犹如萨特所言的"我们是被'抛'入世界"的说法有异曲同工之妙。

因此,可以说维特根斯坦无论前期谈到"命题的一般形式是:事情是如此这般的"(TLP 4.5)还是在后期谈到"'思想一定是某种无与伦比的东西'。当我们说并且意指:这件事情是如此这般的;这时我们意谓的东西所对应的不折不扣是个事实:这件事情———是———如此这般的。但这个悖论(它却有自明之事的形式)也可以这样来表达:我们能够思想事情之所不是"(PI95),他都是在试图强调一种"被给予"的、同时包含着"肯定"与"否定"在一个"存在"中的存在主义特色的思路。他强调的是在进行对语词或命题意义的研究时不要进行对象的"二分",因为他前后期思想中引导人们去关注的"显示自身的"东西都是一种"自明"之物。

第四节 "经验世界"与"价值世界"

一、自我性的圈子

由于维特根斯坦的意义理论最后面向的是人的价值和生活的意义，我们不得不提到萨特存在主义哲学中关乎于"人"或者说是"自我"的特别用语——"自我性"。

与维特根斯坦将"自我"当作一种非实在的用于"划界"的基点不同，在萨特看来，"自我"等同于"我"，"自我"是作为超越的自在显示在意识面前，"自我"作为人类世界中的实存者不是意识的某种属性。[①] 作为自在的"自我"不能居于意识当中，它是"反思—被反思的无限运动"的原因，是理想或极限状况下的"自我"的实存。在此，"反思—被反思的无限运动"就是不断促使自为以"缺失者"的形式成为自为所是的过程，[②] 而"以'缺失者'的形式成为其所是的"体现的属于"意识"的"自由"的"必然性"，该"必然性"便是人的"自我性"，也即"人必然是自由"。

在谈论"自我性的圈子时"，萨特先是用了"新月—满月"之间对比转化的例子来说明人的实在是一种欠缺，并且它欠缺的是与自身的重合。

> 每一个特殊的自为都欠缺某种特殊具体的实在，这种实在的同化综合使自为转化为自我。它为……而欠缺……，就像破损的月轮欠缺能使月亮完整并使之成为满月的东西。因此，欠缺者在超越性

---

① Jean-Paul Sartre. *Being and Nothingness*[M]. New York City: Philosophical Library, Inc., 1958.103.

② Ibid, 104.

的进程中涌现并且从所欠缺者出发通过回归向着存在者规定自己。这样规定的所欠缺物对于存在者来讲是补充物和超越物。因此，新月为了成为满月所欠缺的恰恰是月亮的一角，钝角ABC为了成为两个直角所欠缺的是锐角CBD，二者的性质是一样的。①

这里，自为为了成为一个整体而欠缺的与所欠缺者都属于同一性质的"自为"。那个"新月"代表"不是其所是"的"自为"——"在场"的"自为"；那个"新月为了成为满月而欠缺的一角"代表的是"是其所不是"的"自为的可能性"——"不在场"的"自为"；"新月"和"新月为了成为满月而欠缺的一角"相加便使"满月"所代表的自在的"自我"得以形成。从自为向"自我"的原始超越永远是"在场"的自为与"不在场"的自为的同一性"谋划"，而后者就是新月所欠缺的各种使新月得以成为满月的可能性——自为的可能性。"自为的可能性"在自为的虚无中涌现，它是不在场的在场（absent-presence）。"可能性"是通过人来到这个世界上的，萨特的这种说法就好像维特根斯坦在谈论"属于人的语言游戏中存在各种不同的语法规则，而语法规则的各种可能性最后都要帮助人们实现当下的语言事件"一样，即语言活动中有变动的可能性，而所有的可能性最终归汇为不可言说的语言意义的总体性存在。这里的总体性存在便是萨特那里的"自我性的圈子"，指的是作为"有所欠缺者"（the lacked）的自为与作为"缺失物"（the lacking）的"自我性"（或称"自为的可能性"）在一场称作"反思—被反思的无限运动"过程中共同走向、却永远无法真正走向的目的地——一个实存的自为和虚无化的自为构成的"二元相对而生的整体"。而"价值"就是那个永远达不到的自为的可能性的整体，价值就是不在场。② 价值是非存在，是虚无化了的自为存在。如果达到了价值，人也就实现了他的本质，正因为人在死亡之前永远达不到收揽所有的自为可能

---

① Jean-Paul Sartre.*Being and Nothingness*[M].New York City:Philosophical Library, Inc.,1958: 95-96.

② Ibid. 94.

性,故而永远抓不住价值的全部和人的所有本质。萨特因而说出他那句经典的"存在先于本质",同时这句话里也暗示着人的价值或本质是与人的"时间性"存在有关的。"时间性"是人的存在方式,也是维特根斯坦在论述他的意义理论时所牵涉的一个重要的存在主义思路。

二、在彼岸的"意义"

借助萨特所谓的"价值就是不在场"我们可以反观维特根斯坦在彼岸的"意义"。虽然维特根斯坦没有说"彼岸"二字,他所言的"不可言说的"东西也正是那不在场的价值——世界的意义。"世界的意义必定在世界之外。世界中一切事情就如它们之所是而是,如它们之所发生而发生;世界中不存在价值——如果存在价值,那它也会是无价值的。"(TLP6.41)在《逻辑哲学论》中,维特根斯坦在编制了一个特别精巧复杂的语言分析体系之后,特地强调了这个语言体系中并不存在"意义",它们通通是应被抛弃的"无意义"。之所以如此,是因为语言游戏中存在着诸多的变化和无法用某种科学主义的方法解释的东西。语言游戏处于变动不居的人类共同体的互动中,这种互动的过程是由人类活动参与的"自为的可能性",是一种明知永远也达不到却被人类活动不断追求的东西。"可以言说"的命题是人们语言活动的实际发生,是"自为面向自身的在场";而"不可言说的"部分则便是处于世界之外的"价值""世界的意义",其朝向自在的自为的动态超越过程便是那个"自为虚无化自身"的"不在场的在场"——"自为的可能性",或"人类活动的各种可能性"。每一个"可以言说的"命题背后都必须有它的"不可言说的""是自身的否定性"命题作为依托。因为此二者"一前一后"的状态总体地构成一个"人类参与的语言游戏的'自我性圈子'"。虽然我们在此说它们二者总体地构成一个"自我性圈子",但这个"圈子"实际上是永远都达不到的。也就是说,汇集人类语言所有多样性类状以实现用"可以言说"的命题来表达"世界的意义"的工作是一种"明知不可为而为之"的工作。"世界的意义"是"自为的可能性"那样的"不在场的在场",正因为"可能性"或者说"语言的虚无化"是无限多个的,语言游戏的参与者根本不能将它们汇集全面,如果"全面了",则语言的生命力也就完结了。

　　那么,"追寻'自我性圈子'"既然是一项"明知不可为而为之"的工作,我们是否就放弃了呢? 从人类社会的实践活动来看,语言游戏依然无时无刻地发生着,人们依然在试图全力用语言去"意谓"他们想要指示的东西已达成"世界的意义"。在某些场合下,或人类社会实践的某个节点中,人们取得了这项工作暂时的成功,但这种暂时的成功却又立即会被"自我性的圈子"的具有"数学中无理数性质"的特点所击垮。那个场合、那个场景稍许变化,这小小的成功就变得面目全非。因为正如萨特所注意到的,"自为是一种时间性的存在",因为人的意识的参与,语言游戏中暂时性成功不过就是时间性节点上的"一颗沙砾"——语言游戏是一种动态的总体。属于"现在的过去"的"过去时"游戏与属于"过去的现在"的"现在时"游戏是一个"超越性"的整体;同样,属于"未来的过去"的"现在时"游戏与属于"现在的未来"的"未来时"游戏同样是一个"超越性"的整体。这些"整体"全部都是没有"断裂"的时间性总体,像语言游戏本身那样"变化着、分裂着,充满着各种偶然性",是"可说的—不可说的"本体状存在。

　　作为"世界的意义"的"自我性的圈子"是不易达成的,还因为"自为是一种时间性的存在"。时间性的终结才是自为达到"自我性圈子"的时刻,也即自为实现它的"本质意义"的时刻,此即所谓萨特所言的"存在先于本质"。本质性的"意义"在自为所处的世界之外,是死亡使自我的本质意义来到世界,除此之外,自我永不可能达到"本质的意义"。 维特根斯坦在《逻辑哲学论》中有类似的论述,以阐明他对本质或意义的"彼岸性"的观照。

　　　　死不是生活里的一件事情:人是没有经历过死的。如果我们不把永恒性理解为时间的无限延续,而是理解为无时间性,那么此刻活着的人,也就永恒地活着。人生之为无穷,正如视域之为无限。(TLP 6.4311)

时空之中的人生之谜的解答,在于时空之外。(TLP 6.4312)

这些码段中,维特根斯坦表达了和萨特类似的"人的价值或人的本质是在时空之外或在死亡之后实现"的观点。因为代表"自为的可能性的"的"视域的无限"不到死亡的一刻是不会终结,故而"自我性的圈子"或称"自我"是永远不会实现的,除非"自为""去世"了,"自为"将时间性中的各种可能性都画上了句号时,"人生之谜"才得以解答,人的"本质意义"才得以实现。

此外,如果我们反观维特根斯坦从魏宁格那里得到的启示,即"逻辑与伦理一样都是对生活的责任",我们便会发现,《逻辑哲学论》正是在通过他那主要表现在码段1至码段5的有关命题意义所做的逻辑技术性很强的文章向码段5.6至7的有关向世界之外的伦理价值问题的飞跃,来实现他想要达到的"经验界"和"价值界"的统一:"自然科学构造的经验界"是形而上学的"我"——自为——面向自身的在场;而"自然科学以外的伦理价值界"是形而上学的"我"——自为——"虚无化自身"而成的"不在场的在场",是无限多种可能性的集合。"我的语言的界限也就是我的世界的界限。"(TLP 5.6)这里的"我"是形而上学的主体,是将"逻辑"和"伦理"进行"存在主义"统一的"自为存在",是不属于"世界"的"世界的边界":"主体不属于世界,然而它是世界的一个界限。"(TLP 5.632)

三、在生活形式中的"意义"

在维特根斯坦看来,"可说"的"经验界"与"不可说"的"价值界"是被言说的界限分割着。然而,正因为"由语言和行动——那些和语言编制成一片的活动——所组成的整体称作'语言游戏'"(PI 7),而使得人类的语言是一种"可说的—不可说的"本体状存在,进而使得"可说"的"经验界"和"不可说"的"价值界"之间的界限在一种时间性变动中消失,"呈现"给我们的是作为整体的生活形式,及其"意义"。

"经验界"和"价值界"之间的裂隙是靠生活形式来弥合的。生活形式是分析语言意义的基础。"想象一种语言就叫作想象一种生活形式"(PI 19)，"人们所说的内容有对有错；就所用的语言来说，人们是一致的。这不是意见的一致，而是生活形式的一致"(PI 241)。可以说，人类的语言是一种肯定与否定"集于一身"的"本体论—本体状"的存在。类似的观点，维特根斯坦在《逻辑哲学论》的码段 4.0621 中也有所表达，他说"然而记号'p'和'～p'能说同样的东西，这一点很重要，因为它表明实在中没有与记号'～'相对应的东西。一个命题中出现的否定，不足以表征这个命题的意义(～～p=p)。命题'p'和'～p'具有相反的意义，但是和它们相对应的是同一个实在。"(TLP 4.0621)这里"'p'和'～p'所代表着的相同的东西"就是"意义的存在"，"意义的存在"是"肯定带着否定滑向全然的肯定"或"否定带着肯定滑向全然的否定"的总体性动态过程，人们没法分清楚在某个时间性(当然，这里的时间性不是时空中的时间性)节点上到底是肯定还是否定，它们一股脑地全然都在语言的"面向自身的超越中"——人类语言所搭建的生活形式中。

　　生活形式之于"意义"的基础性地位如赫托(Daniel D. Hutto)在阐述"二元论中的先验原则"中所说的："它犹如实在本身那样远离实在本身。"①这本身就是萨特存在主义中那"是其所不是，不是其所是"所揭示的自为的状态。细想开来，人类的生活就是如此的一种在"分歧"中摒除"分歧"的总体性状态，而生活形式中的个体性差异，用维特根斯坦的话来讲，"是靠行为和言语中的'赞同'与'异议'共同弥合起来的"②。

---

　　① Daniel D. Hutto. *Wittgenstein and the End of Philosophy—Neither Theory nor Therapy*[M].NY: Palgrave Macmillan,2003:9.

　　② Rudolf Haller. "Was Wittgenstein a Relativist?" [A]. *Wittgenstein: Mind and Language*. R. Egidi. ed., Netherland:Kluwer Academic Publishers, 1995: 223–231.

第六章　维特根斯坦意义理论的"意义"

　　卡茨在他《意义的形而上学》一书中曾谈到意义理论对维特根斯坦哲学的重要意义,认为维特根斯坦对意义理论的态度和观点在维特根斯坦后期哲学中所起的重要作用不亚于笛卡尔对"我在"的证明在笛卡尔的认识论基础中所起的作用。根据我们所做的分析可以看到,维特根斯坦的关于语言与世界之间关系的论述无论是在他的前期哲学还是后期哲学中都是他用来撬动自己整个哲学的支点,是借以展开他肇始的哲学语言转向的发动机。维特根斯坦的意义理论"是一个固定点,这个点能让他把哲学世界从其对传统问题的关切移开,不再去试图回答形而上学问题,而是移向治疗性关切,试图去治愈我们问形而上学问题的冲动"①。不难看出,维特根斯坦探讨意义理论不是目的,意义理论是他实现自己哲学目的的重要起点。只有解决了语言的意义问题,才能达到他的"后—认识论"的哲学目的,才能为人类一直以来苦苦追求的形而上学问题找到正确的出路。

　　意义理论在维特根斯坦那里是重要的;意义理论背后的"意义"同样重要,它是意义理论的"产物",是维特根斯坦想要借助意义理论达至的理想———一种面向人类生活本身的哲学。

---

① 卡茨.《意义的形而上学》[M].苏德超,张离海译.上海:上海译文出版社,2010年.第9页.

第一节　意义与哲学本性

一、哲学的目的

现在让我们回头看一看维特根斯坦为什么要把"意义"问题当作最根本的突破点,"意义"问题的解决到底隐藏着怎样更为根本的哲学目的?

我们需要回到维特根斯坦的笔记上来。在《蓝皮书和褐皮书》中,维特根斯坦开宗明义地提出了意义问题与他的哲学目的之间的紧密关系:

> 什么是一个词的意义?
>
> 我们想用下述方法来处理这个问题;我们首先提问:什么是对一个词的意义的解释? 对一个词的解释看起来是怎样的?
>
> 这种提问帮助我们的方式,类似于"我们如何测量长度"这种提问帮助我们理解"什么是长度"这个问题的方式。
>
> "什么是长度"、"什么是意义"、"什么是数目1"等问题,是我们的精神痉挛由以引起的原因。我们察觉出,我们不能通过指出任何事物来回答这个问题,尽管我们应当指出某种事物。(我们在这里涉及哲学混乱的重要根源之一:一个名词促使我们去寻找一个与它相对应的事物。)①

这段话足以表达如下几点意思:第一,探索语词的意义是维特根斯坦继前期哲学的逻辑澄清活动之后继续关心的问题。可以说,维特根斯坦的前期哲学是关于命题意义的逻辑视角的探索,而其后期哲学将以不同于逻辑的视角继续追问意义问题。第二,探索"语词的意义"就必须先探

---

① 维特根斯坦.《蓝皮书和褐皮书》[M].北京:北京大学出版社,2012年.第3页.

索"'语词的意义'的意义"。维特根斯坦意识到关于"语词的意义"的问题的解答必然会走向与获得"语词的意义"的手段、途径、境遇相关的周边问题的解答,这必然使对"语词的意义"问题的解答陷入无穷后退的追问当中。第三,这种无穷后退的追问就是哲学混乱的原因。也就是说,在人类理智史长河中,人们长期探索寻找哲学形而上学概念的答案是徒劳的,因为形而上学概念的探索是一场关于那个形而上学概念的意义的追问,这场追问是个"无底洞",人们越是想说清楚那个形而上学概念是什么就越是说不清楚,无穷无尽的对形而上学的东西的言说和解释最终只是表现了人类陷入了一场哲学的困惑之中不能自拔。第四,维特根斯坦的哲学目的是暗示人们逃离那场因探索"什么是一个语词的意义"的问题而陷入的困惑。

　　维特根斯坦的意义理论并非为了得出什么"理论"。他是反理论的,他对意义理论的探索是为了停止对意义理论的探索,停下人们对任何形而上学理论进行探索的企图。"哲学的目的是从逻辑上澄清思想。哲学不是一门学说,而是一项活动。哲学著作从本质上来看是由一些解释构成的。哲学的成果不是一些'哲学命题',而是命题的澄清。可以说,没有哲学,思想就会模糊不清:哲学应该使思想清晰,并且为思想划定明确的界限。"(TLP 4.112)前期维特根斯坦通过对意义的问题进行一番逻辑视角的阐释,期望提醒人们西方理智的历史中对任何形而上学问题或学说的探索都将是徒劳的。哲学命题不是哲学工作的成果,哲学的目的是进行解释性的澄清。这种澄清只能无限靠近却永远不会最终达到命题的"意义"的全部,因为那种位于澄清工作"终点"的"意义"的全部是"彼岸"的不可说的东西。这一在彼岸的不可说的东西"存在"着,它是我们已经拥有的"不是其所是"的"存在"和"是其所不是"的"存在"的总体。为了强调他如上的关于哲学目的的观点,维特根斯坦在与维也纳学派成员的对话中谈道:"哲学问题的答案绝对不能是惊人的。在哲学中你不会发现任何东西……我想反对的一种错误观念是,认为我能够偶然遭遇我们如今仍不能见到的东西,认为我们能发现某些全新的东西。这是错误的。实际的情况是:我们已经拥有了一切东西,而且,我们已经实实在在地拥有了它们,就在眼前;我们不必等待任何东西,我们在我们日常语言的语法领域中进行,而且,这种语法早已是现成的了。因而,我们已经拥有了一切,并不需要期待未来。"①

维特根斯坦哲学的目的不是借对语言意义的探讨来构建意义理论或者任何别的理论。如果哲学的目的是构建什么理论的话,那么哲学的目的就等同于任何一种科学理论的目的了,这是维特根斯坦极力反对的,"整个现代的世界观都建立在一种幻觉的基础上,即认为所谓的自然律是自然现象的解释"。(TLP 6.371)"所以,当代人们站在自然律面前,就像古代人们站在神和命运面前一样,把它视为某种神圣不可侵犯的东西。事实上他们俩都是正确的,也都是错误的:虽然古代人们的观点更为清楚一些,因为他们承认有一个明白的界限,而现代的系统则力求显得似乎一切都已经得到了解释。"(TLP 6.372)可以看出,维特根斯坦借意义理论想要达到的目的是批评古人和当代人在追求理论基础的活动上所犯的错误:古人的解释虽不是为用理论来穷尽一切但却终止于他们熟悉的事物,如神或上帝;而当代人则是想要用因果必然性的链条来穷尽一切,当代人的问题显然不在于有些东西还未找到合理的解释,而在于他们所认为的最终合理的解释只不过就是"解释"的"幻想"而已。

我们未尝不可追随"新派"对维特根斯坦"意义"问题的解读,发掘维特根斯坦借意义问题所要传达的持续一贯的哲学目的——"去幻"。无论是维特根斯坦前期用数学逻辑的方法"搭建"的意义观,还是维特根斯坦后期用语言游戏"搭建"的意义观,都流露出对理论建构的反对,理论是维特根斯坦主张消除的"幻觉"。

哲学的目的,在维特根斯坦看来,应该是实现一种对科学理论的"整体突围"。在科学理论的外围形成一种"解释的包围圈",绝不是像科学理

---

① 维特根斯坦.《维特根斯坦与维也纳学派》[M]. 徐为民译. 上海:同济大学出版社,2004年. 第145页.

论那样为经验性的事物构造某种符合彻底归纳律的理论体系。哲学应该位于科学左右，"默默"地陪伴、辅佐和罩叠着科学，"哲学不是自然科学之一（'哲学'一词所指的东西，应该位于各门自然科学之上或者之下，而不是同它们并列。）"（TLP 4.111）。哲学的目标不是成为高高在上的一切自然科学的"统领者"，更不是成为为任何一种科学服务的"婢女"，"达尔文的理论不比自然科学中任何其他一种假设更与哲学有关"（TLP 4.1122）。哲学距离每一种哲学的远近关系都大体相同，每一种自然科学也都与哲学保持着"不可分离"的"分离"状态，一种"第亚斯波拉"[37]结构。可以说，每一种科学都与哲学有关，哲学隐藏在自然科学背后为全部自然科学命题的意义逃脱"无意义"趋近"意义"提供无以言说的"保障"，其提供"保障"的途径便是进行"澄清"，逻辑视角的"澄清"，或者是"别的"视角的"澄清"。

后期维特根斯坦对意义的澄清采取了不同于逻辑的视角，一种多维度的游戏视角，但他的哲学目的依然是提醒我们哲学与自然科学不对等的地位却"内聚"关联的彼此关系，同时提醒我们为"去幻"而对理智进行不停地斗争："说我们的考察不可能是科学的考察，这是对的……我们不提出任何一种理论。我们的思考中不可有任何假设的东西。必须丢开一切解释而只用描述来取代之。这些描述从哲学问题得到光照……哲学是针对借助我们的语言来蛊惑我们的智性所做的斗争。"（PI 109）

可见，维特根斯坦后期的意义理论中"没有理论，反对理论"，理论的构建"似乎只是在摧毁所有有趣的东西，即所有伟大而重要的东西"（PI 118）。"所有有趣的东西"是真正伟大而重要的东西，这些东西就是语言游戏中体现着的那变化万千的经验世界的诸多要素。"借助我们的语言来蛊惑我们的智性"指的是我们想用语言作为工具来找到经验世界的"绝对秩序"。然而正因为"语言"这个用来解决形而上学理论概念问题的有用的工具在被使用时必须途经"语言的意义"的获得而变成了蛊惑智性的工具。这个时候，哲学工作的伟大目标就是为了消除"蛊惑"而进行"斗争"。"斗争"的方法就是用"描述"取代"解释"。"解释"会陷入无限后退的"解释",而"描述"则是日益接近"想要解释清楚却实则不能靠语言解释清楚的""不可言说"的东西。

二、哲学的特性

维特根斯坦的哲学是在借助对意义问题的探索来帮助人们去除语言为蛊惑我们的智性设下的迷障。他的意义哲学的最终目的是帮助人们消除"意义的幻象",消除人们乐此不疲地追求着的虚幻的"终极解释"。这种对"本质"进行的没有结果却乐此不疲的徒劳追求是人类理智的本能,是刻在人类理智的基因序列中不可抹去的趋向,是人类先天性的理智"疾病"的表现。维特根斯坦的以"去幻"为目的的关于"意义"的哲学被诸多学者[38]称为一种"治疗哲学",用来治疗人类"理智的疾病"。

不可否认,维特根斯坦的前后期意义理论中都确实隐藏着"治疗"的意图,"治疗哲学"是可以将维特根斯坦前后期哲学进行连贯解读的重要"标签"之一。"当哲学家使用一个词——'知''在''对象''我''句子''名称'——并试图抓住事情的本质时,我们必须不断问自己:这个语词在语言里——语言是语词的家——实际上是这么用的吗?我们把语词的用法从形而上学的用法重新带回到日常用法。"(PI 116)维特根斯坦注意到人们总是强调对语词意义的本质的追求而忽视语词意义在日常用法中的"存在"。实际上,语词意义的形而上学的本质在其实际用法中体现为各不相同的语言游戏殊相,它们不可能被"抽象化"和"本质化",我们却费尽周折去做那不可能的事情,因为"一幅图画囚禁了我们。我们逃脱不了它,因为它在我们的语言之中,而语言似乎不断向我们重复它"(PI 115)。那幅图画就是对形而上学概念的终极的理想解释,我们总是在寻找此图画,是语言在引诱我们去寻找此图画。我们寻找此图画的冲动绵绵不绝,我们其实根本就找不到那"赤裸裸的纯然理想的图画"。但我们依然痴迷于此,不知如何转身。维特根斯坦提醒,在追求"意义的清晰完善"的过程中,我们已经到了该转身的时候了,"我们所追求的清晰当然是一种完全的清晰。而这只是说:哲学问题应当完全消失"(PI 133)。我们对形而上学概念的意义的追求应该最终归结为形而上学概念问题的取消。根本不存在对某事物的终极解释,一旦有那种最终的解释,也必将被当作"无意义"的东西而被抛弃。这一点与维特根斯坦在《逻辑哲学论》中阐明的观点相同,即可说的东西是无意义的,而真正有意义的东西是不可说的。言外之意是,若是说出了不可说的东西,那么所说出的东西就变成了"无意义"。因此,维特根斯坦是在建议我们抛弃"说出不可说的终极解释"的做法,让"哲学的问题消失"。因为"若解答不可说,其问题也就不可说"(TLP 6.5)。可见,无论是维特根斯坦的前期哲学还是他的后期哲学,都是在借助意义理论的探索让人们注意到"哲学问题的消解",试图治疗人们天生就有的一种"总是想要说出不可说的东西"的"疾病"。这个"哲学病的主要原因——偏食:只用一类例子来滋养思想"(PI 593)。这里的哲学"偏食症"是指人们偏偏只想追求那唯一绝对正确的解释,就像他在前期哲学中用那似乎唯一正确的逻辑的方法来求证命题的意义一样,必将换来一个"无意义"的庞大系统,而它的"意义"却"存在"于不可说的系统本身之内。

(一)"治疗哲学"的上升形式

维特根斯坦的意义理论展现了"去幻"的治疗哲学的特性,他用来治疗"理智疾病"的处方,就是要"保持沉默"。要想获得"意义",无需说出整个"系统",拒绝诉诸哲学理论去解释我们所有人通常给予现象的那些特征,拒绝解释那些特征的任何尝试,而应该保持"沉默"。① 这个"处方"被约翰·麦克道威尔(John McDowell)称为"寂静主义"。

"寂静主义"也就是"紧缩论",它是一种将哲学的功能总地看作一种治疗性活动的哲学立场。寂静主义者如诺尔曼·马尔康姆(Norman Malcolm)、理查德·罗蒂(Richard Rorty)和约翰·麦克道威尔认为哲学不建构正面的理论,哲学的价值在于驱散语言和概念体系中的混乱,以此来终结

---

① 恰尔德.《维特根斯坦》[M].陈常燊译.北京:华夏出版社,2012年.第319页.

人类理智的困惑,帮助人类理智回归宁静。麦克道威尔认为维特根斯坦的哲学中,特别是有关遵守规则问题的论述中,存在着拒斥柏拉图主义的"寂静主义"态度,认为维特根斯坦在谈论关于"2,4,6,8……"这个数列之延续的正确标准的问题上是反对规则的可还原性的,反对从更基本的非规范性事实中去构建出规范性事实的做法。麦克道威尔强调维特根斯坦治疗我们理智的先天疾病的方法是停止言说而要综观,哲学的疗法就是"让事实就如它所是的那样"(Leave everything as it is.),强调哲学不能对"思想与言说是如何与世界相关"的问题作出任何解释,哲学只能对包含哲学问题的事例作出重新描述,使受理智困惑的哲学家回归"思智的宁静"。

　　新维特根斯坦学派的学者甚至将《逻辑哲学论》中关于"不可说的东西要保持沉默"的观点也归结为一种维特根斯坦式的"寂静主义",从而使维特根斯坦的前后期哲学在这种"治疗哲学"的特性上形成了前后的连贯。对《逻辑哲学论》进行"治疗性哲学"解读的思路在 20 世纪 60 年代由新派的一些学者发起,虽然不算是主流的解读思路,但仍得到很多学者认可。这些学者不是将《逻辑哲学论》中全部的文字都看作治疗性的,只是果断地宣称维特根斯坦的"扔梯子之谜"为我们预设了其独特的哲学"治疗性"特性:维特根斯坦先是让人们觉得那些码段在逻辑上是有意义的,从心理学的角度上看那些码段充满"有意义"的"诱惑",引诱人们先占有语言的外部视角,再让人们突然发现那个外部的视角只不过是一个幻觉而已。当人们对貌似"有意义"的东西恍然大悟的时候,维特根斯坦的"哲学治疗"也就要成功了。只有彻底地抛弃语言的外部视角,抛得无物可剩,也就遵守了维特根斯坦的"治疗"。[①] 最终,新派学者重点突出了维特根斯坦将治好哲学家的"哲学病"的有效途径交给了"对于不可说的东西我们必须保持沉默"(TLP 7)的"寂静主义"哲学观。

---

　　① Alice Crary. "Introduction"[A]. *The New Wittgenstein*. A.C.a.R. Read. eds., London and New York:Routledge, 2000: 1–18.

（二）"治疗哲学"的下降形式

当我们试着用"治疗哲学"的思路来理解维特根斯坦的"人生问题的解答在于这个问题的消除"（TLP 6.521）和"哲学问题应当完全消失"（PI 133）时，应该试着像维特根斯坦本人所爱好的反语问话那样提出如下的问题：哲学家们的哲学病是否被维特根斯坦的意义哲学所引出的"治疗"性功能彻底治愈了呢？人们追求理智基础的本能是否被维特根斯坦的治疗哲学彻底化解而蒸发消失了呢？哲学工作和哲学问题是否应维特根斯坦的"要求"而真的消失了呢？

如果我们仔细地反思以上的问题，一定会得出否定的答案。人类理智追求基质的本性难以改变，哲学的问题依然存在，即使"保持沉默"也是一种哲学工作的工作方法。"治疗哲学"的效力呈现出下降的态势。虽然麦克道威尔是"寂静主义"的主要提倡者，他依然谨慎地注意到人类受到理智诱惑的本性是不会改变的，享受"寂静"只是暂时的。[1] 赫托认为治疗法应该与教条法综合一下，纯粹的治疗最终将走向自相矛盾。维特根斯坦的意义理论所演化出来的哲学本性不是"理论化"的，更不是"治疗性"的，而应该是一种"浪漫主义自传体哲学"，是一种"科学自然主义哲学"。[2] 维特根斯坦虽然赋予事实性和科学式的语言以核心地位，但他并不接受用科学主义的逻辑原子主义方法来构造"有意义"的东西，他拒绝将较为温和的"边缘地带"同化为"坚硬的核心"，特别是装扮成那种超验的形而上学的东西。[3]

维特根斯坦在警醒人们不应该对形而上学的追求保持沉默的同时就"在原地静静地待着什么也不做"了：维特根斯坦一方面明确地承认科学命

---

① Kevin M. Cahill. *The Fate of Wonder——Wittgenstein's Critique of Metaphysics and Modernity* [M]. New York:Columbia University Press,2011:15.

② Daniel D. Hutto. "More Making Sense of Nonsense: From Logical Form to Forms"[A]. *Post-Analytic Tractatus*. Barry Stocker ed., Hants: Aldershot, 2004: 127-150.

③ 安东尼·肯尼编.《牛津西方哲学史》[M].韩东晖译.北京：中国人民大学出版社,2006年.第242页.

题的"有意义",另一方面更加关注在"彼岸"的审美、伦理等的"更加有意义"。他甚至愿意将自然科学命题的"有意义"当作暂时的"有意义",同时也将自然科学命题当作在"彼岸"的审美、伦理主题面前的"无意义"而"舍弃"。

可见,维特根斯坦对人类生病的"理智"进行"哲学治疗"的方法不是将"患病的理智"彻底清除,而是对"患病的理智"采取了保守疗法。这种疗法,透露出一种类似于存在主义的"内聚的二元论"的方法:他不彻底否定自然科学命题的"总体无意义",同时肯定人文科学命题的"总体有意义"。这种做法较为隐蔽,但经由我们所做的对维特根斯坦意义理论的存在主义解读后,变得明显起来。自然科学和人类生活的经验世界是连续的、可能性总体构成的"意义界/价值界"的片段,其短暂的"有意义"为构造全然整体的"有意义"而"献身"于诸多的"无意义"中。对如上的观点,维特根斯坦曾在他短暂的"现象学中期哲学"中有过清楚的表述,他认为现象学较物理学更能有助于发现世界的本来面貌,"物理学想确立规律性;它并不关注那些可能的东西。有鉴于此,物理学不会产生关于现象学的事态结构的描述。在现象学中,总是关于可能性问题,即意义问题,而不是真假问题。可以说,物理学从连续的统一体中挑出某些点,并把它们当作一个遵循规律的系列来使用。它不关心其他的东西"①。经验科学的命题与经验的表象总体之间不存在一个二分的清晰界限,语言游戏中语言的多样性是它们共同的家园。

可以确定地说,"治疗哲学"的下降形式应该归属于一种"被语言意义的逻辑规则摆布着的现象界哲学",或者用个比喻的说法来描述"治疗哲学"的下降形式——维特根斯坦的意义理论是在为人们勾画一幅关于语言与世界关系的印象派画作。这幅画中"意义"与"无意义"的色块在局部持续不断地勾叠、蔓延、重合、转化,但如果观众的眼睛离画作足够远(就好似从时间上作为"足够长时间"的"永恒"),那么那些星星点点、界限不

---

① 维特根斯坦.《维特根斯坦与维也纳学派》[M].徐为民译.上海:同济大学出版社,2004年.第29页.

清晰的色块立即为观众呈现出相当可观的"视觉盛宴"。

如果非要找一种哲学形式来替代"治疗哲学"的话,那么"诗化哲学"显得颇为合适。虽然"诗歌"二字并没有在维特根斯坦的笔记中担当过关键词,但维特根斯坦哲学笔记的碎片语句、让人捉摸不透的命题码段顺序、那些尽管不够押韵却前后交相呼应的短句论述,以及那些连绵不断的用例问话,都表现出一种诗歌般的描述性,让人们"漫步"在并不晦涩的文字间,却同时让人们"体会"他想要传达的晦涩的"诗意"。如果哲学的问题不会消失,如果哲学的使命是去探索或帮助人们找到某种世界观的话,那么我们也依然要继续承认我们所能找到的世界观就不是尽然完整的一个。它总是身处于一种"生产模式"中,这种模式依然在维特根斯坦的要求下呈现出区别于传统哲学主流的非叙事性特色。放眼我们可见的未来,或许传统哲学所垂涎的全面充分的世界观依然是镜中之花,我们可以得到对世界的认识将被聚焦于对世界整体的一种"综合"中。虽然事物在数量和种类上的不断增长使得附着着技术色彩的哲学和非技术性哲学之间的区别日益显著,但真正使得世界观呈现在人们面前的是能够将两种哲学态势结合起来的哲学。维特根斯坦正是在这个意义上实践了他的哲学。前期维特根斯坦看上去像是一位逻辑学家,后期维特根斯坦则看上去更像一位作家,而总体上看来,他是在接二连三地用逻辑学的、数学的或叙述学的手段将他关于语言意义的哲学呈现给读者,他的意义哲学"泛化"到了各种不同的语言游戏当中。而语言游戏的微妙、变化、亦真亦幻,就像是人类生活实践的"诗化体",对语言游戏的阐述就是在谱写人类生活哲学之"诗"。可以说,那些本身就带有哲学家气质的小说家或剧作家,似乎比职业哲学家能更好地把握生活之整体,"我们这个时代没有哲学家……今天的哲学家是在大学的另一个系里干活的。他们的名字就是普朗克和爱因斯坦"①。维特根斯坦也并非哲学系的科班出身,他从

---

① Paul.A. Schilpp. ed. *Albert Einstein: Philosopher-Scientist*.[M]. The Library of Living Philosophers, Inc. 1949:99.

学习航空动力学和数学转而思考哲学问题的经历更是说明伟大的哲学思索是与经验科学紧密相连的。爱因斯坦曾经说过："与科学无关的认识论就变成了一个空洞的图式,而一旦科学离开了认识论,那么在我们可以设想的限度内,它就是原始而混乱的。"[1] 维特根斯坦的治疗哲学最终不是将人们的哲学愿望全部打消,而是让人们体会哲学的叙事力量对科学和人类认识的统摄作用,哲学以生活的"诗歌"的形式被写出,让人们通过生活之"诗歌"体验日常语言游戏中关于事物本性的共相。

第二节　意义与哲学方法

维特根斯坦的意义理论是为了实现他对人类理智疾病的治疗,从而变革传统哲学的抽象功能,哲学的本性在他那里变得焕然一新。哲学不再是一种直截了当的肯定判断句式,或者朝实现肯定判断努力的一连串的论证过程。维特根斯坦做哲学的方法让我们觉察到变革哲学的性质和重塑哲学在人类智史中地位的可能性。

维特根斯坦将"意义"问题当作一场"哲学魔术"的道具,在我们不经意间就变幻出让我们啧啧称赞的"奇迹"。他表演魔术的时候是"寂静"的,但他变魔术的过程本身就是在静静地向我们展示这场"哲学魔术"的趣味性和影响力。我们不但不忍向这样的"哲学魔术"挥手告别,还非常好奇地想要看清楚他到底是如何"耍弄"这"意义"道具的,以看清楚他做哲学的方法。

一、先行到"错"中去

在《逻辑哲学论》中,维特根斯坦试图建立命题的一般形式,以此来穷

---

① Paul.A. Schilpp. ed. *Albert Einstein: Philosopher-Scientist*.[M]. The Library of Living Philosophers, Inc. 1949:684.

205

尽我们所能说的东西。可当他把那个终极的我们能说的东西归结为真值函项的一般形式时,实际上他为最终将这个真值函项的一般形式论证为"错"埋下了伏笔。维特根斯坦一开始就有意识地知道他的句子是"无意义"的,但他这样做只是因为他知道,他要告诉读者什么的话,只能靠"间接"的方式。《逻辑哲学论》的第6码段并非在陈述命题的一般形式,《逻辑哲学论》中的句子只是人们借以登上"实在本质"之高台的梯子,实际上没有哪个句子可以描述实在的特性。① 在认识形而上学的必经之路上,"无意义"的句子一个个地展开,就是为了让人们认识到它们背后的总体的"意义"。

《逻辑哲学论》中的意义存在于"先行为'错'的'无意义'"中。可以说出来的句子码段对于回答实在本质这样的形而上学问题来讲都是"错误的无意义"的东西,因为"若解答不可说,其问题也就不可说。……但一个问题可以提出,它也就能够得到解答"(TLP 6.5)。形而上学的问题本身是不能说出来的,凡是能被说出来的就不是问题了。真正的"意义"在不可说的界域里,但要达到这个不可说的界域就必须先踏入"无意义"的可说的界域才行。因此,"谜是不存在的"(TLP 6.5),如果人们说出了谜面,也就因"无意义"而不成其为"谜";如果人们不说出谜面,也就因它是不被说出的沉默界的东西而整体地被"有意义"的东西"破解"。

类似地,在《哲学研究》中,维特根斯坦也采取了先行到"错"中去的方法。后期维特根斯坦先是提出谜题,接着让人们试错,再到消解谜题。维特根斯坦的几位学生都记得老师曾让他们讨论"说谎者悖论"——一位水手抵达克里特岛时遇到了当地一位克里特人,那位克里特人对水手说:"所有的克里特人都在撒谎。"可问题来了,这位与水手相遇的克里特人所言是否为真呢? ——通过与学生谈论这个"悖论",维特根斯坦是为了提出他在《哲学研究》中的"哲学是语言为我们施加的理解的迷惑"的观点②。他说

---

① Roger M. White. "Throwing the Baby Out with the Ladder——On 'Therapeutic' Readings of Wittgenstein's *Tractatus*"[A]. *Beyond the Tractatus Wars——The New Wittgenstein Debate*. R.R.a.M.A. Lavery eds., New York:Routledge, 2011: 22–65.

② Jerry H. Gill. "Wittgenstein's Turnabout"[J]. *Philosophy Today*, 2008, 52(2): 188–196.

道:"我们听到这些语词,看到写出来印出来的语词,它们的外观整齐划一,而这让我们感到迷惑。它们的用法却并非明明白白地摆在眼前——尤其在我们从事哲学的时候!"(PI 11)。可以说,维特根斯坦在《哲学研究》中处处设下可供人们讨论的问题,并试图引导人们去发现对这样的问题进行持续地讨论仅仅会将人们引入"错误"的歧途,让人们自行察觉到那种讨论的"无意义"性,进而对进行关于"事物本质"的讨论望而却步。

在维特根斯坦重返剑桥之后的岁月里,他时常就是用这种先行"入错"的方法和学生们进行哲学讨论的。维特根斯坦1930年回到剑桥讲课时运用了极其"非学院化"的方法,他几乎总是在他自己的房间里或者在朋友校舍里讲课,不用讲稿不用笔记,在听众面前表现出极其专注地思考的样子。讲解时,他时常是引导听众思考一个他认为听众会提出解答的问题,而这个解答本身又反过来成为引起新的问题和新的思考的起点,听众是上课的主角。① 这就是他十分独特的让听众"入错"而"知返"的哲学方法的最初演绎,这种方法在《哲学研究》中得以延续。

除了维特根斯坦在所提出的"五个红苹果""方石、柱石、板石、条石"的例子以外,也可以用如下关于"谓词"或"代词"的语言游戏的例子来说明维特根斯坦在《哲学研究》中所采用的先行到"错"中去的方法:

> 一会儿用"这是蓝的"这句话意谓所指对象的述说——一会儿又用它来意谓"蓝"这个词的定义,这是怎么回事?……一段话本来意在讲一件事情,而某个人却从这话里得到了对某个语词的定义,这也是可能的。……我能否用"卜卜卜"来意谓"不下雨我就去散步"? ——只有凭借一种语言我才能用某种东西意谓某种东西。这清楚地表明,"意谓"的语法和"设想某事"之类的表达式的语法并不相似。(PI 35)

---

① 马尔康姆.《回忆维特根斯坦》[M]. 李步楼,贺绍甲译.北京:商务印书馆,2012年.第22页.

当维特根斯坦说:"一会儿……一会儿又……这是怎么回事?"时,他是在引导人们进入语言意义的误区,让人们识别出日常语言时常会发生的混淆,让人们得知"意谓"很可能有不同的语法,进而形成被说出的句子意义的不确定性。类似的问句形式的哲学写作在《哲学研究》中比比皆是,形成了维特根斯坦独特的哲学方法——类似于苏格拉底的问答法,即通过使同他对话的人产生疑惑和概念上的混乱来展开他的哲学思想。这种方法的目的在于揭示那些哪怕是最司空见惯的思想或观点之下隐藏着的诸多困惑,其中当然包括在人类理智史中一直不停讨论着的哲学问题。

维特根斯坦想要通过步步迫近的追问让人们注意到被谈论着的哲学问题的悖论性。用他的话来讲:"我要教的是:把不曾昭然若揭的胡话转变成为昭然若揭的胡话。"(PI 464)他的目标虽然看似有些极端,但正是他哲学方法的独特所在。他是在提醒人们,只要是谈论形而上学的问题就是在说"无意义"的胡话,以前人们不知不觉中不停地说"无意义"的胡话,现在要让人们知觉到那种形而上学的谈论是明显的"无意义"的言说。他是靠"对话法"与人们沟通的,让人们获得对"无意义"的知觉。他的对话是引导人们去"认错"的哲学通道,纠正与治疗"哲学病患"的法宝。 维特根斯坦的向"错"出发的"对话法"是一种疗法,而不是一种学说,它不提出论点,不推出结论或阐明任何道理,不关心那些可能隐藏起来的东西。(PI 599)一旦人们非要谈论隐藏在语词背后的东西,那就进入了哲学工作的"错误通道",维特根斯坦会就此发出下一个问句来挑战那位"入错"者的做法,直到"入错"者缄默而知返,哲学问题的答案昭然若揭。

总体来讲,维特根斯坦的意义理论所体现的哲学方法是一种必须以遭到错误理解的陈述方式才能说出的意义理论。《哲学研究》中的意义理论与在《逻辑哲学论》中的意义理论都给人同样一种感觉,就是我们都被驱使着去以能够被理解的方式来理解那个理论,但最后的结果却是:如果是以可以被理解的方式来理解那个理论,也便是一种错误的方式。《逻辑哲学论》的码段6.54之前的码段是在引导我们"入错"——将只能显示的东西说出来,而只有这些码段全部被超越了,我们才能看清楚世界的那些碎片化的"无意义"所揭示的"意义"。这种意义理论是可以陈述的"错误"与不可以陈述的"正确"共同构成的"对立相生的统一体";《哲学研究》中,维特根斯坦想要阐明的东西是不能直接被陈述的,如果非要直接陈述出来则便落入了《哲学研究》所反对的那种诱惑的陷阱中。被陈述的语词的意义是不确定的,然而"看出"的语词的意义却是确定的——意义的损失就是意义产生的地方,意义的"虚无"是一种在意义的"存在"中存在着的"存在"。

二、"无意义"丛中的"意义"

上文提到"意义的损失"和"被陈述的语词之意义的不确定性",那么,维特根斯坦的意义理论中让"无意义"生成"意义"的方法是怎样的呢?

维特根斯坦在《逻辑哲学论》中构造一个先行为"无意义"的命题体系,在这个"无意义"的构造即将完工的时候,宣布了它的整体的"无意义",同时告诫人们"意义"正是从这个"无意义"整体中产生出来。

在《哲学研究》中,维特根斯坦虽然没有再先行建造整体的语言"意义"的大厦,却用了与《逻辑哲学论》中类似的方法——让"意义"在"无意义"中"复活"。所不同的是,在《哲学研究》当中,维特根斯坦借助许许多多与无名者进行的对话,试图提醒人们关于句子或命题的意义的争论都是"无意义"的,真正的"意义"在于"摆在眼前的"东西。他强调:"哲学只是把一切摆到那里,不解释也不推论。——既然一切都公开摆在那里,也就没有什么要解释的。而我们对隐藏起来的东西不感兴趣。"(PI 126)维特根斯坦借此想要提醒,人们真正有益的做哲学的方法在于去除那些"无意义"的争论:关于语词指向什么意义的无休止的讨论,因为语词的"意义"是最平凡的事物,它早已在人们开始争论之前就呈现在人们面前,无需争论。"事物对我们来说最重要的方面由于其简单平常而掩蔽着。你不会注意它——因为它一直都在你眼前摆着。一个人的研究工作的真正的基础对他并不瞩目……这就等于说:一旦看到了就是最触目最有力的东西,我们通常熟视无睹。"(PI 129)

也就是说,语词的"意义"和事物的"本质"是由无数个日常生活的过往景象以碎片化的方式呈现给我们的。它们在我们面前夜以继日地不断出现以至于我们对它们感到漠然,我们对它们熟视无睹到我们似乎只有靠竭尽全力地将它们"陌生化"为某种"理论"或某种"主义"才能认识它们的程度。其实,维特根斯坦借助《哲学研究》中一个个关于日常语言中我们对"语词""理解""意义"等的问责式争论,想要告诉我们那些争论的"无意义"性。然而正是这些深藏"意义"的"无意义"的语言游戏片段,帮助我们关闭那种将本来已经在日常语言活动中"熟知"的"意义"再次"陌生化"的通道,让我们回到"存在"本身。维特根斯坦重返剑桥后曾说:"我耗尽了难以言尽的巨大努力,以便把我的思想加以整理,尽管这些思想或许毫无价值……这种情形不断出现,即一个新冒出来的语词的用法,并不相容于该语词的其他用法引导我们去构成的那个概念……我想说,语言只是一种事后的精致化。本来存在的其实就是行为。"① 在此,我们不能冒险说维特根斯坦的意义理论是一种行为主义的意义理论。如果非要那样讲的话,他的意义理论也应该是建立在语法行为的基础上的。维特根斯坦不想直接讲出获得"意义"的直接方法,而是让"意义"从对语法行为的直观中呈现自身,让"意义"从"无意义"的碎片表象中被生产出来。从主体的视角来说,就是从"无意义"中"看出""意义","意义"是"无意义"的经验表象界的"鸭兔头"被"看出"的某种"面相"而已。人们无需争论,"意义"自在。

三、对经验的审美

维特根斯坦在1934年的笔记中写道:"应当把哲学的论述当作诗歌一样的写作。"②这段简短的笔记透露了维特根斯坦内心将哲学工作当作

---

① 王浩.《超越分析哲学:尽显我们所知领域的本相》[M].杭州:浙江大学出版社,2010年.第358页.

② Michael Fischer."Wittgenstein and Modernism"[J].*Philosophy and Literature*.42(2),2018: 463–466.

某种与"美"密切相关的诗歌创作的意图。

经验的事物是属于包括活动在内的客观世界的种种,而审美这个动作是属于包括逻辑和思想在内的理性世界的种种。这二者是如何紧密相干并成为一种哲学方法的呢?

在1956年版《哲学评论》第二部分第47节中,维特根斯坦提道:"我在写下评论的时候,就觉得自己像是光顾老式杂货店的老妈妈。我搜集线、丝带、碎布和别针,因为它们在将来会被经常用到。然后,当我真的要用它们的时候,它们又总不在手边。"维特根斯坦试图告诉我们,他做哲学的方法是从各式各样琐碎的生活片段开始,不厌其烦地收集、整合经验世界的种种表象,发现它们之间的联系或本质的端倪,但又从此而走上对经验事物的本质探索的不断受挫之路,而一系列的挫败却又是不断燃起在经验世界中挣扎着寻求"真理之路"这一信念的根本动力。

这种超越经验的同时又身在经验之中的体验就是"对经验的审美",是一种用殊相来表达共相的独特哲学方法。经验世界中充满了值得人们费尽心思去理解的"无意义"的命题,然而正是因为人们无法逃脱这种日常语言生活的"无意义",而使得"无意义"本身就是"意义"的全部"显现"。

正是用这样的方法,维特根斯坦在前期哲学中先进入了一个由经验命题搭建的逻辑空间,而后在逻辑空间之外去审视这逻辑脚手架上嵌入的众多合逻辑性的经验性命题,得到了"逻辑空间"之外的那些属于伦理和审美界域之内的"有意义";维特根斯坦在他的后期哲学中,以日常语言的经验现象搭建了一个对话体的哲学文本,在这样的哲学文本中他不断提醒人们有意义或无意义的语言使用的形态,间或强调将这些日常语言使用的形态因"生活世界"构建的"日常语言逻辑"而达成意义的共识,即可以综观到的意义的整体。这便是他潜入经验界,又从经验界之外指向经验界的审视。若说这一审视是有所收获的,那收获便是关于经验的"美"。

我们接下来更具体地谈论一下,维特根斯坦是如何组织这一关于"经验之美"的审视过程的。

意义的本质不是靠"说"而是靠"显示"来给出的。"无意义"与"意义"之间的关系就好似在萨特那里"存在的现象"与"现象的存在"之间的关系,二者之间是一种"第亚斯波拉"式的统一关系,元素与整体之间构成了内聚式的相互依赖的整体。用维特根斯坦"无传递性的理解"(intransitive understanding)概念来强调如上的关系更为贴切:"无意义"的句子没法靠什么介质转换为"意义",但"无意义"的总体就是"意义"了。

具体的做法就是,当看到什么有意义的东西时,不要试图将它的意义用词句表达出来,这便是获得"意义"的正确途径。"意义"就在于对经验的事物进行"审美",在"不消除无意义的东西"的同时得到"意义的美"。艾德里安·摩尔(Adrian Moore)称这种"审美"是"一种作为整体的感觉",并称这种感觉是知识的一种、理解的一种,却是不能言说的那种,而靠这种"审美"得来的知识是进行接下来的受规则制约的判断的先决条件。① 对经验的审美是维特根斯坦的意义理论摆脱克里普克式的维特根斯坦怀疑论的绝佳武器,使人类知识的体系在"受到语言指称主义不确定性的摆布"和"受到语言游戏中的客观规则制约"二者之间找到平衡点,进而获得具有超越性的确定性系统。

四、精神分析式的哲学

维特根斯坦的后期哲学中将他的哲学旨趣设置为展开一种哲学治疗,或者说是去尝试发展一种治疗哲学。他在《哲学研究》的第133码段中说道:"……真正的发现是这一发现——它使我能够做到只要我愿意我就可以打断哲学研究——这种发现给哲学以安宁,从而它不再为那些使哲学自身的存在成为疑问的问题所折磨……并没有单独一种哲学方法,但确有哲学方法,就像有各式各样的疗法。"(PI 133)这里维特根斯坦在强调他的哲学不是一种建构形而上学的哲学流派,而是走向哲学应用的

---

① Peter Sullivan. "Synthesizing Without Concepts" [A]. *Beyond the Tractatus Wars—The New Wittgenstein Debate*. R.R.a.M.A. Lavery eds., New York:Routledge, 2011: 171-189.

实践性活动,这个实践活动就是去治疗人们长久以来的不安和焦躁,去消融人们在追寻哲学真理时所犯的"不断追寻哲学真理"的错误,他试图用他的哲学方法来告诉人们,哲学研究是可以随时中断的,哲学研究的终极成果就是摆脱"那些使哲学自身的存在成为疑问的问题"所施加的折磨。在维特根斯坦看来,哲学研究是一种哲学病,不同的哲学流派中流行着不同的哲学病,而有的哲学就可以帮助治疗这些哲学病,比如维特根斯坦的哲学就是这样一种可以治疗哲学病的哲学,可以说它是一种实践型哲学,其独特的哲学方法体现在对语言语法的分析中。

　　维特根斯坦与弗洛伊德是同时代的人。维特根斯坦本人与弗洛伊德的精神分析哲学有直接的联系,甚至可以说曾经深受弗洛伊德的影响并一度成为精神分析哲学的拥护者。维特根斯坦作为奥地利钢铁企业家的儿子,跟各界文化名流联系紧密。尽管没有证据表明维特根斯坦和弗洛伊德曾经见过面,[1] 也没有证据显示维特根斯坦写过关于弗洛伊德或者关于精神分析的论文,但二人之间却有多种间接往来或关联:例如,维特根斯坦的姐姐玛格丽特便接受过弗洛伊德的心理分析治疗;维特根斯坦的好友拉姆塞也曾接受过精神分析的疗法;维特根斯坦本人体验过催眠术和对梦的解释;维特根斯坦熟悉弗洛伊德的包括《梦的解析》在内的大多数作品,并深受其影响,在1935年前后维特根斯坦的记述和讨论的论题主要转向感觉和私人经验,对弗洛伊德所探讨的精神分析学说感兴趣,甚至开始考虑将自己训练成为一名精神科医师,维特根斯坦觉得自己可以将精神分析与哲学研究并列起来研究,他后期的哲学论述中提出的"哲学治疗"的概念便与其所受到的精神分析疗法的影响有很大关系。维特根斯坦的好友里斯(Rush Rhees)甚至记述道:维特根斯坦将他自己称为"弗洛伊德的信徒和追随者"(尽管最终维特根斯坦并没有因为自称为弗洛伊德的信徒而放弃了对精神分析法的批判)。我们所知的关于维特根

---

① Harcourt, Edward. "Wittgenstein and Psychoanalysis" [A] In *A Companion to Wittgenstein*, John Hyman and Hans-Johann Glock. eds., Oxford: Blackwell, 2016: 651–666.

斯坦对弗洛伊德的精神分析的评价可以在里斯保留的他与维特根斯坦的对话记录中寻到踪迹,[39]亦可以在维特根斯坦的一些零散笔记中找到。

虽然维特根斯坦有时候认为自己在某种程度上是弗洛伊德的信徒,但维特根斯坦对弗洛伊德三层级意识学说和关于精神分析的学说并非全盘接受。他批评了弗洛伊德的将原因和理由相混淆的做法,认为精神分析的治疗法将"患者的自知"作为判断治疗效果的要素是一种主观主义的做法,并进而使精神分析疗法笼罩了一层机械主义还原论的阴影。

然而,当我们说维特根斯坦是弗洛伊德的信徒时,我们实际上是在说维特根斯坦信仰和最看重的是将弗洛伊德精神分析疗法当作一种卓越的哲学解释学,为拆解哲学问题打开了一种前所未有的可能性,以弗洛伊德创始的精神分析现象学就与维特根斯坦的语言哲学分析产生了交集。下文我们将看看弗洛伊德和维特根斯坦的哲学方法有哪些交集。

(一)维特根斯坦哲学研究与精神分析的异同

我们先来看看弗洛伊德的精神分析法的主要特点。

弗洛伊德精神分析的治疗方法主要是对潜意识进行分析。这种方法主要手段包括了自由关联(free-association)、催眠术(hypnotism)和对梦进行分析。在综合运用上述手段的过程中,患者被要求说出当他们被问及"幸福""爱""恐惧"等话题时首先跃入他们脑海的东西,最终达到患者对自身的理解和接受。弗洛伊德所言的"理解自身"主要是与基因有关的:病人必须学会将他们的病患与其自身的"性"关联起来,尤其是与其在胎儿期的性意识相关联。弗洛伊德从精神病学的角度探索潜意识的含义,以求治疗神经症、精神病和倒错等疾患。弗洛伊德认为人们能够识破他所描绘的神经症患者的自欺现象。

简要了解了弗洛伊德精神分析法的特点后,我们来看看弗洛伊德的精神分析疗法与维特根斯坦的治疗哲学的主要差异。

在二战之后的一段时间里,维特根斯坦的哲学治疗方法曾被看作一种"治疗实证主义(Therapeutic Positivism)"①，然而这个说法可以说既准确又不准确。说它是不准确的是由于实证主义这个用词似乎并不适合用来描述维特根斯坦的哲学方法，因为维特根斯坦哲学认为人类知识的某些领域无法以科学的方法获取，维特根斯坦的主要目的是去澄清事实而非实现知识领域的扩大或认知进步。说它是准确的是由于维特根斯坦的治疗实证主义是基于他的意义理论⁴⁰的，该理论认为语词的意义从未被完整地给予，关于语词表达了什么意义总有一些方面是人们无法企及的，因为语词的意义是与其在语言游戏中的用法息息相关的，进而与语言的使用者所携带的某些非科学的要素有关，便无法彻底施展实证主义的科学精神。弗洛伊德的精神分析疗法是后来心理学发展中重要的奠基理论，是带有某种机械决定论倾向的科学主义学说，而维特根斯坦的哲学治疗法却是重视人文主义要素的语词实证主义，其本质上是带有整体决定论倾向的人文主义学说。这便是二者的第一点不同。

与弗洛伊德的第二点不同在于，维特根斯坦对潜意识和梦的看法是基于对语词的理解的。对于维特根斯坦来讲，梦的意义取决于做梦的人如何因某主题而回想和描述梦，主题的选择和语词的使用影响着一个梦的意义，梦的意义不是一股脑地直接给出的，而是在讲述者讲述的过程中逐渐展开的。②维特根斯坦也认为梦没有被隐匿，已经知晓关于此梦所需知的一切的做梦者可以触及出现在梦里的一切。③维特格斯坦认为，当梦被解释时，梦是被置于某个语境下的，这个语境使得这个梦不再令人感到困惑。

这就好比，有人给我们看一张画布，画布上画了一只手、一张脸

---

① McGuinness, B.. "Freud and Wittgenstein"[A]. in *Wittgenstein and His Times*. Oxford: Black-well, 1992:39.

② Ibid., 40.

③ Bouveresse, J.. *Wittgenstein Reads Freud: the Myth of the Unconscious*[M]. Princeton: Princeton University Press, 1995:9.

的一部分和某些其他形状,这些形状排列的方式让人感到困惑和不和谐。假设上述手和脸是被画在大片的白画布上,然后我们接着往上画,比如接着画胳膊和躯干等,并且使这些后来画的与原来的手和脸相契合,所产生的结果就是我们可以说:哇,现在我可以看出来它像个……①

在这段话中我们可以看到维特根斯坦对梦的看法是基于某种语境的,梦中的图像只有在合适的语境下才产生适当的意义。

而在弗洛伊德那里,梦的意义是他要追寻的东西。他试图通过潜意识来探寻梦的真谛,仔细查看梦的每一个方面来寻找带有象征意义的事物。他把梦的这些方面当作某种"自然的事物",因为这些"自然的事物"具有某种有待揭示的隐藏结构。他提到了不同的象征符号:高帽子通常是生殖器崇拜的符号象征,木头桌子代表女人,等等。弗洛伊德对象征符号的这些解释在哲学史上被人们看作荒谬的。维特根斯坦觉得如果梦里的象征符号不被人们所理解,它似乎便不能被称为象征符号了。可见维特根斯坦所要求的对梦的理解必须是基于理解,而这种理解又必须是在有语境的情况下实现,在没有语境的情况下进行机械化的象征符号和其意义的对等是荒谬和不切实际的。②

维特根斯坦哲学与弗洛伊德的精神分析的第三点不同在于,维特根斯坦的整个哲学实践过程是在澄清哲学问题和驱散"神秘",而弗洛伊德精神分析的过程却贯穿着"神秘"。

维特根斯坦认为:"分析就像是一场伤害,因为尽管在对某人实施分析的过程中各种不同的事物会跃然而出,但这个人必须接收到很强的批判才能承认和看清加在某人头上的谜团。"③可见,维特根斯坦是十分反

---

① Wittgenstein, L.. *Lectures and Conversations on Aesthetics, Psychology and Religious Belief* [M]. Oxford: Basil Blackwell, 1966:45–46.

② Ibid., 43–44.

③ Ibid., 51–52.

对进行精神分析这个过程的,他的哲学虽然被称作分析哲学,但他分析的对象是我们的语词,对语词进行分析的目的是驱散进行包括精神分析在内的所有哲学方法所要解决的问题本身,使问题不复存在也就没有必要进行精神分析了,问题的消解便是"神秘事物的消失"。

弗洛伊德则应用希腊神话来理解某种精神状况。一个经典的例子便是俄狄浦斯情结(恋母情结):男孩潜意识里希望得到他的母亲,他潜意识里也便想要让他的父亲死去;相反的例子是厄勒克特拉情结(恋父情结):女孩潜意识里想要得到她的父亲,她潜意识里便想要她的母亲死去。这两种精神性状况皆源自希腊神话里人物俄狄浦斯和厄勒克特拉的故事。将精神分析根植于希腊神话故事的做法使得弗洛伊德的整个治疗过程充满了"神秘"的感觉,远离了因果决定论,并蒙上浓厚的浪漫主义想象的色彩。

第四点不同在于,精神分析法在实施治疗时追溯的目标是经验或者事件,以求在追溯的终点发现关于潜意识或梦的新的意义或新的解释;维特根斯坦的哲学分析追溯的是类比或图像,他寻求的最终事物不包含任何新知,甚至是为空的,他的哲学治疗是通过促进被治疗者实现"自知"而去除迷惑和哲学病患。

值得一提的是,维特根斯坦并没有因此而将弗洛伊德的精神分析彻底评价为神话,让维特根斯坦觉得"神秘"的是精神分析的过程。维特根斯坦认为弗洛伊德充分地利用了对梦的解释和"自由关联"为通常被看作日常性的事物提供新的意义。例如,弗洛伊德仔细考察了一个梦便瞬间使一顶高帽子获得全新的意义。这顶帽子将不再仅是一顶帽子而成了其他的别的东西——生殖器原基。这样一来,弗洛伊德借助一个事物创造了另一个事物,并赋予其新的意义。正是在上述角度上来讲,维特根斯坦认为弗洛伊德为患者提供了一种"神秘",一种没有经验性要素参与的"神秘",这种"神秘"为患者提供了针对其情感或精神问题的疗愈。维特根斯坦赞同的是弗洛伊德精神分析法中解释事物的意义又创造新意义的流转过程,这个过程神秘且神奇。

接下来,我们可以探讨一下维特根斯坦的哲学与精神分析的相关性。

维特根斯坦采用对我们语言进行语法分析进而实施治疗性哲学实践的方法借鉴了精神分析疗法的某些旨趣。这种精神分析疗法的倾向性在维特根斯坦后期哲学中表现得尤为明显。维特根斯坦在《大打字稿》中使用了精神分析疗法常会使用的如自认（acknowledgement）、抗拒（resistence）等字眼：

> 我们只有在如下情况下判定他者犯了错误……即，如果这个人（真的）自认（acknowledge）这个表达是对他自己感觉的正确表达时。
>
> 因为只有他自认其为对其感觉的正确表达时，它才是正确的表达。（精神分析。）（BT 410）[41]
>
> ……
>
> 哲学的难点不等同于科学性的难题，而是难在如何改变人们的态度，人们的意志是很难改变的……哲学工作实际上像是针对人的工作，针对某人的理解和某人看待事物的方式所做的工作（也针对人们看待事物的结果进行）。（BT 406）

这些文字中透露着维特根斯坦将哲学看作一种治疗人们心智或理解困惑之疾病的方法，他所采用的具体方法是通过患者对其感觉进行描述时的表达。他认可弗洛伊德的精神分析工作模式，不同的是他治疗工作所使用的工具不是催眠术和潜意识分析，而是语言分析。

我们同样可以发现维特根斯坦在他1932年12月与弗雷德里克·魏斯曼（Friedrich Waismann）的对话中曾说他的方法与精神分析十分接近。仔细研究该对话集录可以发现维特根斯坦治疗哲学的思想方法：

> 从某种程度上讲，我们的方法与精神分析十分相近。我们用精神分析的方法来谈论事物时，我们便可以说经由清晰地表达出来的在潜意识里运转着的明喻便可变得无害。我们可以进一步展开与精神分析的比较。（与精神分析的比较绝非偶然。）[42]

在这段表述中,维特根斯坦想要告诉我们他的哲学方法可以与精神分析的方法类比,这种类比由于存在机制上的相近性而变得十分必要,进行这种类比和精神分析法的借鉴绝非偶然,并且二者都是在为治疗某种疾病或使得某种潜藏的有害事物消散而发挥作用。在这一类比中,维特根斯坦似乎要提醒我们注意到他所使用的方法并非一般意义上的哲学方法;并说明他的哲学方法与精神分析的相似性仅是某种意义上的相似,并非全然相同;也在说明这段话中所提及的显要论题是"清晰地表达在某人思想里运转着的明喻";并也在说明如果这个明喻是属于潜意识的便可能是有害的,但可以将它清晰地表达为或承认为明喻而使之变得无害。可见,维特根斯坦这段话中所阐释的事情便是一般意义上具有精神分析特点的治疗技术的应用过程。①

接下来再看《哲学研究》中的如下码段,它同样反映了维特根斯坦哲学方法与精神分析疗法的相似之处:

> ……在眼前这类情况下,我们不赞成日常语言的表达方式(它们却各自做着分内的事情),那是因为我们的头脑里这时有一幅和日常语言表达方式传达的图像相冲突的图画。而我们却想说我们的表达方式并不能描述事实本来的样子……就好像我们的表达形式正在讲假话,尽管"既然找不到更好的句子"这个命题是在断定着为真的东西。(PI 402)

在这一码段中,维特根斯坦是在向我们表明,维特根斯坦的哲学是在对日常语言的表达进行着某种深度的分析,以使我们能理解我们对日常语言使用不利的原因,即头脑中的图画与日常语言表达做代表的图像并非同一幅图像,这种不一致带来的内外冲突使得语言的使用者对日常语

---

① Baker, Gordon P.. "Wittgenstein's Method : Neglected Aspects—Essays on Wittgenstein"[A]. Katherine J. Morris. ed., MA: Blackwell Pub., 2004:181.

言产生怀疑和反对,而这便是一种由语言哲学所探索的哲学病,维特根斯坦是在试图帮助人们找到和认可这种不一致所带来的困惑,从而使困惑化为乌有。维特根斯坦的分析策略是一种独特的研究方法:寻求潜意识类比或图画,某种下意识的概念或探究人们看待事物的方式。

另外,在一些外部评价中同样不难发现维特根斯坦的治疗法与精神分析的关联性。"维特根斯坦谈论他的哲学时采用了某种类似于精神分析的方式……当他在剑桥成为教授时,维特格斯坦向学术委员会提交了一份长达一百四十页的手稿,其中有七十二页都在集中论述一个观点,即哲学就像是精神分析。"①可见,维特根斯坦对精神分析的方法十分重视,并且在他的哲学中尝试推进精神分析的工作模式。

总体来讲,弗洛伊德的精神分析与维特根斯坦的治疗哲学之间主要有如下共性。第一,弗洛伊德的精神分析疗法是严格以疾病为导向的,主要目标是治愈心理和情感疾病。维特根斯坦的治疗哲学从某种角度上看也是以疾病为导向的,主要治疗目标是哲学疾病、人类理智的困惑。第二,两种治疗方法都是采取对话的形式,可以是面对面真实对话也可以是私人语言论证那样想象的对话。在精神分析治疗师眼里,唯一可接受的治疗方法是"对话疗法"(talk-cure),精神分析都不许使用镇静剂之类的药品,也不许操纵病人的人居环境例如将病人关进黑屋等,更不许使用例如极端暗示或摆布病人的恐惧、渴望和焦虑的方法来实施非理性的言语影响(精神分析疗法是区别于精神病治疗法和行为疗法的)。维特根斯坦的《哲学研究》中充满了各种对话,这些对话似乎是在跟读者展开一场心灵深度碰撞,他并不解答问题,而是一次次转换有关日常语言意义的话题,借助这些话题发问,并让读者主动获得"自知"。可以说,这是一种超越了面对面对话形式的对话,无需发问者分析,发问者的发问自然引发患者内心"自发"的分析。第三,治疗指向的都是某种内心的冲突,某种不被

---

① Bouwsma, O. K.. Wittgenstein: Conversations 1949 – 1951[M]. Craft and Hustwit. eds., India-napolis: Hackett, 1984: 36.

人们察觉到的深层问题,患者的不高兴是源于他内心经历了不可解决的冲突。心理疾病患者所得的病是隐性的炸弹,藏在深层,不被察觉,可能某一天突然爆发,自行崩溃,无药可医。哲学理智的困惑也是哲学家或普通人所得的深层疾病,这些哲学家或常人深陷其中,深受其害,却像没头苍蝇"找不到逃出瓶子的出口",对形而上学的困惑是对深层的神秘之物的不解,只有在治疗哲学的帮助下,让人们认识到自身受困于这样的深层"牢笼"中,便是得到解脱和治愈疾病的时刻。果是浅表的疾病,某种内心的冲突。第四,两种治疗方法中对患者的治疗都在于让患者实现对他自身的理解。精神分析法中,自知"acknowledgement"对于建立正确的诊断和实施治疗都是必不可少的要素。患者将他部分的或全部下意识的东西带入他的意识领域,试图找到事物的根源或来源,一旦实现充分的自知,精神和情感混乱会消失。在维特根斯坦的治疗哲学中,"看见面相"(aspect seeing)而非"视觉认知"(visual perception)是自发自愿达成的,因而"接受"(acceptance)十分重要,病人成功解开其困惑的关键在于他以不同的方式看到了某物,这可不是对某种可能性的单纯认可,而是将其经历过的事情进行转变,在熟视无睹的事物中看出新的意义。①

(二)精神分析式治疗哲学的可应用性

《哲学研究》中显现着维特根斯坦哲学治疗的治疗机理。他诊断哲学问题或哲学不安的方式是让接受哲学治疗的人发现某物是空的、自相矛盾的或无意义的。患者经历着内心的冲突,仅需澄清产生这种冲突的动因即可清除疾病。如果说维特根斯坦的治疗哲学是为了清除"内心冲突""无意义的探寻"等哲学病因,那么显然它的应用领域可以比精神分析法的应用领域更加广阔,因为哲学本身就是一种既隐藏在同时也显现在各门学科中的学科,包括心理学在内的多个学科都是其研究者可能犯某种

---

① Baker, Gordon P. "Wittgenstein's Method : Neglected Aspects—Essays on Wittgenstein"[A]. Katherine J. Morris. ed., MA: Blackwell Pub., 2004:152–154.

哲学病的场所，当然也是治疗哲学可以发挥治疗效力的场所。

除了从上述哲学与其他学科之间的关系来看，治疗哲学的应用范围要广泛于精神分析疗法的应用范围。从哲学对话对象来看，治疗哲学的应用范围也是较为广泛的。哲学是用来回应意志的，而不是用来回应理智的。"应该战胜一切阻挡着意志的事物"，"使得一个主题很难理解的原因大概就是源自我们想要怎样看待这个主题的角度和方式"。（BT406）在《逻辑哲学论》中，当维特根斯坦说"世界是独立于我的意志的"（TLP 6.373）时已经把人类的意志划归到世界之外。世界是属于科学和逻辑的解释体系，而意志则是世界之外的"不可说"。"作为伦理主体的意志是不可说的。而作为一种现象的意志只有心理学才感兴趣。"（TLP 6.423）这一码段中，维特根斯坦所谓的心理学并不是指精神分析疗法支援的心理学，而是指心理学哲学，是关于心理学和心理学词汇的哲学方法，意志是其发挥作用的区域。治疗哲学进行的哲学活动便是提醒人们注意到"不可说"的领域困惑，拆解这个领域中使人们受困的原因，使得人们获得对不可说的东西的"自知"，从而实现治疗目的。

哲学治疗采纳精神分析疗法的过程对哲学心理学的东西进行语言分析，是具有精神分析特征的哲学疗法。由于它适用的范围是"不可说"的"世界之外"的事物，它的可应用性将更加广泛和深入。不可说的东西是隐性的形而上学，我们不必追寻它或使它显现，它潜藏在广阔无际的现实经验世界中，它是"世界之外"的事物，同时它便也以"无形之相"的样态潜在和被包含在"世界之中"。充满着各种经验的事物的"世界之中"是广阔和深邃的，潜藏在"世界之中"的与不可说之物有关的理智疾病的种类和发病区间便也可以说是广泛无际的。综上，用哲学疗法可以去治疗经验世界广泛分布的理智疾病，维特根斯坦治疗哲学具有强大可应用性。

哲学的问题不是解开某个谜团，而是使一个生病或不快乐的人得到解脱，这个不快乐的人生活存在于我们现时人类世界的各个不同领域和角落。

第七章 维特根斯坦意义理论的哲学践行

认识维特根斯坦的意义理论及其特点,不仅是为了让它在分析哲学的舞台上展现20世纪西方哲学转向的独特魅力,更是为了让哲学能有机会将其魅力和能力施展到人类的生活场景中,让哲学更加贴近人类生活和服务于人类生活。国内重要哲学杂志《哲学分析》在2010年创刊时立下的办刊宗旨是"哲学,让世界更美好",在此,我借这充满哲学实践性的办刊宗旨来向各位仰慕哲学又不知道如何靠近哲学的众人宣告:哲学,特别是维特根斯坦语言哲学,是有可能将哲学带入大众生活、指导大众生活、使大众发现哲学的日常可用性的,即它可以帮助人们让生活变得美好。在21世纪的世界哲学领域里,正在逐渐兴起一股哲学践行之潮,虽然它还处在起步阶段,但它的实践性和实用性正在受到哲学界和人类学界人士的重视,心理学和社会心理学等人文学科也在关注其跨学科可行性。哲学践行将在人类生活中逐渐展开新的人类活动治理模式,为人类生活提供具有哲学参考意义的重要指南。

第一节 哲学践行

一、曾"去实践"的哲学

哲学就是"爱智慧"。哲学家们追寻智慧并用智慧探索世界或指导探索世界的行动。"践行"即为"去实践"。哲学家们以不同的方式用哲学智慧去做事情,去解决人类世界和人类生活中的各种问题,即为"哲学践行"。

西方哲学史上第一位哲学家泰勒斯充满着对智慧的热爱。他因为"仰望星空"摔了一跤而名垂青史。他并没有因老太婆的提醒("地面上的事情还没看清楚如何看清天空")而低下头只看大地,他一直仰望着天空中的"智慧",对世界充满好奇,用"智慧"探索和改造他在宇宙间遇到的事物。他用智慧去探索日月晨星、山川树木,用智慧去解决数学难题,在古老的年代测量金字塔的高度,在智慧的力量的帮助下获得财富,以此来证明哲学发挥作用的领域包括了很多事情,包括赚钱这件常人看来十分世俗的事情在内。

从哲学传统上来讲,哲学家们用哲学智慧做的事情有所不同,有些哲学家偏爱读名著与撰写论文和专著让人们拿来阅读,这些深邃的文字在普通人看来就是那"迷人而无法触及的'星空'";而有些哲学家则偏爱以别样的方式传播和使用哲学。

在古希腊哲学家中,苏格拉底就是一位不愿将哲学放在书面上谈论而是使用哲学去做事情的典型代表。述而不著的苏格拉底用引导对话的方式传播民主、针砭时弊和关心青年的心灵,是把哲学作为一门在社会改良方面有可用性的学问来用的,其传播哲学的方式是深入普通大众的,紧贴"地面"的。苏格拉底的学生柏拉图进一步改进和优化了苏格拉底做哲学的方法。柏拉图在公元前385年建立了柏拉图学园(Plato Academy),今天的学院一词就源于此,其历史影响可见一斑。柏拉图建立的学园没有校舍,本质上是一个雅典城外的纪念英雄公园,公园里的林地、小路和健身场便是柏拉图施展其哲学实践的场所。这样的学园设置有效地利用了公共场所,最大程度地打通了哲学与大众的通道。柏拉图建立学园来传授包括哲学在内的各门学科知识,他不但借助学园让有志之士利用哲学理解世界的各种形式,也通过学园的研究工作帮助市民平衡其心理和灵魂。作为柏拉图最好的学生,亚里士多德也秉承了学园既讲授哲学智慧又实践哲学的传统,使哲学在古代呈现出"活在人们生活当中"的状态。此外,两千多年前的伊壁鸠鲁学派认为哲学的作用是救治灵魂,他们宣扬对快乐和幸福的追求,这种快乐是在人们排除了情感和物质困扰后的心灵的宁静。从某种意义上讲,伊壁鸠鲁学派的代表人物也是哲学实践者,让哲学帮助当时社会中受到心灵困扰的人们获得解脱和宁静。与伊壁鸠鲁学派同时代的斯多葛学派常常在雅典集会广场的画廊前聚众讲授哲学学说教化民众,虽然总体来讲他们的哲学带有唯心主义色彩,但其宣扬的"负面想象""苦修训练"和"自我反省"等哲学教义在改善民众的消极心理状态、正确理解世界和努力成为最好的自己等方面有积极的实践价值。

在近代哲学家中,斯宾诺莎、马克思(Karl Marx)和密尔(J. S. Mill)以及美国的杰弗逊(Thomas Jefferson)都可以算作践行哲学家。他们在用自己的哲学做事情,有的是在做经济学领域的事情,有的是在做政治学领域的事情。类似的近代哲学实践者不胜枚举,其共同特点是将哲学活动融入人类生活的各领域,使哲学发挥实践功效。

现代哲学家中有两位控诉传统哲学进路的重要人物:尼采和维特根斯坦。尼采用"上帝死了"的口号严厉控诉传统道德和现代理性,呼吁人们从现代理性对自由的压抑中解脱出来,并强调了强力意志主导下人的核心地位。维特根斯坦则说:"哲学是一场借助语言的意义对抗我们理智迷惑性的战斗。"(PI 109)他将逻辑和非逻辑的东西进行划界,将机器语言和自然语言能够表达的东西进行区分,呼吁人们认识现代理性陷入一种理智的疾病中难以自拔,并倡导哲学家通过语言分析使传统哲学问题消失来治疗自身的哲学病。从上述意义上讲,二者都是用哲学在做事情,用自己的哲学倡导人们认识自身、反观自身所陷入的理性困境,并进而采取一定行动,是哲学的践行者。

到了当代也有类似苏格拉底的想要让哲学在现实世界发挥作用的哲学家,用各自做哲学的方式让哲学做事情,甚至形成了一系列哲学践行专业组织并创新性地使用了各种不同的哲学践行方案。例如美国著名的伦理学家、媒体评论家、政治分析家与哲学咨询师埃利奥特·D.科亨(Elliot D. Cohen)。科亨是西方哲学咨询的主要创立者,他在心理治疗中创新性地使用了哲学和逻辑学,形成了一种新的治疗方法——"基于逻辑的治疗

（Logic-based Therapy）"，这种疗法与单纯的心理治疗有所不同，"哲学践行被理解为对思想的一种概念性的因果研究"①，它的手法是侧重于对概念的分析和阐释，将概念用错的因果关系摆明，从而使得接受治疗者获得解开心理困惑的途径。当然，有些哲学家更致力于将哲学践行与心理学践行结合起来，探索一种将哲学和心理学结合起来的实践活动，例如当代认知行为心理学的创立者阿尔伯特·艾利斯看到了将哲学与心理学联合的重要性，建立了一种"理性情绪行为疗法"，这个疗法的最大特点就是采用基于用逻辑来反驳信念的斯多葛主义思维方式，确定了信念、行动和情绪之间的逻辑关系，否定了这三者之间的因果关系。基于逻辑的治疗便是这种疗法非常显著的哲学践行模式显现，它使西方哲学中古老哲学家的思维模式中所包含的哲学观点重新在心理学的平台上得以全新展现。事实上，"在当前的心理学发展动向上，理性情绪行为疗法、存在主义心理治疗、人文主义心理学以及许多其他类型的心理治疗与心理学发展近路实际已经是哲学的了"②。这种心理学的哲学发展模式越来越得到人们的重视，使得哲学有机会离开论辩场，走入人类生活，并发挥其更大的实践价值。

当今的哲学界已经有一批哲学家在以独特的方式践行着哲学，涉及领域十分广阔。例如德国吉尔德·阿亨巴赫的"没有方法"的践行、美国埃利奥特·科恩"基于逻辑的治疗"、娄·马利诺夫（Lou Marinoff）的哲学咨询、日本与越南政府合作的高校践行学位试点及教科书编写工作，以及韩国以江原大学为中心的人文治疗③等哲学践行活动已经走在了这一领域的前沿。值得一提的是，分析哲学内部也已兴起了一场被称作"实验哲学"的新的哲学运动。它是一种新型哲学手段，是"哲学工具箱里的助探

---

① 埃利奥特·D.科亨，丁晓军.21世纪的新型理性疗法：将哲学应用于心理学[J].《南京大学学报》（哲学.人文科学.社会科学版），2013，50（04）：53—59+158.

② 同上。

③ 奥斯卡·博列尼菲尔，龚艳.哲学践行：从理论走向实践的哲学运动——奥斯卡·博列尼菲尔访谈录[J].《南京大学学报》（哲学.人文科学.社会科学版），2013，50（03）：139—148+160.

器(heuristic)"。之所以可以将它称作"助探器"是因为这个"新工具"综合使用了社会科学、认知科学、神经科学等学科所运用的方法,来辅助澄清哲学概念或探讨哲学问题,并试图探究认知主体的心理和认知过程①,它并不是要完全取代思辨的哲学,而是借鉴其他成熟相关学科的研究手段来革新和拓展哲学研究路径,是哲学践行领域的最新进展之一。

关注哲学走下"神坛",回归到"地面"是当今时代十分热门又实用的话题,哲学践行一定能以更多的实践方式和实施效果为人类当下的生活世界带来具有独特视角的改善手段。

需要指出的是,以哲学为基础建立的治疗法似乎与心理学治疗有很大相似之处,心理学治疗被通俗地称作心理咨询,而哲学践行的方法则通常被称作哲学咨询法(philosophical counseling)。表面看来二者大多是通过对话的方式来完成,实际上哲学咨询与心理学咨询是可以被分开的。弗雷格在其《算术基础》的序言里就明确地要求遵守"始终要把心理的东西和逻辑的东西、主观的东西和客观的东西严格区别开来"的原则。这一严格区分,显然帮助人们注意到心理的东西是属于主观的,其受制于每个人的心理活动,其规律性具有"不可说"的神秘性,是心理学经验和心理学知识指导的范围。而逻辑的东西则是属于客观的,是主观心理的客观产物,即思想。思想是哲学运用逻辑学指导的范围,故哲学咨询便可以从心理学咨询的地盘中划出合理的场地,哲学咨询运用的工具是纯逻辑,是有别于心理学咨询的心理学知识和心理学经验的。心理学咨询与哲学咨询的另一个不同之处在于:心理学咨询的受众则是"精神失常的"顾客,即心理治疗受众(Psychosians),需要同时使用心理学谈话疗法、心理分析和抗精神抑郁的药物来介入治疗受众的抑郁症;而哲学咨询的受众是"精神正常的"顾客,即哲学治疗受众(Philosians),不需要心理分析治疗和药物介入,仅需凭借享受柏拉图的乐趣——哲学沉思和哲学对话——来处理生

---

① 丁晓军.哲学使生活更美好——第一届"哲学践行工作坊"综述[J].《淮阴师范学院学报》(哲学社会科学版),2013,35(01):52—54.

活中的重大问题。① 创立了美国哲学从业者协会（APPA）的娄·马利诺夫教授出版过一本关于哲学践行的专著《柏拉图灵丹》（*Plato, Not Prazac!*）(1999)，该书的书名表达的意思是用柏拉图的哲学来治疗而非用精神类药物普拉扎克来治疗。该书重新给治疗这个概念下了定义，将哲学咨询当作心理学治疗的替代疗法，这种疗法主要分为：（P）表示确定问题、（E）表示情绪探索、（A）表示分析、（C）表示对分析结果的沉思、（E）表示最终达到内在的平和与平衡。这几个治疗步骤合并起来的简称正好是PEACE，其明确地展现出哲学治疗渐进式过程和其治疗后要达到的目标，即哲学咨询是一种用哲学对话和语言分析的方式来治疗心智和器质健全人的"理智疾病"或消解其"思想困惑"的活动，与心理学咨询的用药原则大为不同，其工作模式为用哲学术语将一个有困惑的人的话语分析和表达出来。

所以说哲学咨询的优势在于用享受哲学对话的方式解决生活难题并享受这种哲学式精神涤荡的高级乐趣。可以说哲学咨询践行的应用范围更广阔，它不是用来治疗心理学意义上的精神疾病，而是用来改进或变革人们对周遭世界的看法。"困扰人们的并不是事情本身，而是人们对这些事情的判断"②，哲学咨询就是要帮助人们改变对事情的判断，从而获得解决生活难题的良方。

哲学不是一种仅仅提醒和教会人们如何"仰望星空"的学问，哲学更应该是一种思考方式，是一种描述、思考和改变现实世界的活动。泰勒斯的故事中，老太婆对泰勒斯的提醒似乎也便是当今哲学世界应该关注的方向——"哲学回归现实活动"。哲学应该从思辨和描述形而上学的高高的神坛上走下来，回归到它可以发挥实践指导作用的工作领域。这正是哲学践行的表现形式和重要工作面。

---

① 丁晓军.哲学使生活更美好——第一届"哲学践行工作坊"综述[J].《淮阴师范学院学报》(哲学社会科学版) 2013. 35(01)：52—54.

② Forrest E. Baird and Walter Kaufmann. *Philosophic Classics: From Plato to Derrida*[M]. N.J.：Prentice Hall, 2013: 260.

二、定义"哲学践行"

那么,如何理解"哲学践行"这个新兴词语的含义呢?

哲学践行(philosophical practice)是西方20世纪80年代兴起的一场哲学运动,它包括哲学的具体应用和哲学应用的学理研究。这场运动开始于德国哲学家阿亨巴哈(Gerd B. Achenbach)于1981年建立的第一家哲学践行研究所。当今世界范围内的哲学践行领域呈现不断繁荣的局面,"哲学践行"一词在不同的国家和地区也有不同的提法,例如在欧美地区被叫作"哲学咨询";在日本被称作"临床哲学";在韩国则被称作"人文治疗";我国台湾地区开始进行哲学践行研究活动的学术界则把它称作"哲学咨商"。① 哲学践行活动的口号是"哲学就是做哲学的活动"(Philosophy is to philosophize.)②。历史上包括尼采和马克思在内的很多哲学家都注意到哲学不应停留在哲学描述的层面上,历史上的哲学学习也都太过于关注哲学论述本身而忽略了哲学本身是一种活动,是一种可以用来帮助改变现实世界的活动。这恰恰是哲学践行最重要的方面,即哲学向哲学外部展现自身能动性的一面。这么说来,哲学学习就是在获取和了解哲学旨趣之后,转向实施和应用哲学的实践能动性,让哲学本身以"做哲学"的方式存在,将哲学指向现实世界的种种事件,使哲学成为贴近人类生活,帮助人类获得生活智慧的一种思智活动,使哲学走入世界上大多数的普通人的生活视域中,用具体的日常化活动来展现哲学本身。"事实上,哲学可以用在任何地方,哲学践行工作者可以在各种具体的社会情境中工作……探索和鼓励人们了解和关注哲学的社会展现,将那种令人敬畏的学院派哲学逐渐转变为实用的、易于接受与应用的思想并带给社会大众。"③ 哲学践行,一种从思考哲学到应用哲学的实践性活动。

---

① 潘天群.哲学践行的分析哲学路径[J].《江苏行政学院学报》. 2013(03): 13—16+26.

② Forrest E. Baird and Walter Kaufmann. *Philosophic Classics: From Plato to Derrida*[M].N.J. : Prentice Hall, 2013: 260.

③ Ibid.

三、哲学践行的方法

怎样将哲学实践化呢？这就涉及哲学践行可以用到的几种哲学方法,包括苏格拉底的对话式方法、辩证法、现象学还原法、"建构真理说"的实用主义概念法、严格的逻辑和概念分析、解释学、功能主义理论、建构主义理论等等。① 当然,这些方法是作为具体践行方法的理论机理存在的,它们对后来的许多哲学践行家们的具体哲学实践方法都产生了指导性的作用。

首先,苏格拉底的对话法是一种最直接和有力的帮助人们澄清想法和进行深度思考的有效工具。苏格拉底曾说"未经检视的生活不值得过",与接受哲学践行活动的主体进行对话就是在用苏格拉底的方式帮助那个主体"过经过检视的生活"。例如一个人开始一项健身运动前,可以与之进行反问式的对话。问他:"你为什么要开始健身？你从何时产生了这种期待？你是为了减肥吗？你是为了增加肌肉量吗？你是想成为专业运动员吗？关于健身你知道些什么?"等等。当这人进行这些回答时,已诱导其进行了思考和反思。提问者不必给出答案而是基于这人的回答进一步提出次生问题,让其继续回答。在一次次的回答中,他自己就已经完成了对健身问题的反思,并将他去学习健身知识以弥补自己健身动力和健身方法上不足的动力激发出来了。

其次,黑格尔的辩证法(虽然辩证法并非黑格尔独有的哲学方法)也是一种有效的哲学践行方法。辩证法的运作机制就是"正—反—合"。先是从问题出发或者说先从找到问题开始,对问题的各个方面进行分析、推敲和扬弃,进而来到问题的反面或者问题的侧面,最终将正和反整合,进行综合判断得出新的想法,这个新想法便是原来问题的升级或者对原来问题的解决。不过这个对问题的解决并非问题的最终答案,因为辩证法

---

① Fatic, A. and I. Zagorac. "The Methodology of Philosophical Practice: Eclecticism and/or Integrativeness?"[J].*Philosophia*, 2016, 44(4): 1419–1438.

要求的是"螺旋上升"的动态过程,对原来问题的解决中一定也蕴含着新一轮问题的萌芽,是激发下一轮"正—反—合"的起点。"上升"和"进化"的目标是朝向一个主观唯心主义的终点"绝对理念"。这样的绝对理念似乎并不属于实在,从而使整个辩证法过程似乎失去了正确的方向,但辩证法的过程却正是一次次有效的、对当下问题进行梳理和解决的方法,其螺旋动态的运转方式正是一种疏解当下现实问题的有效方法。

再次,现象学的还原法也可以被用作哲学践行的方法之一。现象学还原强调的是"直观",可以帮助认知主体从当前的认知误区或某种主观感知的藩篱中挣脱出来,从"对意识的意识"的角度对认知客体进行新的认知,从而形成更为客观和正确的感知。也就是说,现象学还原区别于大量运用语言和对话进行启发和引导的方式,它强调的是让接受哲学践行改造的主体学习"现象学还原"。将那些未证明是被"给予"的东西进行"悬搁",进而得到"纯粹直观绝对被给予的东西"。将这样的现象学还原的方法运用起来实施哲学践行时,就是让接受哲学践行的认知主体将使其迷茫受困的问题加个"括号"进行"悬搁",制止在非反思意识中活动的客观预设,将独立于主体而存在的客体悬而不论,将现实问题悬而不决,取而代之的"括号中的现实问题",让认知主体从"括号"外侧重观被悬搁的现实问题本身,从而逐渐看清问题的本质和通过有效的反思达至解决问题的入口。

最后,类似于康德的"真理是可以构建"的说法中也提供了一种哲学践行的方法。这个方法便是运用了"人为自然立法"的逻辑,使在"物自体"面前迷失方向和困惑不已的主体被激发出一定的主观能动性,从主体的意志出发去重新思考和规划面前使之受困的问题,从而达到让客体去符合主体意志的结果。

从上面的论述我们可以发现,不同的哲学家会有不同的思维直觉和思维方式,从而使途径不同的路径达到实现哲学践行的目的,如苏格拉底的对话法、黑格尔的辩证法和现象学哲学家的本质还原法。既然不同的哲学流派所构建的方法论能够为人类提供解决问题的不同思路,那么,除上述提及的一些显性的可以用于哲学践行的哲学方法外,在西方哲学史的漫漫长河中一定也能找到其他一些隐性却十分重要的哲学践行方法。说这些哲学方法是隐性的只是在说它们隐藏在哲学研究和描述性哲学学习的宝库中,并未被人们发掘到其独特的实践价值。一旦热衷于哲学践行的哲学家注意到它们并将它们与人类生活的现实情况相结合,它们将迸发出无尽的强大力量,独特而有活力,为改善人类境遇发挥作用。例如,老子在《道德经》中所提及的"无为"便是一个重要的哲学概念,在哲学践行领域里可以视为隐性的概念,少有人将他实践化。若将"无为"实践化,则可以去说服强力意志的企业管理者,降低其对企业和员工的操控意愿,以"顺天之时,随地之性,因人之心"的"无为"之心化解诸多管理难题。

在此将尝试性地发掘维特根斯坦这位20世纪乃至今天仍有巨大影响力哲学家的哲学宝库,尝试发掘他哲学中独具实践性价值的方面。他那些展现在对语词和命题进行分析之过程中的哲学方法为我们提供了另辟蹊径的解决现实生活问题的思维方式,本书将在后文探索开启维特根斯坦语言意义哲学的践行之路。

第二节　意义与人类生活

维特根斯坦虽然认为哲学全然是对语言的批判,然而他的哲学是否就仅仅停留在语言研究的范围内呢? 通过前面几章的论述,我们可以发现,他的意义理论不是纯粹的意义理论。应该说,维特根斯坦的意义理论是一种面向"人生"和面向"人类生活"的意义理论。既然是面向人类生活的意义理论,就有可能将他的意义理论应用于现实,实现哲学践行的尝试。

一、"意义"意在关联"人类生活"

先来考察一下维特根斯坦的哲学从哪些方面和以何种方式与人类生

活相关联。

首先，在维特根斯坦那里，意义与"人生"是关联的，且是以如下的方式关联着。

从《逻辑哲学论》这篇被人们视为维特根斯坦开创哲学语言转向的论文结尾码段来看，维特根斯坦写下的所有关于语言、世界、逻辑等的码段并非意在帮助人们建立一种意义的理论框架。他前期哲学是在探讨语言的意义，即命题与世界之间的关系。但他同时认为只有当人们能"超越了这些命题之后，才能学会正确地看待世界"。这样一来，他关于意义的理论就与"如何看待世界"关联起来了：语言的意义是人们借以正确认识世界的前提和基础。与此同时，考虑到维特根斯坦认为的"世界和人生是一回事"（TLP 5.621），则等同于是将语言的意义与人生的意义关联了起来：语言的意义就是人们借以认识人生的前提和基础。探索语言的意义就是探索人生的意义；语言的意义是人生意义产生的前提，人生的意义隐藏在语言意义背后，充当着语言意义的背景和最终目的。

我们可以发现维特根斯坦是多么重视语言意义背后的人生意义。当我们把他在前言中的话"这本书的价值所在的第二点就是，它表明了当这些问题获致解决时，所做的事情是多么地少"、码段6.421"很清楚，伦理是不可说的。伦理是超验的（伦理和美学是同一个东西。）"、码段6.52"即使一切可能的科学问题都得到了解决，也还完全没有触及人生问题"、码段6.54以及码段7结合起来看待的话，我们就可以体会到维特根斯坦的意义理论的真正目标——伦理、美学、人生的意义——这些也便是维特根斯坦意义理论的最重要的产物。

其次，在维特根斯坦那里，意义与"人类生活"是以如下的方式关联着的。

《逻辑哲学论》中，维特根斯坦谈论人生的时候用的是单数名词"life"来意谓"人生"；而《哲学研究》中，维特根斯坦则将单数的"人生"换成了"the human beings"来意谓"人类"。这一点也可以从"《逻辑哲学论》中时常使用单数的‘我’,而《哲学研究》中却时常用‘我们’的复数称谓"①看出。他谈论的重点从人生,转向了全部人类构成的整体(毋宁说,维特根斯坦的前后期意义理论在哲学方法和目标上总体来看是连续的,而在哲学表达的技术性手段和用以表达他哲学看法的论题上还是有所差异的)。他更愿意将他意义理论想要触及的领域扩展到对人类生活的探讨中。

他在 1929 年发表的《关于伦理学的演讲》中提到"哲学全部地都是一种伦理学的努力"的看法,并强调:和其他任何东西相比,伦理是最重要的,伦理学用来探究真正重要的东西。② 虽然维特根斯坦在他的前期意义理论里只用了很少的句子提及伦理的话题,在后期的意义理论中根本没有提及伦理的话题,但维特根斯坦正是在用这种"不说"的方式来"实践"伦理的价值。因为在维特根斯坦看来,"哲学是一种活动,进行这种活动所要求的和人们体面地生活所要求的美德一样"。因此,维特根斯坦纳强调"哲学是一种伦理学努力"③。

"伦理"的定义在维特根斯坦那里或许指的是关于全部人类应该如何过恰当的生活。维特根斯坦在他《关于伦理学的演讲》中曾说,他对伦理学的定义与摩尔教授的伦理学定义——即"伦理学是对什么是善的一般的研究"——有所不同。维特根斯坦认为伦理学应该研究生活的意义,研究什么使我们感到生活是值得的,研究生活的正确方式。④ 他的意义理论最终不是要帮助人们认识语言的意义以及语言与世界之间那形而上学纽带的构造;他的意义理论是要帮助人们走向人类生活的意义,让哲学面向"人"。难怪有很多学者将维特根斯坦称作"面向文化人类学

---

① A. W. Moore. "Transcendental Idealism in Wittgenstein, and Theories of Meaning"[J]. *The Philosophical Quarterly*, 1985, 35(139): 134–155.

② Ludwig Wittgenstein. "Lecture on Ethics"[A]. *Moral Discourse and Practice*. Stepher L. Darwall et. al. eds., Oxford: Oxford University Press. 1997: 65–70.

③ Ibid.

④ Ibid.

的哲学家"①。

维特根斯坦在借助他的关于语言与世界关系的论述引导人们从语言批判走向完全不同的文化批判,他将抛弃西方形而上学传统的可能性当作在文化变革过程中必须的步骤之一。②就如同维特根斯坦曾经说过:"……学习哲学还有什么用,如果它对你的全部意义,是让你能够像是有道理地谈论某些深奥的逻辑问题,等等,如果它没有改进你对日常生活的重要问题的思考,[那么我们研究哲学干什么?]……"③顺着维特根斯坦的思路,我们再次强调,维特根斯坦不是在劝告人们去思考关于如何通过语言的意义获得世界的实在的问题,而是在劝告人们对世界采取行动,对生活采取行动。

维特根斯坦一生不断尝试对生活采取行动,对人类文明进行去本质主义的调节。斯宾格勒曾说要多来几场二战来毁灭我们腐朽的文明,早期的维特根斯坦正是受到斯宾格勒的影响,时常认为自己是一个他所处时代的文化逃亡者,认为科学的方法和柏拉图本质主义的方法都表现着一种他所反对的从"文化"朝向"文明"的转变。④在《哲学研究》中,维特根斯坦虽然没有提及"文化"或"伦理"的话题(这种做法可以看作他在沿用他前期意义理论中将"伦理""价值"的问题"沉默化"处理的方法),但他一再强调"取消哲学问题的基础性地位""哲学不能干涉日常语言的使用""哲学没有改变任何东西""哲学也不能为日常语言使用提供任何基础"。显然,维特根斯坦是把与人类日常生活有关的林林总总看作文化的总体,而把将文化的总体制度化、体系化和本质化的过程称作人类文明的实现。维特根斯坦反对消除人类生活之文化特性的任何举动。

斯宾格勒所谓的19世纪早期的文化是维特根斯坦的文化家园,而与

---

① Kevin M. Cahill. *The Fate of Wonder—Wittgenstein's Critique of Metaphysics and Modernity* [M].New York:Columbia University Press,2011:14-15.

② 瑞·蒙克.《维特根斯坦传:天才之为责任》[M].王宇光译. 杭州:浙江大学出版社,2011年.第427—428页.

③ James C. Klagge. *Wittgenstein in Exile* [M]. Cambridge: MIT Press, 2010: 5-18.

④ Ibid.

这种文化对立的是维特根斯坦所谓的20世纪的文明。维特根斯坦想要逃离的是他所生活的时代中肆意蔓延的20世纪文明,重返他的精神家园。①维特根斯坦对意义理论的讨论是一场反对现代性的战役。维特根斯坦之于现代性的重要贡献表现为他不懈地追求对哲学实践的变革。②他的"文化境遇"在现代性面前的遭遇最终表现为他对当代西方文明的反对,对现代性危机问题的关注。③

　　维特根斯坦逃离20世纪文明的方式就是从掀起一场语言意义的探险开始的。意义理论让人们进入语言与现实的全新关系,帮助人们重新思考生活与语言的关系、思考哲学问题由之而产生的"境遇"。维特根斯坦试图通过他的哲学实现的一个重要变化是让人们发现自己实际受控于"人类生活的偶然性"这个以前借助各种理论想要逃避的东西。维特根斯坦钟爱的是人类生活的种种偶然性,将逻辑必然性归结为"无意义",将对碎片化的人类实践和语言对话的"静默"理解归结为"意义"的源泉和知识的根基。维特根斯坦的意义理论最终不是一种彻底的"寂静主义",不是将所有的哲学讨论"归零",而是让我们调整哲学传统的行进路线,最终回到对人类生活实践进行"存在主义"式的整体性关注上来,回到对"人类生活"本身的关注上来。

　　上述所有维特根斯坦的意义理论与"人生"和"人类生活"的紧密关联和维特根斯坦对这两方面关于"人"的要素的应对方式都能说明维特根斯坦的哲学并非仅仅是著述和描述性的哲学,他的哲学中包含着用哲学对人类世界的生存境遇进行实践性改造的基因,他意欲用他的哲学让人们重新认识周边的世界,他那种"存在主义式的寂静的追问"就是用他的意义理论进行践行式哲学活动的方法攻略。

---

① Kevin M. Cahill. *The Fate of Wonder——Wittgenstein's Critique of Metaphysics and Modernity* [M].New York:Columbia University Press,2011:8

② Michael Fischer. "Wittgenstein and Modernism" [J]. *Philosophy and Literature*, 2018. 42(2): 463–466.

③ Kevin M. Cahill. *The Fate of Wonder——Wittgenstein's Critique of Metaphysics and Modernity* [M].New York:Columbia University Press,2011:8

二、考察"意义"以找到哲学病的"疗方"

上面的章节提到,维特根斯坦的治疗哲学可以探索的领域很广阔,远远大于精神分析治疗法的作用范围,在探究"意义"本质的同时便形成了治疗哲学病的"疗方"。

首先,哲学疗方意在治疗追求形而上学答案的哲学病,患者其实多为哲学问题所困扰。他们提出问题和期望寻求哲学问题的答案,殊不知他们其实已经知道问题的答案了,提出这些问题通常就是提问者心神不安的表现,有时候是惊恐或焦虑(anxiety)的表现。产生这类哲学问题的第一个根源是理智的困惑。例如,根据魏斯曼的诊断,弗雷格总是专注于一个观点"数学对象必定存在以使得数学陈述为真",因而他被驱使着去提出"什么是数字?"这样的问题,并总也难以放下这个问题。若从治疗哲学病的角度出发,应该使这个问题消散(dissolve)而非使这个问题得以解决或得以回答。处理这类问题的难点在于搞清楚某人提出这种问题的用途和意义。为此,我们需要从这个提问者的"头脑"(前观点,偏见)中寻找根源,将根源加以语言或逻辑的分析。产生这类哲学问题的第二个原因是提出这些问题的人"看到事物的方式",以及影响他使用某些词语的偏见,因此仅通过改变面相,便可以使问题消失,尤其是可以通过小心地描述他提问时所用词汇的使用方法便可以使问题消失。换句话说,可以尝试让提问者认识到他熟悉的事物中未被他明显注意到的面相。第三种可能的来源便是哲学语法的混乱。因此哲学讨论应该专注于澄清语法。分析哲学家可以借助语言游戏的言语环境拆解误用语法造成的哲学困惑,从而治疗哲学病。单独的讲话者可能被看作参与了一项复杂的活动,在这项活动中该参与者可能不具有完美的理解力,哲学家便帮助他注意到他之前没有注意到的东西或提醒他注意到当前从眼前消失不见的东西,就像律师试图让法官注意到当前案子里的某些被忽视的特征一样。这一做法也可以算作语法澄清的一种途径。魏斯曼看来,治疗方案主要就是去培养人的自知。让患者意识到他的法则、他的做法、他的偏见和某些下意识地引导了他思维的那些图画和类比。用维氏的话来讲就是"我们被我们自己的规则绊住了"(PI125)。总的来讲,要想用哲学疗法来消解哲学问题,需要哲学家表现出很高的想象力和创造力。哲学家需要表现为敏感性和同理心的想象力来训练患者的思考,因为追寻困惑的根源和解开误解之谜的方法并无章法可循。哲学家必须是个创造者而非发现者,他若想制造疗效必不可平庸无奇。①

　　哲学领域中追求终极形而上学终点的哲学病显然是维特根斯坦"寂静的追问"的哲学方法之目标病症,然而日常问题引发的困惑和迷茫则是更具有哲学实践价值的目标病症。当我们发现哲学的事件事实上就潜藏在人类日常生活的活动中时,解决日常问题的良方也便藏在哲学疗方中了。

　　日常问题所呈现的样态较哲学问题来讲更为具体和广泛,其在现当代的表现形式也是多种多样的。然而,日常问题的消解和日常困惑的治愈完全可以从更加广阔的哲学层面加以实现,因为如果去除人类日常问题形式的外衣,其产生机理与哲学问题有较大的相似之处,哲学作为"大道"可以潜藏在每个日常问题中,去除日常问题的细节,哲学疗法便同样可以应用维特根斯坦的"寂静的追问"提问和解决那些日常问题。

三、考察"意义"以找到现代性日常困惑的"疗方"

　　人类社会发展到今天,许多活动和职业或多或少地与后现代相关联,与现代社会的各种危机的出现相关联。它们超越传统生活方式,与那些旧传统发生着摩擦,进而使思维方式还停留在旧传统中的人们产生困惑和迷茫。这些困惑和迷茫不是心理学意义上的精神疾病,而是某种同样阻碍人们前行的日常问题,它们具有很强的现实性和严酷性,甚至可以被称作人类现代性危机的各种表现形式。

---

　　① Baker, Gordon P. "Wittgenstein's Method : Neglected Aspects——Essays on Wittgenstein"[A]. Katherine J. Morris. ed., MA: Blackwell Pub., 2004:146-150.

现代性(modernity)总的来讲是一个非常宏大的概念,它源自现代(modern)这个词。

从技术进步的角度上看,"现代"是个褒义词,它意在揭示随着时代的变迁,人类社会不断升级着科学观念、技术手段和经济体量,它总是让人们关联到显微镜、气压计、计算机的发明,联想到英国工业革命带来的工业组织、结构和形态上的革命性变化,以及瓦特对蒸汽机的改良和美国铁路运输时代的来临。"现代"一词所代表的事物无论从时间维度上还是空间维度上都是极为宽泛的,我们不必一一描述,仅需了解到"现代"的"基本格式"是追求理性、崇尚科学并在此基础上推动现代文明中必备的自由和平等的社会关系。

那么,当"现代"发展为"现代性"时,似乎从褒义词变成了一定程度上的贬义词。"现代性"同样是一个十分宽泛的概念,它涵盖的范围和意义的维度似乎比"现代"一词更加广阔,对"现代性"这个词的定义和解释千人千面,马克思、福柯和利奥塔等人都给出过对这个词的定义,这些定义都是对现代出现的各种社会现象和人类文明体系总体观望后得出的总结,是对"现代"的时代中出现的问题警示或划界。"现代性"这个词给人的总体印象可以用《共产党宣言》里的一句话来形容:"一切固定的冻结实了的关系以及与之相适应的古老的令人尊崇的观念和见解,都被扫除了,一切新形成的关系等不到固定下来就陈旧了。一切坚固的东西都烟消云散了,一切神圣的东西都被亵渎了,人们终于不得不冷静地直面他们生活的真实状况和他们的相互关系。""现代性"意味着破除固有的事物,打乱经典的和既定的关系,是现代文明体系因过度繁荣和成熟而形成的颓势或漏洞等的总体表现,它区别于"现代"这个"上升"意义的词语,总体呈现"下降"的意义,但同时它也夹杂着正在"上升"的事物和被"下降"的事物拖拽着走向"下降"但还未真正"被拽向谷底"的事物,"现代性"呈现出带有贬义的对人类当前社会积极和消极事物组成的综合体的总体描述。

在人类社会从"现代"走向"现代性"的过程中,人们的生活空间和物质自由得到极大的扩展,然而这种无限的拓展并不走向人类生活积极的象限,所谓物极必反、过犹不及就可以用来形容人类社会在现代文明极度发达的今天所面临的一系列问题和窘境。人类生活世界的周遭事物走向各种类目的细化甚至分裂;包括哲学在内的所有学科都出现不同程度的多元化演变,哲学无法把形而上学归为某一个体系,所有形而上学的内容散布于哲学各个序列中对立却又平等地存在;人类本身则经历着追寻自我认同道路上一场自我身份的扭曲和垮塌,陷入现代性自我的困境。总之,现代性危机的表现形式是多种多样的,宏观的描述不足以呈现现代性危机所产生的问题之全部面貌,只有采用像维特根斯坦的哲学工作中零散的综合描述才能让现代性危机的问题浮现出来。

运用零散的综合描述,我们可以呈现出下面一些现代性危机所表现出的日常问题。

随着互联网科技的普及和运用,人与人之间的关联不再是一对一的深度关联,而是呈现出多点关联的网状结构。微信或推特等社交软件将人们的社交空间碎片化,一个人可能有成百上千个网络空间里的联系人,但当他真的想找到可以互诉衷肠的亲密好友时,却发现自己难以找到一个真正的知己。迷惘、彷徨、孤独感随之而来。其实,进入微信这个软件之前所显示的"一个人面对一个地球"的封面图像已经将这种"处于茫茫人海中实则却是面对一个孤独的星球"的现代人类体验刻画得淋漓尽致了。

现代性危机带来的影响也一并未能使青少年幸免。激烈的职场竞争一步步还原为激烈的校园成绩的比拼。学业压力和少子化社会带来的家庭孤寂使得处于学业中的青少年变得孤僻和茫然。他们缺少进行创造性思考的能力,因为天赋的自由想象力早已消磨殆尽。原本怀揣梦想的学子们在教育的流水线上磨平了其本来具有的洞察力和敏锐的判断力,他们甚至不知道学习的目的是给自由的人生插上可以随时起飞的翅膀,而只是跟从了现代化时代的机械指令不停地空转,亟待打开他们积极向上的自我意识和自我认知并以"主宰者"和"自知者"的面貌面对这个世界。

　　经济的发达、物质的丰盛和城市的繁荣带来了现代两性关系危机,这是现代性危机在人类关系上残酷的表现之一。两性关系危机是一种较为宽泛的说法,具体来讲,它涵盖了晚婚现象、不婚情结、少子化、丁克困局、婚内情感危机和多性伴侣自由等的各种现代社会两性关系难题。例如,家族主义的传统婚姻观被个人主义的婚姻观取代,换来的便是大量的年轻人在尝过爱情的甜蜜后,继续选择新的恋爱对象,并不选择走进婚姻。这种不婚主张在很多国家成为大批量事件。被拆解的普世婚姻价值观促使人类社会进入一个"只要爱情不要婚姻"的现象怪圈。不婚主义是现代社会少子化的重要根源,从长远来看会引发人口减少、经济减退和人类社会的综合退化。再例如,一个经济上独立的已婚女子会因自己丈夫的出轨行为纠结和痛苦,到达了精神崩溃和自杀的边缘。现代社会女性所处的此类困境完全是由旧的婚配逻辑所堆积惯性消极能量所导致。她们在现代文明的保护下早已脱离了丧失自我价值的依附地位,经济的独立极大地提高了女性的婚姻话语权,然而她们却没有意识到其因自身独立而获得的自由选择权。失去所爱而导致的悲剧比比皆是,如果哲学咨询能够打开这些痛失所爱的人心中逻辑的错置,那将是对人类现代文明做出了重大贡献。

　　现代性危机带给人类最深刻的破坏是对心灵的攻击。"抑郁症"——一个并不新鲜却难以攻克的现代难题持续在现代文明社会蔓延。抑郁症既被认为是一种脑内机能异常导致的生理学疾病并使用精神科药物来治疗,也被认为是一种与心理学相关但有别于重度精神分裂症的自我认知体系障碍导致的病症。一些现代社会摧毁性事件可以使患者受到瞬间的刺激而产生抑郁,抑或有些隐性系列事件在不知不觉中将患者原本积极的信念体系渐次扭曲和蚕食掉,使患者感到精神极度虚弱,感到难以忍受的悲伤、焦虑,甚至自杀倾向。他们感觉到生活的无价值感和无意义感,但却又发现摆脱这种状态的可能性极其微小而感到深度绝望。这种现象被抑郁症研究领域的专家称作"关于抑郁症的抑郁表征"(depression about depression），①那些患有抑郁症的人至少应该从改变自己对患有抑郁症的消极认知情绪开始治疗自身的病症，而这种改变认知的治疗手段恰恰是哲学，或者分析哲学所擅长的。

还有一种病，比抑郁症还隐蔽，由北京大学徐凯文从多年精神科行医经验中总结出来的现代人的"空心病"概念。"空心病看起来好像是抑郁症，情绪低落、兴趣减退、快感缺乏，如果到精神科医院的话，一定会被诊疗为抑郁症，但问题是所有的药物都无效。"② 这种疾病其实不是真正属于心理学疾病的抑郁症，任何心理精神药物和治疗方法都无法改善"病人"的状况，从本质上来讲，这类"病人"缺少一种面对现实和面对生活难题的勇气与价值观，是一种认为生活无望的"堕落病"，一旦通过哲学咨询，这类"病人"将有可能重新燃起价值欲望，重新看到生活的意义，并且哲学咨询带来的是自启式的生存价值，其持久性远远大于心理学药物带来的改观。

上文借鉴维特根斯坦风景速写式的描述方法，"以偏概全"地呈现出现代性危机所带来的各种困惑和日常问题。人们尝试使用人类学、社会学或心理学甚至与脑科学相关的自然科学等学科的力量，去解释和解决这些发生在人类生活各个方面的困惑和迷茫。哲学也是可以发挥这个功能的，将哲学的实践功能发挥出来，用来解决现代社会各种危机便是哲学践行热衷的活动。近些年来已经出现了不少用哲学解决各行业问题的哲学践行活动，例如，有针对孩子教育心理问题的哲学践行、有针对企业或商业问题的哲学践行活动（针对企业家和雇员的禅修课）、关于情感问题的哲学践行活动，③ 以及医学领域对患者实施的哲学践行（临终关怀的哲学咨询）等等。

哲学践行依旧处于起步阶段，有很多可以拓展的领域，因为哲学本身

① Irving Kirsch. *The Emperor's New Drugs*[M]. UK: The Random House Group, 2009: 3.
② 徐凯文. 时代"空心病"解读[J].《陕西教育》(综合版)，2016，9(11)：58—60.
③ 奥斯卡·博列尼菲尔，龚艳. 哲学践行:从理论走向实践的哲学运动——奥斯卡·博列尼菲尔访谈录[J].《南京大学学报》(哲学·人文科学·社会科学版)[J]. 2013,50(03)：139—148+160.

从来都不是一门孤立的思辨学科，或产生于其他科学或回望着其他科学：古希腊时期，人们在期待对自然世界有所认识的基础上发展出了本体论；近代哲学又因为人们对科学有一定程度却又不完全的掌握而转向对知识论的探讨，形成了认识论哲学的源流；而到了现代社会，人类世界已经将科学技术发展到无论从深度和广度上都足以触及并改变人类世界的方方面面，甚至有些时候已经将人类导向了现代性危机的深渊，使人类面临痛苦的抉择与挑战。此时的人类必然开始思考如此庞杂的科学体系和知识门类的意义，思考这些知识门类与人类本身之间恰当的关系，同时也思考何以改变人类苦难的境遇和将人类从种种现代性危机中解脱出来。可以说，现代哲学更多地传达出人文关怀，用哲学践行的方式便可以让哲学回望人文要素，让哲学回望日常生活，让哲学与关于人和人类生活的学科紧密相连。

第三节　维特根斯坦治疗哲学践行的五种"疗方"

到目前为止，哲学践行主义者们所使用的具体的哲学践行方法可谓多种多样。例如上文提到的娄·马利诺夫采用的宁静法（PEACE）、阿亨巴哈采用的超越方法的方法（"Beyond-method"-method）、加拿大的哲学咨询师彼得·B.瑞比（Peter B. Raabe）采用的四段法（FITT: "Free-floating" "Immediate-problems-solution" "Teaching-as-an-intentional-act" "Transcendence"）、荷兰的咨询师彼得·哈特劳（Peter Harteloh）采用"哲学漫步"（Philosophical walking）的方法、阿米尔（Lydia Amir）使用的是幽默方法做哲学、林德赛斯（Anders Lindseth）使用斯宾诺莎方法、萨奥特（Marc Saulet）运用读书疗法、拉哈夫（Ran Lahav）采取罗马斯多葛法、我国台湾辅仁大学的黎建球教授则提出了西撒法[C.I.S.A.: "察觉（Consciousness）" "洞察（Insight）" "灵动（Spiritual moving）" "超越（Ascend）"]的哲学咨询方法。

爱默生与梭罗倡导一种引导人们重回大自然的超验主义哲学实践,格里姆斯(Pierre Grimes)则再次采用苏格拉底助产术的方法,阿道(Pierre Hadot)做哲学的方式是将哲学作为一种生活方式。①

　　关于践行哲学家使用的理论和方法,在此无法尽然列出,但这些哲学家的哲学践行活动的共性在于,其所面对的顾客都是精神健全却遇到生活世界中不同困惑的理性的人。由于本书关注的是维特根斯坦的意义理论可以执行怎样一种有别于宏观上来讲的"对话式方法、辩证法、现象学还原法"等的践行哲学法(这些方法是上文所提到过的,且是作为践行哲学家们各自具体践行方法的深层理论机理存在的),本节并不全面展开全部践行哲学家们使用的具体践行方法所能治疗的"疾病"范围或程序与步骤。我们将重点放在探索作为哲学践行具体方法建构的深层理论机制的维特根斯坦治疗哲学,发掘具有存在主义特点的维特根斯坦治疗哲学可以施展哪些可能的治疗手段,为"语言的分析"成为一种新型理智治疗方法而展开细节丰富的画卷。

　　当维特根斯坦在《逻辑哲学论》中说"哲学的目的是从逻辑上澄清思想。哲学不是一门学说,而是一项活动"(TLP 4.112)时,他早在一战的战壕中思考到须向人们展现哲学的实践作用。哲学的活动是一项走向人类社会生活的实践工作,具体工作内容是帮助人们澄清模糊不清的思想,以解决由于这些模糊不清的思想而产生的各种问题。当维特根斯坦在《哲学研究》中说道:

　　　　借助数学或逻辑数学的发现去解决矛盾,这不是哲学是事业。
　　　　哲学的事业是让困扰我们的数学状况、让矛盾解决之前的状况变得可以加以综观。(而这并不意味着绕开困难。)
　　　　这里的基本事实是:我们为一个游戏定下规则——一项技

---

　　① 娄·马里诺夫.哲学践行及其在东亚的再现[J].王荣虎译.《安徽大学学报》(哲学社会科学版) 2016. 40(05): 27—35.

巧——,而当我们跟从规则的时候,发生的事情却与我们原来设想的不一样。于是我们就像被我们自己的规则绊住了。

我们的规则里的这类羁绊是我们想要弄懂的,即想要加以综观的。

这种羁绊有助于我们看清"意谓"这一概念。因为在这些情况中,事情同我们原先所意谓的所预见的不一样。出现了矛盾,或在此类的情况下,我们就说:"我意谓的不是这个。"

矛盾的市民地位,或矛盾在市民世界中的地位:这是哲学问题。(PI 125)

维特根斯坦显然是在告诉我们哲学事业的内容及其所具有的实践性。哲学工作的主要内容不是用数学或逻辑来发现和解决日常语言游戏中的矛盾和羁绊,而是清楚地审查人们日常世界中出现矛盾和羁绊之前的状况,"综观"矛盾在人类生活世界当中所处的位置和周边情况。维特根斯坦在此想说明的哲学工作内容所具有的实践性在于,他将哲学工作所考察的矛盾和羁绊放回到"市民世界"(civic life)中去审查,矛盾必须出自多样、变化、粗糙的"市民世界";"市民世界"由矛盾组成又同时是矛盾的背景和意义场景。这里我们能明显地感到维特根斯坦要求哲学工作回到对人类生活观照的实践性立场上来。

除了哲学的工作内容具有实践性以外,哲学的目的就更具有清晰的实践价值。

维特根斯坦说:"哲学家的工作是为了某种特定的目的采集回忆。"(PI 127)在此,"采集回忆"是指哲学家工作的主要内容"综观矛盾发生之前状况",综观即可,不对矛盾本身进行主观加工。"哲学只是把一切摆在那里,不解释也不推论。——既然一切都公开摆在那里,也就没什么要解释的。而我们对隐藏起来的东西不感兴趣。也可以把一切新发现和新发明之前的可能性称作'哲学'。"(PI 126)可见,"存而不论,观而不释"就是哲学地"采集回忆"。但维特根斯坦并非将哲学家的工作止步于"采集回忆",他在第127码段强调了他所谓的"采集回忆"是为了某种特定的目的,是在进行了一系列哲学观察和矛盾前景观采集后想要实现的目标。维特根斯坦在后面的码段中说:"你的哲学目的是什么? ——给苍蝇指出飞出捕蝇瓶的出路。"(PI 309)他以自问自答的方式道出哲学的目的:帮助那些被"市民世界"的矛盾困住的人(包括哲学家在内)逃离困境。这使哲学具备了生活世界中的实践性。"哲学处理问题就有如治病一般。"(PI 255)那么,哲学在人们的日常生活中发挥消解矛盾以去除哲学病的作用,发现矛盾与困惑在日常生活中的存在状态并将它们化解便是哲学的实践活动所关心的内容。维特根斯坦除了暗示哲学要对生活的经验世界发挥作用,同时也用他的语言意义的哲学方式综合表达了他做哲学的方法,他没有系统化地提出他的方法,因为他厌恶构建理论方法,但他的语言哲学本身就涵盖了多维度的哲学实践方法。

面对精神健全的普通人所遇到的经验世界的困惑,语言分析可以作为一种治疗利器。维特根斯坦的语言哲学,特别是他的存在主义特征的意义理论,可以开辟出一条将哲学应用到解决人类生活问题的路径。按照前述章节中对维特根斯坦意义理论特点和所体现哲学方法的论述,我们可以从以下几个方面呈现其具有存在主义特点的意义理论进入哲学践行领域的手法。

一、关注自显

维特根斯坦在《逻辑哲学论》中强调了一个动作概念——"显示"(show/shown),它主要是属于维特根斯坦前期哲学中应对形而上学的对象的一种做法,在我们看来可以记作一种独特的哲学方法和用于解决生活世界中各种困惑的当代良方。我们可以从下面的一些码段中看出"显示"这个举动主要来自维特根斯坦前期哲学。

然而图像不能图示它的图示形式;图像显示它的图示形式。(TLP 2.172)
记号不能表达的东西,其应用显示之。记号隐略了的东西,其应

用清楚地说出之。(TLP 3.262)

命题不能表述逻辑形式:后者反映于命题之中。

自行反映在语言中的东西,语言不能表述。

语言中表达了自己的东西,我们不能用语言来表达。

命题显示实在的逻辑形式。

命题展示出这种逻辑形式。(TLP 4.121)

能显示出来的东西,不能说出来。(TLP 4.1212)

……我引入这些表达式,是为了指明在哲学家当中广为流行的混淆内部关系和真正的(外部)关系的根源。

不过,这些内部属性和关系的存在不能通过命题来断言,而是在表述有关事态和涉及有关对象的命题中它们自己显示出来。(TLP 4.122)

一个可能的情况的某个内部属性的存在,不是用命题来表达,而是在表述这个情况的命题中,通过该命题的一个内部属性自己表达出来。 (TLP 4.124)

命题显示它们所说的东西,重言式和矛盾式则显示它们什么也没说。(TLP 4.461)

……唯我论者意味的东西是完全正确的,不过它不能说,而只能自己显示出来。(TLP 5.62)

要是有因果律,也就可以说'有自然律'。不过,这当然不可说,而是自己显露出来的。(TLP 6.36)

确实有不可说的东西。它们显示自己,它们是神秘的东西。(TLP 6.522)

其在后期哲学的码段中运用"显示"这一动作概念较少,且变化为逻辑含义相同的另一种说法。

哲学只是把一切摆在那里,不解释也不推论。——既然一切都

公开摆在那里,也就没有什么要解释的。而我们对隐藏起来的东西不感兴趣。(PI 126)

本质在语法中道出自身。(PI 371)

如果参照外文版本的《逻辑哲学论》,我们会发现其中"show"或"shown"一词在中文版本中大多使用了"显示""自行反映""表达了自己""自己显示出来""自己表达出来"等译文。在不同码段中虽稍有不同,但总体上看可以发现,维特根斯坦强调的不是单纯的"显示"而是"自显",即"某物无需语言或人的加工而自行显露"的意思。即便是在《哲学研究》中为数不多的几个使用了 show 这个词的码段,维特根斯坦也同样是要表达出"摆在那里""道出自身"的表示"某事物自行显示自身"的意思。因此,我们在这里谈论维特根斯坦所言的 show 这个动作概念时,更愿意将它解释为"自显"。

什么是可以自显的东西呢? 这包括了语言中自行表达的东西、命题显出的逻辑形式、命题显示出的事态间或对象间的内部属性或内部关系、命题想要说出却不能说出的东西,例如唯我论者所意谓的东西、由语法承载的本质、不必解释也不必推论的神秘的东西本身。一句话,"确实有不可说的东西,它们显示自己"。维特根斯坦在用"自显"这个动作概念告诉我们,那些在人类理智可以发现的事物的另一面隐藏着真正伟大而重要的东西,例如具有形而上学价值的实在的逻辑形式、命题中对象间的内部属性、唯我论所意谓着的等同于人生价值的那部分东西、人或事物的本质本身。而这些伟大而重要的东西都无法经由语言被带入现象界,它们无需被"照顾",它们"照顾"自身,当我们面对它们的时候能够保持沉默,它们便"自己显现出来"。维特根斯坦似乎也是在用"自显"的动作来强调他解决哲学问题的方法。他在《逻辑哲学论》中申述了命题的一般形式,他说:"……一般命题的形式的存在,为以下事实所证明:即没有任何一个命题,其形式是不能预知(即构造)的。命题的一般形式是:事情是如此这般的。"(TLP 4.5)所有的语句的逻辑形式是"……是……这般的",事件背后的意义也便是如此这般的,无需解释,无需论证,更不必言说,意义"自显"为"如此这般"。因为"哲学只是把一切摆在那里,不解释也不推论。——既然一切都公开摆在那里,也就没有什么要解释的"(PI 126)。可见,维特根斯坦的前后期哲学都强调了"自显"这个举动作为哲学方法的重要价值,它是帮我们揭开"意义"和"价值"之谜的途径。

在哲学实践中,维特根斯坦意义理论中的"自显"可以成为解答人类生活的困惑的有效工具。关注"自显"的地位,查看"自显"之物,是我们找到的第一条摆脱现代性问题的困扰的路线。

让我们来试试用上述路线解开人们关于"是否应该响应器官捐赠"的困惑,来帮助解决现代国家遇到的医疗卫生事业难题。

中国多项器官移植技术的水平已居世界前列。近年来,中国器官捐献志愿登记人数不断增加,依据中国人体器官捐献管理中心数据显示,至2020年6月底,我国境内通过各种途径进行器官捐赠的志愿者人数已达214万多人。但即便如此,中国仍面临着器官数量不足的困境,每年全国约有100万器官衰竭者,其中1/3患者急需器官移植来救命,但能幸运地获得器官移植机会的仅1万人左右,器官供体缺口巨大。在这种情况下,器官劝捐协调员的工作就显得尤为重要。劝捐工作的主要内容有发现潜在捐献者,与家属沟通,讲解捐献程序,为家属普及伦理、法律和国家政策,并进行心理辅导以使捐赠者感受到器官捐赠的道德价值感和自我效能感。① 劝捐工作者遇到的最大困难是多方面的,如果我们暂且略过有关死亡立法、捐献体制等方面遇到的困难,一个不可忽视的重要困难来自中国传统文化中对死者身体完整性的崇拜。中国传统家庭观念和对死者的身后照顾是根深蒂固的。如果家庭成员身后进行器官捐赠,将使得家属感到"亲人死后无法保持完整的身体,灵魂也会不安",进而阻碍了亲属做出器官捐赠的决策。如何让潜在的器官供体家庭打破上述传统观念的束缚,提高捐赠意愿,是摆在我国器官移植事业面前的人文难题。

---

① 谢雨等.器官捐献中劝捐协调过程的现状与思考[J].《护理学报》,2021(22):40—44.

　　这是一个沉重而充满光明的话题。一对夫妻,他们的儿子因车祸严重受伤,医生尽力抢救无效。面对即将离世的儿子,这对夫妻悲伤万分。在这种情况下,器官劝捐协调员的提问"你们愿意让儿子捐出他健康的器官拯救他人的生命吗?"是对这对夫妻的重大挑战。守住传统观念,让儿子全身而逝,捧着骨灰来祭奠彻底进入死亡世界的亲骨肉,还是接受现代医学给出的新选择,让儿子的血肉在他人身体上延续下去同时获得受捐者对赐予他们生命的人的无限感激呢?这对夫妻陷入了困境,一种关于如何看待死亡和如何理解他们亲人生命价值的困境。

　　为了解除这对夫妻的困惑,劝捐员可以改变一下自己的身份,取消"劝"的角色,努力与这个家庭形成"生死体验"链接,让捐赠者家属感受"死"和"生"的交替发生、共时发生。让捐赠者家属认识到他们儿子的逝去是"悲伤的幸福",因为他身体的某些部分因重启了新生而得以将"死"转为"生",如果从整个国家和社会的角度来看待极多数量的这种"死"与"生"的转化,便是一个民族整体的欣欣向荣,"死"与"生"便是共时的整体,生命对一个国家的价值整体地"显现"出来,死亡也将等同于"永恒的生"。用维特根斯坦的话说:"死不是生活里的一件事情:人是没有经历过死的。如果我们不把永恒性理解为时间的无限延续,而是理解为无时间性,那么此刻活着的人,也就永恒地活着。……"(TLP 6.4311)被捐赠的器官回归到活着的人的身上便也获得了时间性上的永生,这难道不是对那对夫妻的亲骨肉最好的礼赞? 关于他们逝去的儿子的灵魂也将有新的意义。"不仅人的灵魂在时间上的不灭或者说它在死后的永存,是没有保证的;而且在任何情形下,这个假定都达不到人们所不断追求的目的。难道由于我的永生就能把一些谜解开吗? 这种永恒的人生难道不像我们此刻的人生一样是一个谜吗? 时空之中的人生之谜的解答,在于时空之外。"(TLP 6.4312)到此,这对夫妻的儿子的身体在"生"的人的身上获得"不死"的时间性永生,同时他的灵魂之谜也得到了解答,即他的生命的本质得到最好的解释——在死亡之后,在人的存在结束之后——"本质"得以"显现"自身。这里,我们有必要提醒大家回看萨特的"存在先于本质"

的含义,只有"死亡到来的一刻,人的本质和价值才能得以显现"。因此,这个家庭不必因为捐赠亲人的器官而感到悲伤和痛苦,他们亲人的身体和灵魂在成功捐献的这一刻得到了永久的安放,一颗闪光的生命的价值在"死"与"生"的时间性圈子里"显现"自身。当然,如果用比较通俗的话讲给这对夫妻的话,劝捐员可以说:你们儿子的灵魂进驻到多个完整的身体而获得最高尚和长久的生命。

不必多说,人生命的意义在死亡来临之时"自显"。

二、语法分析

在维特根斯坦那里,语言是用来承载思想的。这里的思想包括了两点:其一是人类内心世界的活动内容,即私人语言的意义;其二是人类生活的外部世界中事物面貌的属性。

关于第一点,日常生活中人们使用的语言承载了这些使用语言的人的内心活动和其思想意义。然而,与被语言所描述的内心活动本身相比,语言描述的准确性十分渺小,甚至可以说每一种描述都仅仅是一次假设而已。"假设每个人都有一个盒子,里面装着我们称之为'甲虫'的东西。谁都不许看到别人的盒子;每个人都说,他只是通过看他的甲虫知道什么是甲虫的。——在这种情况下,很可能每个人的盒子里都装着不一样的东西。甚至可以设想这样一个东西在不断变化。"(PI 293)私人语言就是这只谁也猜不透的"甲虫",连甲虫的主人也无法把甲虫的样子用语言描述出来,甲虫只有以其自身的存在描述它自身的存在,语言毫无发挥清晰准确描述作用的余地。

关于第二点,人们常常用语言来描述外部事物本身的属性等,但用语言描述出来的东西并非准确地就是那个被描述的事物本身,二者之间也存在着一定的鸿沟。"能够指着不是红色的东西为'红'这个词下定义吗?这就好比要向一个不太通中文的人定义'谦虚'这个词,指着一个傲慢的人定义说'这个人就不谦虚'。这种定义方式会有歧义,但这不是否定这种方式的论据。任何定义都可以被误解。"(PI 29)可以看到,只要我们在语言中使用某个词语,实际上就是在给这个词语设定一个被指称的事物以用这个词语去描述该事物,然而一旦我们去指称某物,那么语言描述的不准确性就显现出了它强大的力量,它使得语言与外部事物本身脱钩,让与这个词语发生关联的人(听到这个词的人或用这个词去做事情的人)陷入模糊性的困境中。

　　语言在上述两点上表现出了非准确性,即表明无论向内还是向外,人类作为语言的使用者都会碰到表达不畅的障碍,这种表达不畅在后期维特格斯坦哲学语境中就表现为某种"语词的滥用"或"语词的错用",必须加以语法分析,通过澄清语词被使用时的语法来对"问题"加以解决。正如维特根斯坦所言:"我们的研究是一种语法研究。这种研究是通过消除误解来澄清我们的问题。与词的使用有关的误解,除了别的原因以外,还来自对语言的不同领域中的表达形式所作的某些类比。——其中有些误解可以通过用一种表达形式替换另一种表达形式而消除;可以称之为对表达形式的一种'分析',因为这一过程有时就类似于把一个事物分拆开来的过程。"(PI 90)

　　语法分析方法的哲学践行方案就是带领受困惑的人进入语言游戏的场景中,让其领会语言游戏中的语法规则,[43]并用苏格拉底对话法引导主体逃离他们所咨询的"问题"。维特根斯坦哲学中与读者对话式的著述风格同时体现着苏格拉底那种"述而不著"的哲学精神,又体现着维特根斯坦从奥地利作家卡尔克劳斯那里得来的"反讽技术"。无论是前期维特根斯坦还是后期维特根斯坦,在谈论语言的意义时都发挥着他想象力惊人的隐喻能力和用"反问式断言"让读者自己"从'错'的迷途中找到'对'的出路"的牢靠技能。这种"反问式断言"也传达着维特根斯坦惊人的形而上学破坏欲。

　　下面,我们尝试对前面章节提到的一种人类遇到的现代性困惑——"通信录里有成千'好友'却不知道哪个是知心好友"——进行以"质疑式断言"为主的语法分析。人们在面对孤独或困难时,会想到求助于朋友,然而面对通信录里成百的微信好友,人们常常会问:"谁是我的好友?"对于深陷该问题困惑的人[44]，我们试着向他提出维特根斯坦式的问题："你对'好友'的定义是什么？""写在通信录的人名与标准的'好友'有多少交集？""标准'好友'的衡量标准是怎样的呢？""通信录里最近一些日子里电话沟通密集的算是好友吗？""那些几年以来静静地躺在通信录里未曾发出声音的人是否可以被当作非好友而删除呢？"哲学践行者可以以"质疑式的反问"提出一连串上述类型的问题，林林总总，似乎都是面前这个"问题囚徒"在头脑中闪现过又没弄清楚的问题，而践行者就是要帮助他将这些问题分析清楚从而铲除"问题"。听到这些提问的"问题囚徒"似乎被带入了关于如何使用和定义"好友"的语言游戏中，他在思考和尝试回答这些问题，然而他却发现无法回答得十分清楚，或者将已经想好的对某问题的肯定性答案在唇边打转了一圈又收了回来，因为"好友"一词的语言游戏在不同的场景和不同的生活形式中有不同的定义。这个"问题囚徒"先是感到模糊的认同感，然后他发现他将平时商业往来时确定的"好友"用在可以倾吐情绪的"好友"之情形下就产生的方向迷途，统一定义"好友的标准"是不可行的，就像维特根斯坦所言的关于怎样认识"准确"一词所包含的意义：

> 我们懂得什么叫把怀表调到准确的钟点，或把它走时校对准确。但若问到：这个准确是理想的准确吗，或它同理想的准确有多接近，我们该怎样回答？——当然，我们可以说到另一些测量时间的方式，它们有着不同的准确度——我们会说这些时间度量比怀表的时间度量更准确。在那一类时间度量，"把表调到准确钟点"这话就有着不同的、虽然是相关联的含义，"报时间"则是一个不同的过程，等等。——我对某人说："你来就餐应该更准时些，你知道我们准一点钟开始"——这里就真的谈不上准确性吗？就因为人们可以说："想想实验室或天文台是怎么确定时间的，在那儿你就明白'准确'的含义是什么了？"（PI 88）

253

　　仔细思考上述维特根斯坦所设置的关于"精确"一词的一连串反诘式的对话,我们就会明白那位"问题囚徒"遭遇的"问题"本身可以经由对"好友"一词的反诘式对话而得以消解。调教怀表时所要求的"准确"若是被用来规定调教天文台计时器时的"准确",那么"准确"一词就会被等同于它的相反意义,非要这样来使用这个词的话,一定会陷入"'准确'困惑"中。同样地,关于"谁是'好友'"这个问题的受困者就是因为彷徨于不同生活形式中所要求的"好友"标准而难以找到真正的好友。哲学践行者的工作目的便是借助位于生活形式中的语法分析而让"问题囚徒"逃脱这个"问题"的困扰,使他们在经受一连串质疑式反问后发现该"问题"其实并非一个"问题"。

　　在结束这一节的践行方案之前,我们必须再次强调一下从维特根斯坦哲学的角度出发,该方案是合理有效的,即"哲学不是理论,而是活动",哲学的目的在于澄清事实和消除语言带来的混乱,使本来模糊的思想变清晰,使思想在一定范围内有效。一个人语言的界限,就是他的世界的界限。(TLP 5.6)使用某个词语时产生了困惑就必定是由于对这个词的使用超出了一定的界限。

三、看出面相

　　维特根斯坦在他的哲学论述中时常采用一种很"格式塔"(Gestalt)的方式来劝说"问题囚徒"逃离困境。而"看出面相"便是这种"格式塔"模型的维特根斯坦版本。

　　"格式塔"是个心理学概念,它强调的是整体大于部分之和,各种感觉元素的集合并不等于获得作为整体的思想。这种整体主义的心理学概念在方法论上采纳了胡塞尔现象学的研究方法,即强调要对主体在特定的时间内所观察到的经验材

料进行如实且详细的描述。运用"格式塔"模型,当我们对某些经验材料进行观察和概括时,就应当把视野放在最广阔的外围,将各种视觉或知觉元素统合起来进行整体综合评价,进而使得我们从这些经验材料得来的意识或思想具有最大的宽度和深度。"格式塔"模型中整体与部分之间的逻辑关系可以用下面的图阐明:

上图向我们传送的经验材料有:黑色部分的一棵大树,树顶上黑色的两只鸟儿;树干周围白色部分却因为黑色树干的独特形状而形成了一只猩猩和一只狮子的侧脸;当然黑色大树的树根部分也有因树根特别的镂空形状而形成两只白色跃出水面的鱼。

若我们只看到作为个体的图形边界,无论是黑色边界或是白色边界,我们只能接受到这幅图画的非完整意义。我们必须将视野放在整个线条消失的最外边界,将属于黑色部分的大树和属于白色部分的两只动物都囊括进来(当然,除了这两个部分以外的线条也可能"被看出"别的什么东西),我们才能基本领会整幅图传达的思想。然而此刻,当我们能注意到这幅图的整体思想时,会发现我们却不知道由那些部分线条构成的图像整体准确传达的思想到底是什么了。我们无法描述这个整体,只能试着用描述各个部分的方式来描述整体,但各个部分的总和却又远小于总体所传达的意义。

每当我们在哲学中或是生活世界中遇到这样的经验元素构成的图像,我们便陷入了困境,对价值和意义的问题不知所措。维特根斯坦在此时便提醒我们去"看"不同的"面相"。"我注视一张脸,然后突然注意到它同另一张脸的相似性。我看到它并没有变化,但我却在以不同的方式看它。我把这种经验称为"注意到一个面相。"(PI Ⅱ xi 113)这里所讲的"面相"就是"格式塔"模型里的一个经验片段,当我们"以不同的方式看它",我们就发现了这个经验片段的另一个面貌,当多个不同的"面相"同时出现时,经验片段合成的整体就呈现出了"意义"。因此,维特根斯坦是在要求我们从整体上把握"意义",当然在达到整体之前,必须经过看到不同"面相"的过程。再次强调"意义———一种面相术"(PI 568)。

　　将这种面相术运用到哲学治疗的践行活动中,可以将"以不同的方式看出"图画的"面相"转换为"以陌生化的视角"看待"熟悉的事物"的操作方法。维特根斯坦在如下的码段中借奥古斯丁的话提及了将熟悉的事物陌生化的哲学工作方法。

　　　　这里很容易陷进做哲学的死胡同,以为面临的困难在于我们须得描述难以捕捉的现象、疾速滑走的当下经验或者诸如此类。这时我们觉得普通语言似乎太粗糙了,似乎我们不是在和日常所讲的那些现象打交道,而是在和那些"稍纵即逝的现象"打交道,"这些现象在瞬息生灭的同时产生与日常所讲的那些现象近似的现象"。(奥古斯丁:它们清晰明显而又平平常常,深深隐藏着的同一事物,发现出来就如崭新的一样。)(PI 436)

　　这里,维特根斯坦提醒人们不要仅把努力使用恰当的言语来描述当下经验或眼前难以捉摸的变化的现象当作哲学的重要任务,这样做的后果是陷入哲学的困境,因为我们用来描述当下经验现象的语言无论如何也不如当下经验和变化的现象更细腻,我们需要去做的工作是在某些日常所见的习以为常的事物中发现出那隐藏着的同一。这个同一之物是熟悉的事物的一部分,一旦被发现,则似乎变成不熟悉的"崭新";而发现这个"同一"的方法也恰恰是努力地不把它看作熟悉之物,即看到它"被陌生化"的样子。发现了这个熟悉事物中的"陌生的同一"也就是解决了哲学中指称困难,不再去钻牛角尖地非要为经验的客体追求一个超经验的解答。那么,将熟悉的事物陌生化便是使"问题囚徒"换个角度去"看"并摆脱掉那个"问题"的一个有趣并有效的方法。

　　维特根斯坦在接下来的一些码段中继续提及哲学中有关于"将熟悉的事物陌生化"的环节。维特根斯坦在《哲学研究》中提道:

　　　　奥古斯丁(《忏悔录》XI／14):"时间究竟是什么? 无人问我,我倒明白;要想解释给问我的人,我就不明白了"[45]——显然,对一个自然科学问题(例如,"有关氢气的比重是多少?")我们是不能这样说的。这一种无人问及时我们知道,而当我们该要给它一种说明时就再也不知道的东西,正是我们需要来提醒自己想起的东西。(显然,由于某种原因这也是我们不易留心想起来的东西。)(PI 89)

在此,维特根斯坦用"时间是什么?"的问题提醒我们,"时间"是一个我们太熟悉的概念,我们总是能说出"时间"这个概念的某一个令人熟知的现象,比如,"时间"是用钟表来计量的,"时间"是用以计算物质变化和活动过程的一个参数,"时间"没有起点和终点,每天都伴随着万物的运转而运转,等等。但这些我们熟悉的对"时间"的描述是否足以清晰地展现"时间"的本质和本真呢? 维特根斯坦给出的答案是"我们就再也不知道了",这样的回答就是在宣称,本来熟悉的"时间"变成了陌生的事物。而只有那个陌生的"时间"才是"时间"本真的所在。因为变得陌生了而使"我们再也不知道了的东西"是我们应该"留心想起来的东西"。可以说,"将熟悉的事物陌生化"就是去"看见"熟悉的事物(一直摆在我们面前困扰我们的"问题")加以"陌生化"的做法。我们需要去留心那些"问题"的"陌生"的"面相",从"看到"它们"陌生的面相"出发走入我们需要"留心想起来事物"的地带,去发现很多"陌生的面相"以"格式塔模式"的方式总体构成了那个"问题"的本质。

除了关于"时间",维特根斯坦哲学中也渗透着对"将我们熟悉的哲学内容本身陌生化"的倾向。他在《哲学研究》中评论了他所给出的哲学内容[46]:"我们提供的其实是人的自然史的评论;但不是奇闻异见,而是一些没有人怀疑过的论断,它们没有引起评论,只是因为它们始终摆在人们眼前。"(PI 415)维特根斯坦在这里想要强调的是,以前的哲学论述已经被人们熟知,使得人们没能看出哲学应该有"人类自然史"的面相,维特根斯坦在此提醒人们,哲学的面貌是多样化的,比如人类自然史的内容可以是哲学的一种表现形式,他的哲学就是在从人类自然史的角度重新"看到"

哲学。

那么,我们尝试以如上的思路看待维特根斯坦哲学可能进行践行活动的方案。维特根斯坦的新型疗法并不是彻底取代原有的疗法,而是提供给人们一种发现问题和消解问题的新角度,它总是试图提醒人们注意那些被忽视了的熟悉的东西,达到对人类生活和语言的正确理解,从而消除心理困惑。①

下面我们尝试以"看出面相"的方法来消除"婚姻是座'围城'吗?"这一现代性谜题。首先,之所以选择回答"婚姻是不是围城"这个问题作为哲学践行的例子,是因为"要婚姻还是要不婚"已经是摆在现代年轻人面前的一道难题,并且这个难题竟已牵涉到"现代社会是否加速进入老龄化和少子化齐头并进之时代"的问题,进而可能使一个国家或民族陷入未来人口减少的困局。其次,人类遇到的现代性危机很多,林林总总,而"到底要不要婚姻"的问题是现代性危机中最有代表性的问题之一,挑战着关涉"人类幸福"的长远话题。"婚姻是座围城"现象的正面表象为已婚男女经历着平淡琐碎的婚姻日常的磨砺,而使得本来浪漫激情的青春爱情日渐枯朽,他们想要逃脱这座"围城";而其反面表象则为单身男女憧憬着浪漫爱情过后是公主和王子恩爱甜蜜到老的婚姻岁月,他们为跳进这座"围城"不愿再多等一秒。前者在苦苦地挣扎,成为"婚姻围城"的"问题囚徒";后者也在苦苦挣扎,成为"婚姻城堡"外翘首期盼"婚姻能击碎孤独"的"问题囚徒"。

其实,这两方都没有看到"问题"本身的其他"面相",各自只看到了其正面或反面的表象。要知道,"婚姻"这个词本身就包含了正面和反面的双重含义:在婚姻中的人们会尝尽柴米油盐日复一日不变的枯燥乏味,也会体会到相互扶助关爱的岁月静好;单身的人们虽在"城"外,但是既能体会到一人孤单内心无助的消极感受,也能享受到"独舞"的畅快和自由。

---

①John M. Heaton. *The Talking Cure: Wittgenstein's Therapeutic Method for Psychotherapy*[M]. Palgrave Macmillan, 2010: viii–ixx.

何况,每个"问题"都不是仅有正面和反面两个"面相",当人们在婚姻问题上可以拥有多面相考察的能力时,在这个"问题"上困惑不堪的人们将会得到多面相组合起来呈现出的婚姻这座"城"的意义,它不是"婚姻是不是座围城"这样简单的问话可以描述的,因为凡是可以描述的东西都是不重要的,重要的意义在可以描述的各个面相之"总和"的背后。上述疗法再具体化一下可以展现为:那些为了赶走"孤独"而想要进入这座"城"的人需要"看出"的"面相"是:孤独并不可怕,真正可怕的是与一个"使你感到孤独的人"共度一生。

需要强调的是,找到不同"面相"的基质就藏在不同的"生活形式"中。在《文化和价值》里,维特根斯坦说:"用以解决人们生活中遭遇问题的方式,就是疑难问题赖以消失的那种生活形式。生活中存在着疑难问题这个事实说明,你的生活形式与固有的生活模式不相适应。因此,你必须改变你的生活形式。一旦你的生活形式与你的生活模式相适应,疑难问题自然就会消失。"①

四、去时间性

上面的章节中已经详细地讨论了维特根斯坦哲学中认为意义的确定性源自一种"存在主义"风格的时间性概念。现时陈述的意义包含着未来或过去的"时间域"影响,意义的确定性是在时间性的整体中得以生成的。本节将要谈论的就是维特根斯坦哲学方法上所带有的存在主义特色的整体主义态度,以及这种整体主义态度可能实施的治疗手法。

维特根斯坦在谈论语言的意义时,将时间性作为"捕捉意义的媒介",时间性是"有意义的"和"无意义的"东西的同一性归化的栖所。依照存在主义对时间性的描述,时间性将现时等同于"先—现在"(现时之前)也等同于"先—将来"(现时之后),这样来说,"过去—现在—将来"就在"时间性"的统合作用下成为一个动态整体。而维特根斯坦的语言哲学中也传

---

① Ludwig Wittgenstein.*Culture and Value*[M].Oxford:Blackwell,1980:27.

达了与上述存在主义框架下的时间性逻辑类似的语言意义生成机制：意义的生命力在于它在现时发生的和非现时发生的语言游戏共同构成的平台上迁移变化，在与游戏规则暂时发生冲突的地方表现为"无意思"，而后在符合游戏规则的地方进行整合、搬运和重建为"有意义"；"无意义"和"有意义"交织存在，共同朝向人类生活世界"总体意义"不断前进，虽然无法抵达"完满意义"的终点，但在时间性框架下的多个"无意义"的总和便将呈现为"意义"本身。

那么，什么是维特根斯坦意义上的"去时间性"呢？这是怎样的一种做哲学的方法并可以用来实现哲学践行呢？

维特根斯坦在《逻辑哲学论》中说：

> 死不是生活里的一件事情：人是没有经历过死的。如果我们不把永恒性理解为时间的无限延续，而是理解为无时间性，那么此刻活着的人，也就永恒地活着。人生之为无穷，正如视域之为无限。（TLP 6.4311）

这一码段比较清晰地呈现出维特根斯坦哲学对时间性看法的存在主义特点。他认为，以永恒视角来观察世界，把世界看作一个整体，这时世界是神秘的。如果永恒不代表时间的无限延续，而仅指无时间性，那么活在当下，就意味着活在永恒里。本节谈论的"去时间性"是维特根斯坦意义上的"无时间性"的替换表达，即提醒人们忽略时间在三维空间的延续，但维特根斯坦所言的"无时间性"的逻辑却恰恰等同于存在主义者萨特那里的"时间性"。维特根斯坦的"无时间性"中的"时间"是一般意义上的时间概念，"去时间性"便是指取消时间的一般意义，以哲学的态度将人们对永恒的追求放置在"时间性"的框架下，将使人类忧虑不已的"时间的逝去"下降为"先—现在"—"现在"—"先—将来"的不休止的连续，将这个不休止的时间的连续链条无限放大，就得到了"永恒"，而这一"永恒"便是存在主义那里的"自我性的圈子"，它是一种无限接近却永远达不到的完满。

借着上面的阐释,我们必须澄清本节标题中的"去时间性"同样是指"去除普通意义上的时间概念",用存在主义的"时间性"来阐释永恒。

在此,我们尝试用上述意义上的"去时间性"来解决某些实际困惑,帮助"问题囚徒"逃出"捕蝇瓶"。上文我们提到了现代性精神疾病中对人的精神影响巨大的抑郁症。抑郁症本身的发病机理并不简单,但从表面上看来,它是由一系列现代社会中具有摧毁性的事件引发的。有些摧毁性事件是瞬间发生的,有些则是隐性且长期存在的事件,它们在冲击或蚕食掉患者原有的信念体系,使他们感到生活毫无价值并且无法从这种绝望中解脱出来,他们极度悲伤、焦虑甚至想要结束生命。应对这种疾病,药物治疗的效果有限,哲学却可以从改变患者认知——该病症的基础症结——来实施一定的治疗。

我们可以尝试用维特根斯坦的"去时间性"包含的哲学机理来引导那些陷入摧毁性事件而丧失自我价值的抑郁症患者重新认识自我的价值,渐渐远离"自我贬抑",树立价值的观念。"去时间性"就是要去除一般意义上对时间绵延的理解,转而接受将"过去—现在—未来"看作一个黏滞度很高的整体,从而使得每一刻都将是"永恒"。劝说患者认识到,"死亡不是生活里的一件事","此刻活着的人即为永生之人";每一个"现时"的痛苦时刻其实都是作为"永生的人"的"完满幸福"的一部分而已;不必为那些震撼的事件而悲痛或丢弃人生意义,因为当人们放弃从一般意义上理解时间的绵延后,那些在"时间性"中被无限放大的每一个痛苦的节点也仅仅是构成最终"意义"的多个"无意义"场景;当人们能够理解在场的自为总是用自为的可能性向不在场的自为谋划从而无限趋向"自我"时,抑郁症的患者多少能明白自己的价值和信念体系崩塌并立刻走向死亡的做法是徒劳的,因为患者已经是"永生的",并且他/她一直走在朝向"完满的'自我'"进发的积极道路上。

在维特根斯坦看来,认同感和和谐感不是某种未来才能到来的事件,它们作为一个整体出现在主体神秘的生活经验中。因而,人类生活遇到的震撼性事件或难题确实需要"从永恒的观点"加以看待,这种"永恒"不是时间的无限绵延,而是作为事实经验条件的对时空的超越。①真正的幸福,并非指事业有成或家庭美满那种世俗意义上的幸福。只活在当下的人,便拥有了永恒的幸福。

五、综观消解

维特根斯坦在《哲学研究》中强调了一个概念——综观,它既是一种做哲学的方法又是可以解决困惑的良方。

"我们的探究面对的不是现象,而是人们所说的现象的可能性"(PI 90),现象的可能性的总和是事物的本质,"'本质对我们隐藏着':这是我们的问题现在所采取的形式"(PI 92)。我们之所以没法找到问题的本质,一方面是因为本质的隐蔽性,另一方面因为"我们不能综观语词用法的全貌"(PI 122)。那么,如果我们采取"综观式"的哲学方法,哲学问题的本质便将呈现出自身,哲学问题本身便自行消散。因为这种"综观式"的哲学方法"居间促成理解,而理解恰恰在于:我们'看到联系'。从而,发现或发明中间环节是极为重要的"(PI 122)。

维特根斯坦将"综观"看作他所推崇的一种做哲学的方法,并一再强调"综观"的重要性,"综观式的表现这个概念对我们有根本性的意义。它标示着我们的表现形式,标示着我们看待事物的方式"(PI 122)。这一哲学方法帮助哲学成为它本来的样子:"哲学只是把一切摆到那里,不解释也不推论。——既然一切都公开摆在那里,也就没有什么要解释的。……也可以把一切新发现和新发明之前的可能性称作'哲学'。"(PI 126)可以看出,在维特根斯坦那里,哲学工作应该得出的是"无需发现的发现,不必论证的结论",问题的本质都是以"综观"的方式摆在人们面前,从而使那个有"综观力"的人从"问题的羁绊"中解脱出来。

生活中常常会遇到一些冲突、困惑、难题,面对这些,人们往往感到焦

---

① Appelqvist, H.."Apocalypse Now: Wittgenstein's Early Remarks on Immortality and the Problem of Life"[J].*History of Philosophy Quarterly*.2012, 29(2): 195–210.

虑、痛苦不堪、百般纠结无法获得解脱。那么,将维特根斯坦这样带有整体主义视野的哲学"综观"法拿出来作为应对上述难题或困惑的武器,应会取得意想不到的"疗效"。

"哲学问题具有这样的形式:'我找不着北'。"(PI 123)生活的困惑也有同样的形式:我不知所措。例如,当某人陷入失恋的痛苦无法解脱时常常会想到自杀(当然,有些失恋者也并非痛苦到要自杀的程度,但他们/她们无法从失恋的痛苦中走出来的境遇和逻辑是类似的,只是与想要自杀者的程度有所差别),生命的意义在他们眼里荡然无存,失恋者现在就是哲学践行者想要救助的"问题囚徒",其所遇到的"问题"是"如果没有他/她,生命还有意义吗?"

借助维特根斯坦的"综观"的哲学方法,我们可以对上述失恋者遇到的问题进行一定的哲学处理。"综观"的方法强调"看到联系",探索和发现那些隐匿的中间环节,将事件的中间环节与事件本身勾连起来,看到一幅较为完整的"图画",之所以是较为完整,正是因为由存在主义特征建构的时间性概念将人的生命看作"当下的永恒","当下的永恒"包含着挫折与矛盾展现的"无意义"事件但又由无止境的"无意义"事件总体构成大写的"意义",活着的人能够"永恒地"享受它"用'无意义'衔接起来的'意义'"。 失恋者遇到的"问题"正是因为他/她没有总体地看到问题的全貌,没有看到"爱情仅只是美好生活不可或缺的事物之一",没有看到"失恋发生之前,甚至是恋爱发生之前,自己是多么快乐,自我本身是一个有理想、有创造力、热爱生活、自由快乐的人",更没有看到"如果没有遇到当下这个人,遇到的是另一个,一个感情骗子,抑或一个赤裸裸的金钱骗子,自己将比现在的境遇更加糟糕"等等。这些没有被失恋者看到的方面林林总总,不必全然列出,但哲学践行者却可以以反问失恋者的方式提醒失恋者去注意到上述的"事件周遭情况",鼓励失恋者在心中画出一幅"较为完整"的"失恋事件评价图",使其综观地看到失恋本身并不是最终可以归结为"生命没有意义"之类的严重消极问题的事件,使其认识到失恋问题仅仅是人生命里时时刻刻都在体味着的"当下的永恒"中必须经历的一个

"无意义"，而且多个这样的"无意义"才正是人生大写的"意义"的源泉。在经过一系列"综观式"提问后，失恋者可以认识到矛盾和困惑是人生的常态，可以理解"生命的意义"都已经积极地"摆在那里"，当然是朝向大写的"意义"。失恋者不再困惑于此"问题"也无需再对此提问，因为他/她知道"不必说也不必问，只需'看'，综观地'看'"。当患者不再想提出这个问题了，问题也便彻底从他的生命中消失了。①

---

① Baker, Gordon P. "Wittgenstein's Method : Neglected Aspects—Essays on Wittgenstein"[A]. Edited by Katherine J. Morris. ed., MA: Blackwell Pub., 2004:163.

跋
哲思"疗方"

　　读到本书的末尾如果还有一种并未完全体味到"意义"与"疗方"之间关系的感觉的话,那就请继续看完对它们的如下絮聊。

　　"意义"在维特根斯坦的哲学里是语言借哲学语法构造出来的"超语言"形态,"无意义"则是其反向形态。无论从维特根斯坦前期还是后期哲学中,似乎都是"无意义"先于"意义"出现,并且"无意义"以许多值得质疑的"反诘陈述"的形式在备受哲学病困扰的人的心中占领广阔领地,但当"无意义"占领经验界的几乎全部领地时,其反向形态"意义"便生成,翻转"无意义",消除"幻象",自行在非经验界重新树立起来。值得注意的是,"无意义"和"意义"之间的转换并非"非黑即白"的绝对化转换,二者之间的界限不是清晰的,而是同时具有"内聚性"和"离散性"。"无意义"在不同的事件上呈现自身,这"不同的事件"体现着"离散";多项"无意义"在总体上又因相似的语法在不同事件上共同呈现出"意义","意义"是"无意义"超越自身后形成的共同归宿,"无意义"朝向"意义"的汇集显示了相当明确的"内聚性"。总体来讲便是,"无意义"既逃离自身所形成的"意义的幻象"又不断朝向自身形成"对'意义幻象的超越'"。"无意义"和"意义"之间形成"第亚斯波拉"式的整体主义内聚的二元关系。

　　请注意,在上面对维特根斯坦意义理论中呈现的"无意义"和"意义"之间逻辑关系的陈述中显露出一些可以概括这一意义理论特性的关键词:整体主义、内聚的二元关系。而这些关键词中便透露出维特根斯坦语言哲学中哲学方法的特性,它们向我们提示了维特根斯坦语言哲学践行时可以采用的"五个疗方"的本性。"关注自显""语法分析""看出面相""去时间性""综观消解"从本质上来讲,均是要求接受治疗者注重经验界事物所展现出来的整体联系,不去说出更不去定义这些联系,保留并接受这些联系的本来面貌。

"无意义"和"意义"形成的"第亚斯波拉"式的整体圈层及其所体现的五个重要哲学疗方并非仅可用于治疗哲学家们犯的"总是试图寻找确定本质"的"哲学病",可以解决哲学困惑和治疗哲学疾病的治病逻辑,必然可以应用于应对人们的日常困惑和现代性病症。

需要再次赘述的是,本书所强调的"疗方"是从消解"意义的幻象"中获得的"疗方",它们具有哲学特性,区别于医学的疗方。药物效用可以急速缓解神经衰弱或抑郁症状,是心理疾病急性期治疗过程中的速效疗方,这些药物会直接作用于神经递质,使其在化学构成上产生变化,进而干预神经传导,让急性焦虑、惊恐发作、连续失眠和有严重自杀倾向的抑郁症患者的紧急情绪问题得到快速缓解,短时间内有效降低患者的痛苦。然而,药物疗方是治标不治本的,无法改变患者因"受困于某种'心结'"而导致的认知和情绪扭曲模式。在这种情况下,医学治疗模式将辅以心理咨询的治疗方法,通过人际关系对话的方式作用于患者,改善其情绪和认知模式。当这种改善趋于稳定向好,即可以取消药物疗方,过渡到纯粹的心理咨询疗方。药物疗方和咨询疗方都是在病症已经出现较为严重的急性症状时应该采取的措施,可以看作一种急性补救措施,而本书所推荐的哲学"疗方"则可以将治疗的时间点向前推至急性症状出现之前,帮助患者疏解情绪和改变错误的认知模式,用语言逻辑和哲学分析的方法让患者看到,使其受困的事物本身存在着一些本不该是"问题"的"问题",找到使"问题"消失之路就找到了治疗现代心灵疾病的"疗方"。

可以说,"意义的幻象"之学衍生出来的哲学"疗方"适用范围广泛,可应用于不限于书中五大"疗方"试图解决的那几个案例。经验界的问题可以被"分析"为"问题的消解",哲学"疗方"可以为深受经验界问题困扰的人们打开一条"'去魅'以'去惑'"的通道。

注　释

1.由于维特根斯坦本人是十分拒斥构建任何理论的,所以在谈论维特根斯坦关于意义的理论时,更应该使用"维特根斯坦关于意义的哲学看法"这样的字眼。而标题中和正文时常提到的"意义理论"一词是为顺应其他分析哲学家对意义理论建构的历史性沿承。故下文中,为了行文方便依然会使用"维特根斯坦意义理论""维特根斯坦的意义哲学"或"维特根斯坦意义观"之类的表述方式,但这些表述方式(包括全文的标题在内)都应被当作"维特根斯坦关于意义的探讨"来理解。

2.维特根斯坦.《逻辑哲学论》[M]. 贺绍甲译. 北京:商务印书馆,1994年.(下文中将多次出现源自此书的引文。由于《逻辑哲学论》的英文书名通常缩写为TLP,故为简洁起见,将下文中源出于此书码段的引文在正文中以"TLP 码段数字"的方式注出;源出于此书前言的引文在正文中以"TLP 前言"的方式注出。)

3.西方意义理论的谱系中包含了从古希腊时代就开始的意义命名说和声音模仿说;近代的单翻译解释和双翻译解释、近代指称论、观念论;现代的语法指称论、逻辑指称论、逻辑证实论、日常用法论、言语行为论、真值条件论、逻辑实用论等。在此基础上,又出现了意义进化理论和意义的关系理论等当代新沿革,虽然它们并未形成强大影响力。〔参见钟尚离.西方哲学轨道上的语言意义理论研究[J]. 湘潭大学社会科学学报,2003 (06):71—74.〕

4."严格的实在论意义理论"(strict realism)/"真值条件语义学理论"(realism or truth-conditional semantics)/"由建构主义引发的常识主义意义理论"(constructivist-inspired conventionalism)/"反实在论的、断言条件语

义学"(anti-realism or assertion-conditions semantics)等术语的来源参考:P. M.S.Hacker.*Insight and Illusion: Wittgenstein on Philosophy and the Metaphysics of Experience*[M].Oxford:Oxford University Press,1975: 111.

5. 维特根斯坦.《哲学研究》[M]. 陈嘉映译. 上海:上海世纪出版集团,2001年.(下文中将多次出现源自此书的引文。由于《哲学研究》的英文书名通常缩写为PI。故为简洁起见,将下文中源出于《哲学研究》第一部分码段的引文在正文中以"PI 码段数字"的方式注出;源出于《哲学研究》第二部第一至第十四小节的码段,例如第十一小节的某码段则注明为"PI Ⅱ xi 码段数字";源出于《哲学研究》序言部分的引文,则以"PI 序"的方式注出。)

6. 维特根斯坦是反对任何理论建构的,他说:"如果有人告诉我任何理论的东西,我将说,不! 不! 我对它不感兴趣。即使这个理论是真的,它不会使我感兴趣——它不是我正在寻找的那种东西……对我来说,理论没有价值。理论不给我任何东西。"(参见维特根斯坦.《维特根斯坦与维也纳学派》[M].徐为民译.上海:同济大学出版社,2004年.)

7. 维特根斯坦与罗素的诸多通信可以证明维特根斯坦真的担心自己的《逻辑哲学论》思想不会被别人真正理解。

8. 维特根斯坦在1922年做了一个梦,梦见自己不断地宣称企图修复一个"机制体系"(mechanism)是毫无希望的,在描述这个梦的结尾处,他说应该想个办法让自己与那些并不理解他的人和谐共处。(参见James C. Klagge. *Wittgenstein in Exile*[M].MIT Press, 2010: 5-18.)维特根斯坦对人们不理解他的《逻辑哲学论》的担忧已经成为当时他主要的困扰。

9. 此句中的"sui generis"是指"是其自身,是其独特的自身",不可还原成更低一级的概念或被包含在更广阔的概念中的观念、实体或实在本身。(参见Joshua Gert: *Normative Bedrock:Response-Dependence, Rationality, and Reasons* [M]. Oxford University Press. 2012: 9.)

10.这里"文化境遇"是指the mood of a time,即一个时代的气息和氛围。(参见George Henrik Von Wright. "Wittgenstein and the Twentieth Century"[A]. *Wittgenstein: Mind and Language*. R. Egidi. ed., Neitherlands:Kluwer Academic Publishers, 1995: 1–19.）

11. 在此"自由"二字是从萨特的存在主义哲学的角度来理解的,就是那种被"抛入""时间性"中的"自为"的状态。

12. 维特根斯坦在这里提到的伟大人物按顺序依次为:奥地利物理学家 Boltzmann,德国物理学家 Hertz,德国哲学家 Schopenhauer,德国数学家、逻辑学家 Frege,英国数学家、哲学家、逻辑学家 Russell,奥地利批评家、散文家、诗人 Karl Kraus,捷克建筑师 Loos,奥地利哲学家 Weininger,德国唯心主义哲学家 Oswald Spengler,英籍意大利经济学家 Sraffa。（参见维特根斯坦.《文化与价值》[M]. 黄正东,唐少杰译.南京:译林出版社,2011年. 第25页.）

13. 由于学界过多地谈论了弗雷格、罗素对维特根斯坦的影响,甚至倾向于认为维特根斯坦是继承了由罗素和弗雷格创始的逻辑实证主义观点发展而来。本书欲从除逻辑实证主义影响之外的其他思想影响力入手,探讨维特根斯坦意义哲学被忽视了的大陆哲学特点。故在此不多言弗雷格和罗素等对维特根斯坦的影响。

14. 此"编号笔记"(coded remarks)是维特根斯坦 Nachlass 的一部分,是没有被出版过的手稿,这些编号笔记是1914—1916年《战时笔记》最全面的来源,编号笔记中大部分内容似乎在《文化与价值》中也出现过,主要包括伦理和宗教方面的内容。（参见 Ilse Somavilla. "Wittgenstein at Work: Creation, Selection and Composition of 'Remarks'"[A].*Wittgenstein After His Nachlass*. N. Venturinha. ed., Hampshire:Palgrave Macmillan, 2010: 51–63.）

15. 这里是指维特根斯坦在1916年7月29日记下的笔记。

16. "卡卡尼亚国"(Kakanien)是罗伯特·穆齐尔(Robert Musil)文学作品中的用词。穆齐尔将一战前的奥地利社会称作"卡卡尼亚",这个词用来形容表面上是光芒四射的知识天堂和音乐之都的奥地利其实只是一个浅薄的城市,肤浅的东西压倒了实质性的东西。

17. 奥托·魏宁格(Otto Weininger)是奥地利哲学家,于1903年发表了他的成名作,也是他生前发表的唯一著作《性与性格》(*Geschlecht und Charakter*),此书在他23岁自杀之后才引发举世轰动。此书是魏宁格对维特根斯坦影响最大的著作。

18.“原型–现象学描述”(Proto-phenomenological description)是不同于胡塞尔的唯心主义现象学的,重点放在一种描述实在现象的原初本质。

19.“用哨音吹奏”(whistle)在正统派那里等同于“显示”,是新派所反对的一种表达意义的方式。

20.语言的真值条件理论(Truth-conditional theory)认为语言的意义是由使命题为真的可能条件决定的。在正统派那里,维特根斯坦的后期哲学则持有一种与上述真值条件理论相反的意义理论——断言条件理论(Assertability-conditional theory)。(参见 Alice Crary. “Introduction”[A].*The New Wittgenstein*. A. C. a. R. Read. eds., London and New York: Routledge, 2000: 1–18.)

21. Roger White 在此使用的原文是“features of reality”(实在的面貌)。

22.“记号系统”(Notation):是指一种语言工具或逻辑工具。

23.维特根斯坦常常被人们认为是“反形而上学”的代表,实际上这是一种误解。维特根斯坦不但不反对形而上学,而且通过关于“不可说”的东西提出了一种相当精致的形而上学。本书认为这种形而上学是“存在”于维特根斯坦所说出的东西中的。〔参见洪汉鼎.《当代西方哲学量大思潮》(上)[M].北京:商务印书馆,2011.〕

24.单纯的行为主义就其想用行为标准来把握理解、集中注意某事件以及意指的性质来讲,表现为本质主义的一个变种。维特根斯坦的行为主义应该被称作“意义行为主义”更恰当些,因为他一方面承认心理现象的存在,另一方面又仅限于提供一切心理现象的行为标准,而他提供的心理现象的行为标准就是靠观察人们不做哲学时的谈话方式,就是不将语言游戏“对象化”看待时所显现的一切。(参见施太格缪勒.《当代哲学主流》[M].王炳文等译.北京:商务印书馆, 1986年.第617—618页.)

25.《逻辑哲学论》码段 5.5563 中说:“事实上,我们日常语言中的所有命题,正如它们本来的那样,在逻辑上是完全有条理的。——我们必须在这里提及的最简单的东西,不是类似余真,而是完整的真本身。(我们的问题不是抽象的,而且也许是所有问题中最为具体的。)"

26.这里"左侧"是指《逻辑哲学论》码段5.6331的视域图画中"眼睛"一侧,下文的"右侧"也指同一图的"眼睛"二字右侧的尖椭圆视域。

27.这里将日常语言比作一座"城市"是源自《哲学研究》码段18中的说法。

28.本书在此冒险地给《逻辑哲学论》的结构特点起了这个风趣的名字"命题塔",是在暗示这本由七个大命题和每个大命题项下诸多解释或反驳性小命题组成的精巧文本结构就像是一座中国的木质宝塔,每一层之间的木梁板材都发挥着不可少的作用,抽出来一块则整个宝塔就会倒掉。这个风趣的名称能帮助人们记住《逻辑哲学论》文本结构表面上的样子。

29."如其所是的"是"as it is"的译文。

30.这里借用古希腊哲学家巴门尼德谈论"'存在'存在,'非存在'不存在"时的说法"真理之路"。

31. 鉴于《存在与虚无》现有汉译版本译文多有不完善之处,故本书引用的萨特《存在与虚无》中的文字均源自作者本人对该原著1958年英文版(Sartre, J.P.. *Being and Nothingness*[M]. New York City: Philosophical Library, Inc.1958.)的汉译。(参见 Sartre, J.P.. *Being and Nothingness*[M]. New York City: Philosophical Library, Inc.1958:105.)

32."纯粹的实在"(Naïve Realism)是 John McDowell 的用语。

33.卡茨实际上是将前期维特根斯坦的语义分析方法归为非自然主义的,但卡茨认同前期维特根斯坦语义理论的内涵是自然主义的,因为卡茨注意到维特根斯坦在《逻辑哲学论》中明确地主张唯一正确的方法是除自然科学命题之外什么也不说。

34.摩尔在《伦理学原理》中对道德哲学领域所谓的"自然主义谬误"进行批判,认为在"自然主义伦理学"中人们常常假定善能够参照某一自然客体来下定义,这种参照自然客体为伦理的善下定义的方法根本就没有为伦理判断提供任何理由。自然主义的谬误在于价值判断与事实陈述之间没有因果关联。(参见摩尔.伦理学原理[M].长河译.上海:上海世纪出版集团,2005年.)

35.海德格尔和加缪的思想是很有存在主义特点的,但他们二人实际上反对人们给他们加上的这个"存在主义"标签。

36.Dyad是萨特在《存在与虚无》中用于阐明"去二元论"的事物时的用词,这个词的本义是"被当作一个事物看待的一对儿元素"(a set of two elements treated as one)。

37.这种"不可分离"的"分离"状态就是存在主义者那里所强调的"内聚整体性",即"第亚斯波拉"式的(diasporatic)二元结构,既是分离的二元,同时是内聚的二元。"第亚斯波拉"(Diaspora)这个词源自希腊语 διασπορά,指属于同一个小范围地理区域的人口向外区域广泛扩散而成的散居人口,也指从原始家族地或母国出发向外迁移的人口运动,可以被译为"离散族群"或"离散国"。通常像犹太民族或美国的黑人族群虽身在他乡却依然保持着与母国很强的政治、宗教和文化纽带,很难被他乡彻底同化。萨特在《存在与虚无》中运用这个词来阐释自为"逃离自身却又朝向自身超越"的特点,是一种同时具备"分散性"和"聚合性"二重性的特点。

38.这里的诸多学者主要是指"新派"的学者 Stanley Cavell、John Mc-Dowell、G. E. M. Anscombe、Rush Rhees、John McDowell 等人。(参见 Alice Crary. "Introduction"[A]. *The New Wittgenstein*. A.C.a.R. Read. eds., London and New York:Routledge, 2000: 1−18.)

39.这些对话内容多收录在名为《关于美学、心理学、宗教信仰的课程和谈话》(*Lectures and Conversations on Aesthetics, Psychology, Religious Belief*)的书中《关于弗洛伊德的对话》("Conversations on Freud")一文中。

40.尽管维特根斯坦在很多时候否认自己有任何理论建构,我们仍可以称他对意义的论述为意义理论。

41. 参见 Wittgenstein, Ludwig. *The Big Typescipt*, TS 213. Translated by

McGuinness and G.H. von Wright. Oxford: Blackwell, 2005.（下文再次出现此书的引文时将以BT加上码段号表示。）

42. 参见 *Voices of Wittgenstein:Preliminaries to the Vienna Circle Project*, ed. Gordon Baker.London and New York: Routledge, 2003. {维特根斯坦与魏斯曼的对话被收录在其与石里克的对话集"Diktat für Schlick"（DS）中，该对话集是Nachlass的一部分}

43.语法规则在维特根斯坦哲学中常常表现为受一定"生活形式"规范的游戏规则。

44.本章讨论重点是哲学治疗的践行，故我们在此处以及下文可以将"深陷某问题困惑的人"称为"问题囚徒"，借以描述实施哲学践行的对象。

45.据周士良译文，参见商务印书馆1981年4月"汉译世界学术名著丛书"《忏悔录》第242页。

46.Appelqvist, H.. "Apocalypse Now: Wittgenstein's Early Remarks on Immortality and the Problem of Life" [J]. *History of Philosophy Quarterly*. 2012. 29(2): 195–210.

47.我们暂且将维特根斯坦在著作中论述的哲学命题加以"去哲学化"的处理，称之为"哲学内容"。

参考文献

一、中文文献

（一）维特根斯坦原著

1.维特根斯坦.《逻辑哲学论》[M].贺绍甲译.北京：商务印书馆,1994.

2.维特根斯坦.《蓝皮书和褐皮书》[M].涂纪亮译.北京：北京大学出版社,2012.

3.维特根斯坦.《数学基础评论》(第二卷)[M].牛津：牛津大学出版社,1956.

4.维特根斯坦.《文化与价值》[M].黄正东、唐少杰译.南京：译林出版社,2011.

5.维特根斯坦.《维特根斯坦笔记》[M].上海：复旦大学出版社,2008.

6.维特根斯坦.《维特根斯坦全集》(1—12卷)[M].涂纪亮译,石家庄：河北教育出版社,2003.

7.维特根斯坦.《维特根斯坦与维也纳学派》[M].徐为民译.上海：同济大学出版社,2004.

8.维特根斯坦.《战时笔记1914—1917年》[M].北京：商务印书馆,2005.

9.维特根斯坦.《哲学研究》[M].陈嘉映译.上海：上海世纪出版集团,2001.

（二）著作和论文

1. 爱德华·坎特里安.《维特根斯坦》[M].陈永国译.北京:北京大学出版社,2020.

2. 安东尼·肯尼编.《牛津西方哲学史》[M].韩东晖译.北京:中国人民大学出版社,2006.

3. 柏格森.《创造进化论》[M].长沙:湖南人民出版社.1989.

4. 达米特.《分析哲学的起源》[M].王路译.上海:上海译文出版社,2005.

5. 洪汉鼎.《当代西方哲学两大思潮》(上)[M].北京:商务印书馆,2011.

6. 胡塞尔.《纯粹现象学通论》[M].李幼蒸译.北京:商务印书馆,1995.

7. 胡塞尔:《内时间意识现象学》[M].《胡塞尔全集》第10卷,R.波姆(编).海牙,1966.

8. 奎因.《从逻辑的观点看》[M].江天翼等译.上海:上海译文出版社.1987年.

9. 卡茨.《意义的形而上学》[M].苏德超,张离海译.上海:上海译文出版社,2010.

10. 马尔康姆.《回忆维特根斯坦》[M].李步楼,贺绍甲译.北京:商务印书馆,2012.

11. 摩尔.《伦理学原理》[M].上海:上海世纪出版集团,2005.

12. 恰尔德.《维特根斯坦》[M].陈常燊译.北京:华夏出版社,2012.

13. 瑞·蒙克.《维特根斯坦传:天才之为责任》[M].王宇光译.杭州:浙江大学出版,2011.

14. 斯宾诺莎.《伦理学》[M].贺麟译.北京:商务印书馆,1959.

15. 施太格缪勒.《当代哲学主流》[M].王炳文等译.北京:商务印书馆,1986.

16. 涂纪亮编.《当代美国哲学论著选译》[M].北京:商务印书馆,1991.

17. 王浩.《超越分析哲学:尽显我们所知领域的本相》[M].杭州:浙江大学出版社,2010.

18. 休伯内.《维特根斯坦》[M].孙美堂译.石家庄:河北教育出版社,1999.

19. 高新民,张钰.从分流到合流:意义—意向性研究的一种走向[J].《世界哲学》,2013(5).

20. 何朝安.名词化,本质与反本质——后期维特根斯坦的所谓意义使用论的另一种解读[J].《集美大学学报》(哲学社会科学版),2007(04).

21. 贾江鸿.现代法国哲学视野下的我思与自我[J].《求是学刊》,2007(5).

22. 李国山.第三次语言学转向——评杰罗德·卡茨的意义形而上学[J].《世界哲学》,2005(6).

23. 李国山,徐弢."对象"究竟是什么?——前期维特根斯坦的"对象"概念解析[J].《社会科学》,2010(09).

24. 刘程.意义的意义[J].《宁夏社会科学》,2002(05).

25. 刘云卿.论维特根斯坦哲学的"转折"[J].《江淮论坛》,2002(02).

26. 刘艳茹.形而上的"价值"与形而下的"用法"——索绪尔与后期维特根斯坦意义理论比较研究[J].《自然辩证法研究》,2012(02).

27. 摩尔.哲学在西方的近期发展[J].陈常燊译.《哲学研究》,2008(08).

28 王国华.从逻辑图像论到语言游戏说——维特根斯坦语言哲学思想探讨[J].《北方论丛》,2008(02).

29. 夏立新.论维特根斯坦意义理论核心概念的内涵[J].《求索》,2009(01).

30. 徐英瑾.维特根斯坦关于分析判断与综合判断之间"第三种可能性"的思考[J].《复旦学报》(社会科学版),2006(5).

31. 谢雨等.器官捐献中劝捐协调过程的现状与思考[J].《护理学报》.2021(22).

32. 叶秀山."哲学""活在"法国——写在杜小真《遥远的目光》将出版之际[J].《哲学研究》.2001(3).

33. 钟尚离.西方哲学轨道上的语言意义理论研究[J].《湘潭大学社会

科学学报》,2003(06).

34.郑树梅.现代西方伦理语言语用立场的确立——析维特根斯坦和斯蒂文森的意义理论[J].《求索》,2006(04).

35.朱耀平.逻辑主义意义理论的"在场形而上学"根基[J].《科学技术哲学研究》,2011(05).

36.朱耀平、冉然:萨特现象学存在论的生存论根基[J].《苏州大学学报(哲学社会科学版)》.2011(1).

二、英文文献

(一)维特根斯坦原著

1. Ludwig Wittgenstein. *Culture and Value*[M]. Chicago:The University of Chicago Press,1980.

2. Ludwig Wittgenstein.*Culture and Value*[M].Oxford:Blackwell,1980.

3. Ludwig Wittgenstein. "Lecture on Ethics" [A]. *Moral Discourse and Practice*. Stephen L .Darwall et.al. eds., Oxford: Oxford University Press. 1997.

4. Ludwig Wittgenstein. *On Certainty* [M]. G. E. M. Anscombe & G. H. von Wright, eds. 1969.

5. LudwigWittgenstein. *Remarks on the Foundations of Mathematics*[M]. Oxford:Basil Blackwell,1978.

6. LudwigWittgenstein,*Remarks on the Philosophy of Psychology*. Vol. I and II [M]. Blackwell,1998.

7. Ludwig Wittgenstein.*The Blue and Brown Books*[M]. Oxford: Blackwell, 1978.

8. LudwigWittgenstein.*Wittgenstein and the Vienna Circle: Conversations* [M].Barnes & Noble,1979.

9. LudwigWittgenstein.*Wittgenstein in Cambridge: Letters and Documents 1911-1951*[M].Wiley-Blackwell,2012.

10. Ludwig Wittgenstein. *Zettel*[M]. G. E. M. Anscombe and G. H. von Wright,eds. Oxford: Blackwell, 2004.

（二）著作和论文

1. A. Janik. "From logic to animality, or how Wittgenstein used Otto Weininger" [J]. *Nómadas. Revista Crítica de Ciencias Sociales y Jurídicas*, 2001, 4(2).

2. Asher Seidel. "The Picture Theory of Meaning"[J]. *Linguistics and Philosophy*, 1977, 1(1).

3. A. W. Moore. "Transcendental Idealism in Wittgenstein, and Theories of Meaning"[J]. *The Philosophical Quarterly*, 1985, 35(139).

4. A. Danto. "Naturalism"[A].*The Encyclopedia of Philosophy*. P. Edwards. ed., Vol. 5, New York:Macmillan, 1967.

5. Alice Crary and Rupert Read. ed. *The New Wittgenstein*[M]. London and New York: Routledge, 2000.

6. Anthony Rudd. "Logic and Ethics as the Limits of the World"[A].*Post-Analytic Tractatus*. Barry Stocker. ed., Hants:Aldershot, 2004.

7. Arthur Schopenhauer.*The World as Will and Representation*[M].II:The Falcon's Wing Press,1958.

8. Barry Stocker. "Introduction" [A]. *Post-Analytic Tractatus*. B. Stocker. ed., Hants:Ashgate, 2004.

9. Bernard Williams. Wittgenstein and Idealism[M]. *Moral Luck*. Cambridge:Cambridge University Press, 1981.

10. Brian McGuinness.*Wittgenstein: A Life—Young Ludwig 1889-1921* [M].London: Duckworh,1988.

11. Christoffer Gefwert.*Wittgenstein on Thought, Language and Philosophy—From Theory to Therapy*[M].Ashgate, Aldershot/Burlington,2000.

12. Colm McKeogh.*Tolstoy's Pacifism*[M].Cambria Press,2009.

13.Cora Diamond. "Throwing Away the Ladder: How to Read the *Tractatus*"[J]. *Philosophy*, 1988, 63(243).

14.David Lewis. "General Semantics"[J]. *Synthese*, 1970.

15. Daniel D. Hutto. "More Making Sense of Nonsense: From Logical Form to Forms"[A]. *Post—Analytic Tractatus*. Barry Stocker. ed., Hants: Aldershot, 2004.

16.Daniel D. Hutto. *Wittgenstein and the End of Philosophy—Neither Theory nor Therapy*[M].NY:Palgrave Macmillan,2003.

17. David G. Stern. *Wittgenstein's Philosophical Investigations*[M]. Cambridge:Cambridge University Press,2004.

18.David H. Finkelstein. "Wittgenstein on Rules and Platonism"[A]. *The New Wittgensitein*. A.C. a. R. Read. eds., London and New York: Routledge, 2000.

19. David Pears. *The False Prison:a Study of the Development of Wittgenstein's Philosophy*[M].New York:Clarendon Oxford,1988.

20. Derrida Jacques. "Response to Moore"[A]. *Arguing With Derrida*. S. Glendinning ed., Oxford:Basil Blackwell, 2001.

21. Dennis O'Brien. "The Unity of Wittgenstein's Thought"[J]. *International Philosophical Quarterly*, 1966, 6(1).

22. Edna Daitz. "The Picture Theory of Meaning"[J]. *Mind*, 1953, 62 (246).

23.G.E.M.Anscombe. *An Introduction to Wittgenstein's Tractatus*[M].London:Hutchinson University Library,1959.

24.George Henrik Von Wright. "Wittgenstein and the Twentieth Century" [A]. *Wittgenstein: Mind and Language*. R. Egidi. ed., Neitherlands:Kluwer Academic Publishers, 1995.

25.Gilbert Ryle. "Theory of Meaning"[A]. *Philosophy and Ordinary Language*. Charles E. Caton. ed., Champaign:University of Illinois Press, 1963.

26.Gilbert H. Harman. "Three levels of meaning"[J]. *The Journal of Philosophy*, 1968, 65(19).

27.Gingerich, J.. "Poincaré, Sartre, Continuity and Temporality"[J]. *Journal of the British Society for Phenomenology*, 2006, 37(03).

28.Henning Jensen. "Reid and Wittgenstein on philosophy and language" [J]. *Philosophical Studies*, 1979, 36(4).

29.Heinrich Hertz.*The Principles of Mechanics*[M].London:Macmillan and Co., Ltd.,2012.

30.H.J.Glock. "All Kinds Nonsense"[A].*Wittgenstein at Work: Method in the Philosophical Investigations*. E. F. a. E. Ammereller. eds., London: Routledge, 2004.

31.Ilse Somavilla. "Wittgenstein at Work: Creation, Selection and Composition of 'Remarks' "[A].*Wittgenstein After His Nachlass*. N. Venturinha. ed., Hampshire:Palgrave Macmillan, 2010.

32.James Conant. "Two Conceptions of Die Uberwindung der Metaphysik: Carnap and Early Wittgenstein"[A].*Wittgenstein in America*. T.M.a.S.C. Stidd. eds., Oxford:Clarendon Press, 2001.

33.James Conant and Ed Dain. "Throwing the Baby Out—A Reply to Roger White"[A].*Beyond the Tractatus Wars—The New Wittgenstein Debate*. R. R.a.M.A. Lavery eds., New York:Routledge, 2011.

34.James C. Klagge. *Wittgenstein in Exile*[M].MIT Press, 2010.

35.James C. Klagge.*Wittgenstein in Exile*[M].MIT Press,2011.

36.Jerry H. Gill. "Wittgenstein's Turnabout"[J].*Philosophy Today*, 2008, 52(2).

37.Jean-Paul Sartre.*Being and Nothingness*[M].New York City:Philosophical Library, Inc.,1958.

38.Jerrold J. Katz.*The Metaphysics of Meaning*[M].Cambridge: MIT Press, 1990.

39.Joachim Schulte.*Wittgenstein:An Introduction*[M].Albany:State University of New York,1992.

40.John McDowell. "Meaning and Intentionality in Wittgenstein's Later Philosophy"[A].*Midwest Studies in Philosophy XVII: The Wittgenstein Legacy.* T. U. P. Frence, and H. Wettstein eds., Indiana: University of Notre Dame Press, 1992.

41. Joshua Gert. *Normative Bedrock: Response-Dependence, Rationality, and Reasons* [M]. Oxford University Press, 2012.

42.J.O.Urmson.*Philosophical Analysis: Its Development between the Two World Wars*[M].Oxford:Clarendon press, 1956.

43.Justin Leiber. "Linguistic Analysis and Existentialism"[J]. *Philosophy and Phenomenological Research*, 1971, 32(1).

44.Kevin M. Cahill.*The Fate of Wonder—Wittgenstein's Critique of Metaphysics and Modernity*[M].New York:Columbia University Press, 2011.

45.Lars Hertzberg. "The Sense Is Where You Find It"[A].*Wittgenstein in America.* T.M.a.S.C. Stidd. eds., Oxford:Clarendon Press, 2001.

46. Marjorie Perloff. *Wittgenstein's Ladder: Peotic Language and the Stangeness of the Ordinary*[M].Chicago and London:The University of Chicago Press,1996.

47.Malcolm Budd. "Wittgenstein on Meaning, Interpretation and Rules" [J]. *Synthese*, 1984, 58(3).

48. Michael Fischer. "Wittgenstein and Modernism" [J]. *Philosophy and Literature*, 2018, 42(2).

49.M. J. Bowles. "The Practice of Meaning in Nietzsche and Wittgenstein"[J]. *Journal of Nietzsche Studies*, 2003(26).

50.Moi, S.. "Perplexity and Passion in Heidegger: A Study in the Continuity of his Thought"[J]. *Gnosis*, 2011, 8(01).

51. Norman Malcolm. *Ludwig Wittgenstein, a Memoir*[M]. Oxford: Oxford

University Press,1958.

52.O'Neill, J.. "Situation and Temporality"[J]. *Philosophy and Phenomenological Research*, 1968, 28(03).

53.Oskari Kuusela. "The Dialectic of Interpretations—Reading Wittgenstein's *Tractatus*"[A].*Beyond the Tractatus Wars—The New Wittgenstein Debate*. R.R.a.M.A. Lavery. eds., New York:Routledge, 2011.

54.Paul.A. Schilpp. ed., *Albert Einstein: Philosopher–Scientist*[M]. The Library of Living Philosophers, Inc, 1949.

55.Peter Sullivan. "Synthesizing Without Concepts"[A].*Beyond the Tractatus Wars—The New Wittgenstein Debate*. R.R.a.M.A. Lavery. eds., New York: Routledge, 2011.

56.P.M.S.Hacker.*Insight and Illusion: Wittgenstein on Philosophy and the Metaphysics of Experience*[M].Oxford:Oxford University Press,1975.

57.P.M.S.Hacker. "Was He Trying to Whistle It?"[A].*The New Wittgenstein*. A.C.a.R. Read. eds., London and New York:Routledge, 2000.

58.Quine.*From Stimulus to Science*[M].Cambridge, MA: Harvard University Press, 1995.

59.Roger M. White. "Throwing the Baby Out with the Ladder—On 'Therapeutic' Readings of Wittgenstein's *Tractatus*"[A]. *Beyond the Tractatus Wars—The New Wittgenstein Debate*. R.R.a.M.A. Lavery. eds., New York:Routledge, 2011.

60.Rowlands, M.. "Jean–Paul Sartre's Being and Nothingness"[J]. *Topoi*, 2011, 30(02).

61. Rudolf Haller. "Was Wittgenstein a Relativist?" [A]. *Wittgenstein: Mind and Language*. R.Egidi. ed., Netherland:Kluwer Academic Publishers, 1995.

62.Rupert Read and Rob Deans. "The possibility of a Resolutely Resolute Reading of the *Tractatus*"[A].*Beyond the Tractatuse Wars*. R.R.a.M.A.

Lavery. eds., New York:Rougledge, 2011.

63. Saul A. Kripke. *Wittgenstein on Rules and Private Language: an Elementary Exposition*[M].Harvard University Press,1982.

64. Sartre, J.P.. *Being and Nothingness*[M]. New York City: Philosophical Library, Inc, 1958.

65. Schulte, J.. "Die Hinnahme von Sprachspielen und Lebensformen"[J]. in *Lütterfelds*. Roser 1999.

66. Severin Schroeder. "Schopenhauer's Influence on Wittgenstein"[A].*A Companion to Schopenhauer*. B. Vandenabeele. ed.,Wiley–Blackwell, 2012.

67. Silver Bronzo. "Context, Compositionality, and Nonsense in Wittgenstein's *Tractatus*"[A].*Beyond the Tractatus Wars—The New Wittgenstein Debate*. R.R.a.M.A. Lavery. eds., New York:Routledge, 2011.

68. Stephen Mulhall. *Wittgenstein's Private Language: Grammar, Nonsense and Imagination in "Philosophical Investigation", §§ 243–315.* [M/OL]. Oxford: Clarendon Press, 2006 [2014–05–20]. <http://www.oxfordscholarship.com/view/10.1093/acprof:oso/9780199208548.001.0001/acprof–97801992085 48–chapter–1.>

69. Stewart Shapiro. "Classical Logic"[Z/OL].*The Stanford Encyclopedia of Philosophy*, 2013[2015–04–02].<http:// http://plato.stanford.edu/entries/logic–classical/>.

70. Stig Stenholm. T*he Quest for Reality: Bohr and Wittgenstein—Two Complementary Views*[M].Oxford:oxford University Press,2011.

71. Salvo D'Agostino. "Hertz's Researches and Their Place in Nineteenth Century Theoretical Physics"[J]. *Centaurus*, 1993, 36(1).

72. S. K. Wertz. "On Placing Wittgenstein in History"[J]. *Southern Journal of Philosophy*, 1973, 11(4).

73. Stephen Toulmin. "Ludwig Wittgenstein"[J]. *Encounter*, 1969, 32(1).

74. Steven Crowell."Existentialism"[J/OL]. *The Stanford Encyclopedia of*

Philosophy，2015-03-09 [2015-08-20]http://plato. stanford. edu / archives / spr2015/entries/existentialism/.

　　75.Stanley Cavell. "Existentialism and Analytical Philosophy"[J]. *Daedalus*, 1964, 93(3).

　　76.Veena Das. "Wittgenstein and Anthropology"[J]. *Annual Review of Anthropology*, 1998(02).

　　77.Warren Goldfarb. "Das Ubervinden—Anti-Metaphysical Readings of the *Tractatus*"[A]. *Beyond the Tractatus Wars—The New Wittgenstein Debate*. R.R.a.M.A. Lavery. eds., New York:Routledge, 2011.

　　78.Yuasa, J.. "Temporality and I: From the Composer's Workshop"[J]. *Perspectives of New Music*, 1993, 31(02).

致　谢

　　感谢南开大学李国山教授和曼彻斯特大学弗雷泽·麦克布雷德(Fraser MacBride)教授对本书撰写提供的宝贵意见和建议。感谢亲爱的爸爸妈妈给我持续的支持和鼓励。感谢Silvia的陪伴。感谢有你BG3.AKZ。